モラル・トライブズ

◀下▶

MORAL TRIBES
Emotion, Reason, and the Gap between Us and Them
Joshua Greene

モラル・トライブズ

共存の道徳哲学へ

◀下▶

ジョシュア・グリーン
竹田 円［訳］

岩波書店

MORAL TRIBES
Emotion, Reason, and the Gap between Us and Them
by Joshua Greene

First published 2013 by The Penguin Press, New York.
This Japanese edition published 2015
by Iwanami Shoten, Publishers, Tokyo
by arrangement with Joshua D. Greene c/o Brockman, Inc., New York,
through The English Agency (Japan) Ltd., Tokyo

モラル・トライブズ（下）

目次

【上巻目次】

＊、＊＊、＊＊＊は巻末に原注があることを示す（記号の説明は上巻7ページを参照）。
〔　〕は訳注である。

第四部

道徳の断罪

第9章　警戒心を呼び覚ます行為

フロリダ州ジャクソンビルで行なわれた運命の高校ディベート大会で、私は功利主義の醜い真実を突きつけられた。より大きな善を促すことが、少なくとも原理の上では、人の臓器を本人の意志に反して摘出するとか、罪のない人を暴走するトロッコの前に突き飛ばすといった、ひどい、おそろしい過ちと思われる行為を意味することもあるとは。これでは多くの人が、とくに思慮深い哲学者たちが、幸福を最大化するよりも善悪の方が重要であると結論したのも無理はない。

第9章と第10章では二つの一般的戦略を使ってこの難問に正面から取り組むつもりだ。この二つの戦略を**組み入れ**と**改革**と呼ぶことにしよう。組み入れによって、幸福の最大化には、じつは考えられているような、あきらかに不合理な含意はないことを示す。言い方を変えると、功利主義が現実世界で実際に出す解答は、おおむね常識と一致する。たとえば、歩道橋から人を突き落としたり、人の臓器を盗んだりすることは、最善の意図に基づくものであっても、長期的には、現実世界でより大きな善を*促すとは思えない多数の正当な理由がある。

とはいえ、功利主義は、たんに常識を哲学によって支持するだけのものではない。そんなはずはない。世界中の道徳的な諸部族は、それぞれ異なる常識をもつ。だから「常識的道徳の悲劇」が生じるのだ。功利主義的観点から見て、世界の部族の道徳がすべて等しくよいものであるわけがない。ということは、功利主義は、これらの中の少なくともいくつかの常識と衝突するに違いない。功利主義が、一九世紀のイギリスで、社会改革を正当化する理由として成熟したことを思い出そう。改革の要求とは、社会通念への異議申し立てであり、効果的に異議申し立てをするには、改革者は、社会通念が、その魅力にもかかわらず、なぜ間違っているかを説明しなくてはならない。たとえばミルは、当時の社会通念に逆らって、女性は男性と知的に同等であると主張した。具体的には、女性が知的に劣っているように思われるのは、教育の機会がかぎられていることによって説明できると論じた。

　ミルの議論は、偽りを暴く議論の一例で、あるものが、真実ではないのに、なぜ真実のように見えることがあるのかを説明するものだ。第9章と第10章では、私たちは、ミルの戦略を自分たちの改革戦略の手本とし、一見すると道徳的真理と思われるものを片付けていこう。もっと具体的にいうと、科学を利用して、私たちの反功利主義的な道徳的直観の奥を探り、こうした直観がなぜ役に立つのか、そして、なぜ善悪の究極の判定者としてはあまりに柔軟性に欠ける*のかを理解しよう。

　私たちのオートモード、すなわち道徳的直観は、私たちを二通りの方法で裏切る。まず、よく考えてみれば道徳とは無関係と思われるものに過敏に反応することがある。たとえば、残念ながら、死刑判決を下した陪審員の判断が、しばしば被告の人種の影響を受けていることを示す研究結果がある。人種は、こんにち私たち(この会話の参加者)が道徳と無関係と見なしている要因だ。オートモードは、よく考えれば、道徳に関係していると思われるものに対して鈍感である、すなわち反応しそこなう場合もある。たとえば、陪審員が評決を言い渡すとき、犯行時の被告の年齢を考慮に入れていない場合があるが、年齢は、こんにち私たちが道徳に関係があると見なしている要因だ。

以下では、反功利主義的な道徳的直観があてにならない二つの場合について証拠を見ていこう。それでは、最初に私たちのお気に入りである道徳問題のショウジョウバエ、トロッコ・ジレンマを見ていこう。次に、様々な仮想的ケースに対する私たちの直感的反応が、実社会の問題とどう関係しているかを説明するとしよう。（すでに取り上げたものもある。第４章で紹介した、医者と公衆衛生専門家の道徳判断に関する研究を思い出そう。）

道徳ボタンを押す

トロッコ・ジレンマの基本的な事実をふり返っておこう。「スイッチ」ケースでは、ほとんどの人が、スイッチを押して、トロッコの進路を五人がいる方からひとりしか人がいない方へ切り替えることを支持した。「歩道橋」ケースでは、ほとんどの人が、トロッコの進路めがけて歩道橋から男を突き落とし、ひとりの命と引き換えに五人を救うことに反対した。ここで心理に関する疑問が生じる。なぜ私たちは、「スイッチ」ケースではひとりの命と引き換えに五人の命を救うことを受け入れられるのに、「歩道橋」ケースでは受け入れられないのか?

部分的な答えは第４章で出した。人間には、歩道橋から人を突き落とすことを不可とする自動的な情動反応が備わっている。しかし、スイッチを押すという考えに対しては、これに相当する情動反応がない。どちらの場合でも、私たちは功利主義的な費用対効果の思考を働かせている（「ひとりを犠牲にして五人の命を救う方がよい」)。しかし、歩道橋の場合のみ、この情動反応が(通常は)強く、功利主義的思考を圧倒してしまう(図4-3参照)。

先にも触れたように、この二重過程による説明は、機能的脳イメージング、情動に障害をもつ神経疾患患者、情動喚起の生理学的測定、情動誘導、マニュアルモード思考を妨害する操作(時間的制約や、気を散らす副次的作業)、視覚心像を乱す操作、性格検査、認知テスト、薬理学的介入を利用した研究によって裏づけられている。ただし、この説明は部分的でしかない。「歩道橋」ジレンマは「スイッチ」ジレンマよりも強く情動に作用する。しかし、それはなぜだろう? 歩道橋ジレンマの何が私たちの情動のボタンを押すのだろう?

正解を見る前に、トロッコ問題で何が起きているかについて、非常に魅力的だが間違っている答えに対する反証を検討する価値はある。それではおさらいしてみよう。「スイッチ」ケースでは、五人を救う行為はうまくいくように思える。ところが「歩道橋」ケースでは、失敗につながりうる数多の事情がある。人の体で本当にトロッコが止められるのか? 男がレールの上に落ちなかったら? 男が抵抗したら? などなど。要するに、先に述べたように、現実の世界では、スイッチを押すことには正当な功利主義的理由がいくつもあるのだが、男を突き落とす場合にはない。たしかにその通りなのだが、証拠が示すところによれば、突き落とすことに人が「ノー」というのはそういう理由からではない。冷徹で現実的な費用対効果分析に基づいて「ノー」というのであれば、「認知的熟慮性」テストでよい成績をおさめる人ほど、突き落とすことに反対するわけではないのはなぜだろう? 時間的な制約があると、「ノー」と答える人が多くなるのはなぜだろう? 情動や視覚心像に障害をもつ人に「ノー」と答える人が比較的少ないのはなぜだろう？　こうした結果から、突き落とすことに対するネガティブな反応は、過剰に現実的な費用対効果の計算ではなく、直感的反応に由来するとわかる。（さらなる証拠が次に紹介する実験から得られている。そこでは現実世界に対する被験者の予測について統制した。**）私たちが突き落とすことに反対するのが、現実的な功利主義的思考のためではなく直感的反応のためだとしたら、何がこの直感的反応を誘発するのか？

　第4章では「歩道橋」ケースを「人身的」、「スイッチ」ケースを「非人身的」と呼んだ。それには理由があって、加害行為の「人身性*」に違いのある様々な「歩道橋」ケースを比較することによって検証できるような仮説が念頭にあったのだ。まず、原型の「歩道橋」ジレンマと、離れた場所でスイッチを押すことで加害が引き起こされるケースを比較することからはじめよう。「スイッチ」ケースと似ているこの後者のケースを「遠隔操作の歩道橋」ケースと呼ぶことにする。

　「遠隔操作の歩道橋」ケースでは、われらが主人公、ジョーがスイッチを押すと、歩道橋の落とし戸が開いて、作業員がトロッコの線路に落ちてトロッコを止め、五人の命が救われる（図9－1参照）。原型の「歩道橋」ケースを使ったある研究では、五人を救うために突き落とすことを支持する人は三一パーセントだった。「遠隔操作の歩道橋」ケースについて、同じ条件の別の集団に尋ねると、六三パーセントが支持した。功利主義的判断を下した人の数がほぼ倍になったのだ。この実験から、「人身性」に類する何かが実際に関係していることがうかがわれる。

　「遠隔操作の歩道橋」ケースが元のジレンマと違う点は、行為者が被害者から遠くに離れている点だ。さらに、行為者が被害者に接触していない点も異なる。それでは、問題は距離なのか、接触なの

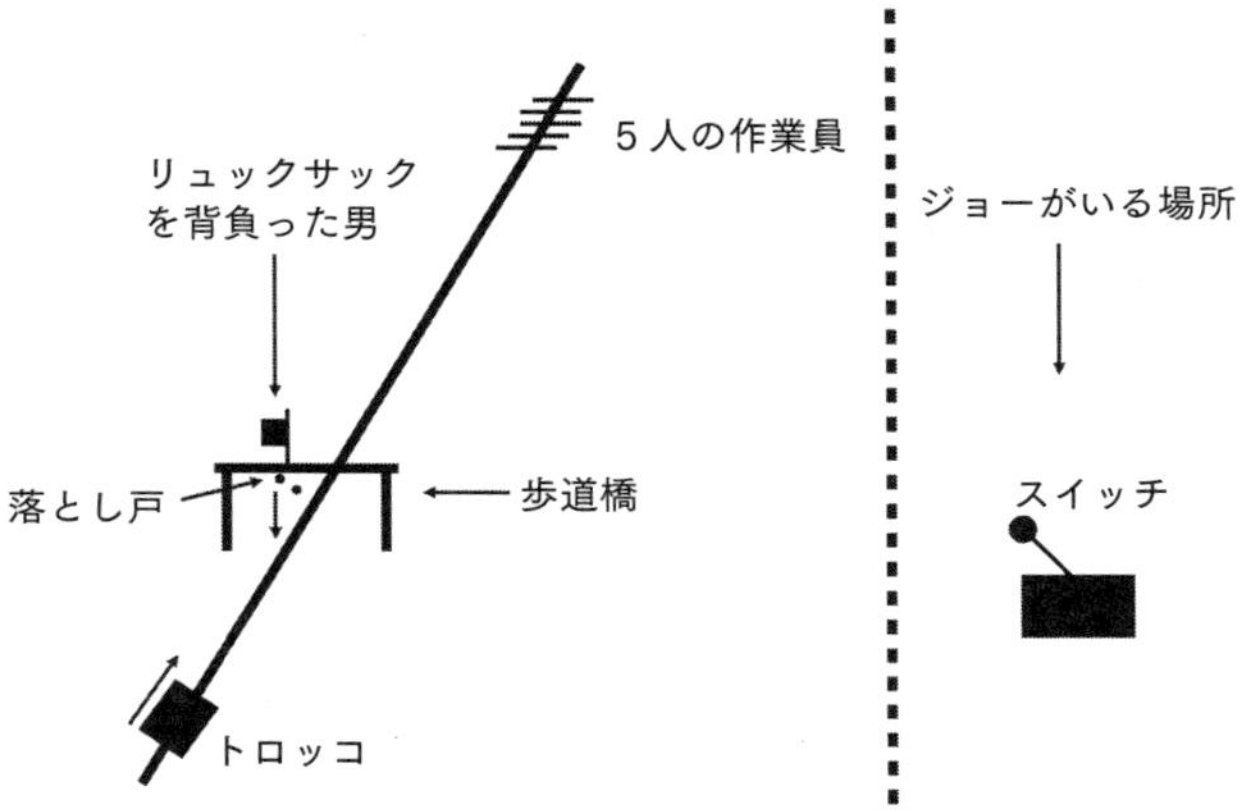

図9-1 「遠隔操作の歩道橋」ジレンマ

か、それとも両方か？ これをあきらかにするには「歩道橋にあるスイッチ」ケース(図9-2参照)が使える。これは「遠隔操作の歩道橋」ケースと似ているが、スイッチが歩道橋の上、被害者のすぐそばにある点だけが異なる。

この場合、被験者の五九パーセントが功利主義的行為を支持した。この数字は「遠隔操作の歩道橋」ケースとほとんど変わらず、統計的に差はない。従って、空間的な距離はほとんど、もしくはまったく影響がないようだ。効いているのは接触のようだ。*

しかし、この場合にも様々な解釈が成り立つ。「歩道橋」ケースでは、ジョーは被害者に接触しているが、「歩道橋にあるスイッチ」ケースでは接触していない。しかし、違いはもっと微妙なところにもある。「歩道橋」ケースでは、ジョーは自分の筋肉の力で、被害者に直接影響を与えている。つまり、被害者を押している。これを「人身的な力」の適用と呼ぼう。接触と人身的な力の適用を区別するために、「歩道橋・棒」ケースを使おう(図9-3参照)。これは、元の「歩道橋」ケースとよく似ているが、行為者が棒で被害者を突き落とす点だけが異なる。従って、人身的な力の適用はあるが接触はない。*

この場合、突き落とすことを支持した人は三三パーセントで、大幅に減少した。「遠隔操作の歩道橋」ケース、「歩道橋にあるスイッチ」ケースを支持した人の約半分だ。さらに、この三三パーセントという数字は、元の「歩道橋」ケースで支持した三一パーセントと統計的に差はない。

従って、「歩道橋」ケースと「スイッチ」ケースの心理的に重大な違いは、危害の「人身性」に関係しているようだ。さらに詳しくいうと、人身的な力、すなわち、突き落とすか、スイッチを押すかに関係しているようだ。

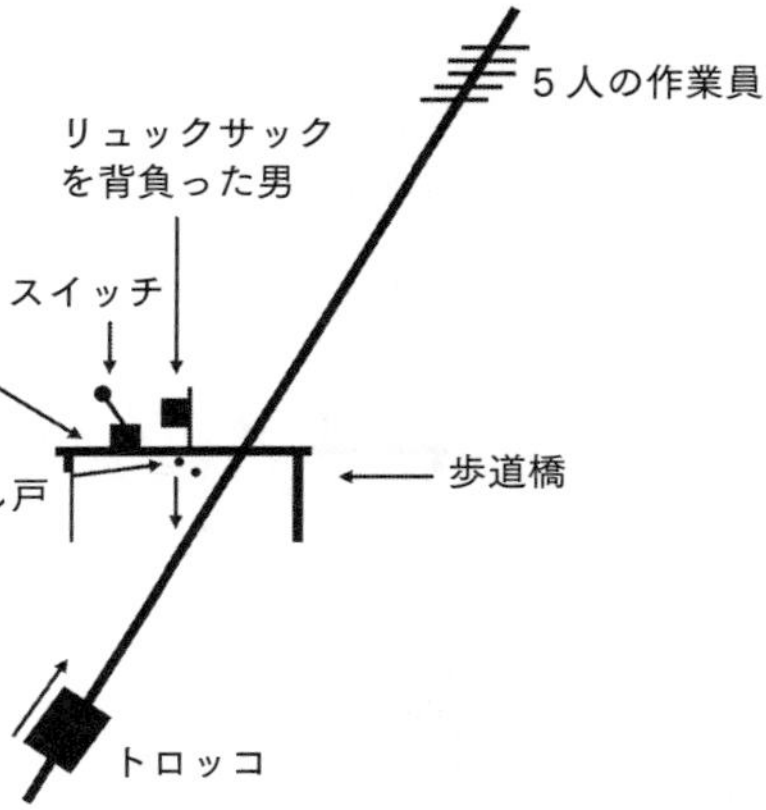

図9–2　「歩道橋にあるスイッチ」ジレンマ

規範的な観点から見て、人身的な力について興味深いのは、それが、よく考えてみれば私たちが道徳に関係があると見なすものではない、ということだ。誰かが人身的な力で危害を加えようとしていることは、その人物の性格評価には関係するかもしれない。たとえばあなたは、素手で人を殺そうとする人を、もっと間接的な方法で殺人を企てる人と対比して、当然ながら低く評価するだろう（組み入れ）*。だからといって、人身的な力の適用によって、その行為が実際にもっと悪いものになるわけではない（改革）。こんなふうに考えてみるとよい。友人が、道徳的助言を求めて歩道橋からあなたに呼びかける。「五人を救うためにひとりを殺すべきだろうか？」それに対して「うーん、場合によるけど……その人を突き落と

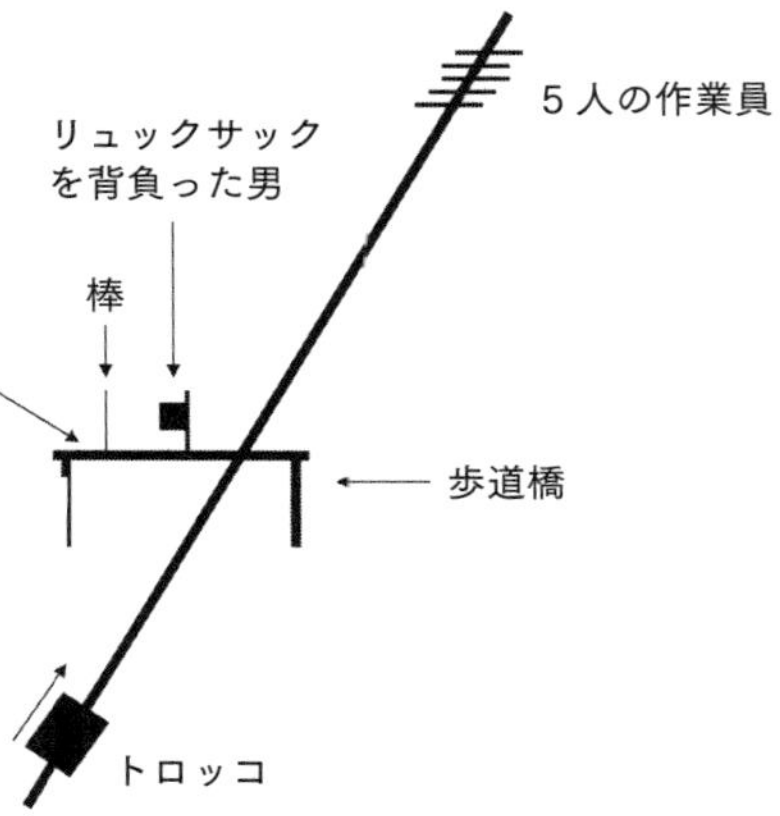

図 9–3　「歩道橋・棒」ジレンマ

すの？　それともスイッチを押して落っことせるの？」などとは答えないだろう。物理的メカニズムそのものが道徳に関係しているのでないのはあきらかだ。しかし、心理的には関係しているらしい。

まさにこれこそ、二重過程理論が予測することだ。第4章で紹介した多くの科学的事実から、「歩道橋」ケースで私たちが突き落とすことをよしとしないのは、オートモード、すなわち直観的情動反応のためであることがわかっている。そして第5章からは、オートモードが、かなり柔軟性に欠けるヒューリスティックな装置であるため、少なくともある状況では、あてにならなそうだということもわかっている。しかし、このオートモードはどのようにあてにならないのか？

ここまで見てきたことだけでは、確かなことはいえない。この場合、私たちのオートモードは鈍感なのかもしれない。人を落とし戸から落とすのは、本当は間違っているのかもしれないが、この行為が突き落とす動作を含んでいないため、それほど警戒感を抱かないのではないか。それとも、このオートモードは敏感すぎるのかもしれない。突き落とすことは本当は正しいのだが、私たちのオートモードは、突き落とすことによって回避される五倍の損害より、突き落とされる人に降りかかる損害を過剰に懸念するのではないか。この問題は後でもういちど取り上げよう。ここでは、オートモードが何らかの形で私たちを惑わせることだけを押さえておこう。

手段と副次的影響

第4章でそれとなく触れておいたのだが、「スイッチ」ケースと「歩道橋」ケースには、もうひとつ重大な違いがある。それは、目的に対する**手段**として引き起こされる危害と、**副次的影響**として引き起こされる危害の違いだ。「歩道橋」ケースでは、誰かをトロッコ・ストッパーとして文字通り利用することを話題にしているが、「スイッチ」ケースでは、被害者は副次的影響として、すなわち「巻き添え被害」として殺される。この違いについて考えるひとつの方法として、被害者が魔法のように消えてしまうとどうなるかを想像してみよう。「歩道橋」ケースで、被害者が消えれば計画は台無しだ。トロッコ・ストッパーがいなくなるのだから。しかし「スイッチ」ケースでは、待避線のひとりが消えれば、僥倖だろう。

手段と副次的影響の区別は、少なくとも聖トマス・アクィナス(一二二五―七四)にまでさかのぼる長い歴史をもつ哲学上の問題だ。トマス・アクィナスは「二重結果の原則」を考えたが、これは本質的には「副次的影響の原則」だ。二重結果の原則によれば、目的を達成する手段として人に危害を加えるのは間違いであるが、よい目的を追求する過程における副次的影響として危害を加えるのは許されることもある。第4章で触れたように、カントも、道徳律は私たちに、人を「けっしてたんなる手段としてではなく、つねに目的として」遇することを要求しているといっている。

手段と副次的影響の区別は、現実世界で、刑法から生命倫理、そして戦時の国際的ルールにまで重要な役割を演じている。たとえば、手段と副次的影響の区別は、「戦略爆撃」と「恐怖爆撃」の区別の根拠とされている。敵の士気をくじく手段として一般市民を爆撃するのであれば、それは恐怖爆撃であり、国際的ルールで禁止されている。しかし、付近の市民が「巻き添え被害」として犠牲になると知りながら軍需工場を爆撃するのであれば、戦略爆撃であり、厳重に禁止されているわけではない。同様に、米国医師会は、鎮痛剤を大量に投与して慢性疾患患者を意図的に死なせること(禁止されている)と、薬によって患者が死ぬと知りながら、痛みを緩和する意図をもって同じことを行なう(かならずしも禁止されていない)を区別している。

私たちのオートモードは手段と副次的影響の区別に敏感なのか？　これによって様々なトロッコ・ジレンマに対する私たちの反応を説明できるだろうか？　それを調べるには、元の「歩道橋」ケースとよく似ているが、危害が副次的影響として引き起こされるケースとを比較するとよい。次の「障害物衝突」ケースを考えてみよう(図9-4参照)。

今回もトロッコは五人のいる方へ向かっていて、待避線にはひとりの人がいる。「スイッチ」ケースと同じく、トロッコが待避線に入るようにスイッチを押せば五人を救うことができる。われらがジョーは線路の上にかかった幅の狭い歩道橋の上にいる。トロッコの進路を切り替えるスイッチは歩道橋の反対側にある。そして運の悪いことに、ひとりの作業員が、ジョーとスイッチの間に立っている。五人を救うには、ジョーは非常に素早くスイッチのところまで行かなくてはならない。それには、スイッチに向かって全速力で走らなくてはならない。もしそうすれば、作業員にぶつかって歩道橋から突き落とすことになり、作業員を死なせてしまうことになるとジョーは知っている。この場合、元の「歩道橋」ケースと同じく、加害行動は完全に人身的だ。ジョーは人身的な力で歩道橋から作業員を突き落とすのだから。しかし今回、「歩道橋」ケースと違って、被害者は副次的影響として、すなわち巻き添え被害として危害を加えられる。この作業員が魔法のように消えれば、みな大喜びだろう。

この場合、副次的影響としてひとりの作業員の死を引き起こすと知りつつ、五人を救うジョーの行為を支持した被験者は八一パーセントにのぼった。これは非常に高い支持率だ。元の「歩道橋」ケースの三一パーセントという支持率をはるかに上回る。

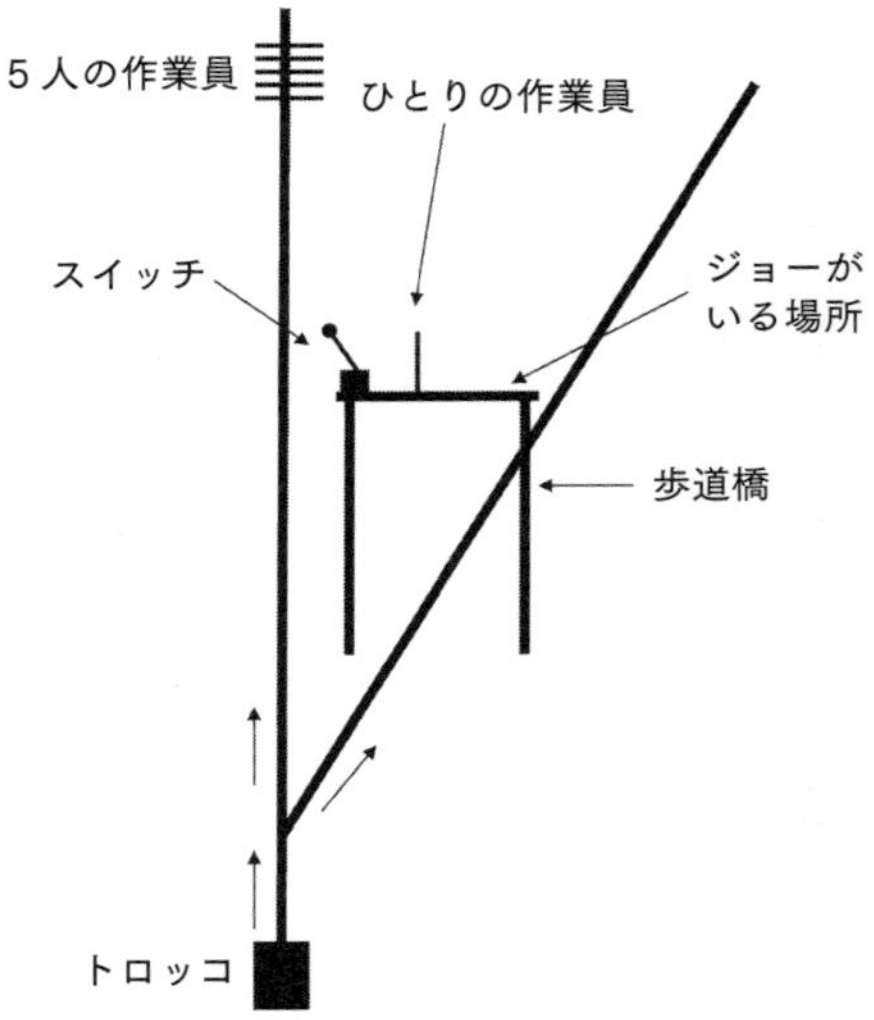

図 9–4　「障害物衝突」ジレンマ

さらに、この八一パーセントという支持率は元の「スイッチ」ケースの八七パーセントという支持率とあまり変わらない(そして統計的に差はない)。このように、私たちのオートモードは、手段と副次的影響の区別にきわめて敏感であるようだ。なぜ人が「スイッチ」ケースには「イエス」と答え、「歩道橋」ケースには「ノー」と答えるかについてもこの要因で説明がつく。

話がオートモードの弁護のようになってきた。手段と副次的影響の区別が道徳に関係していることは

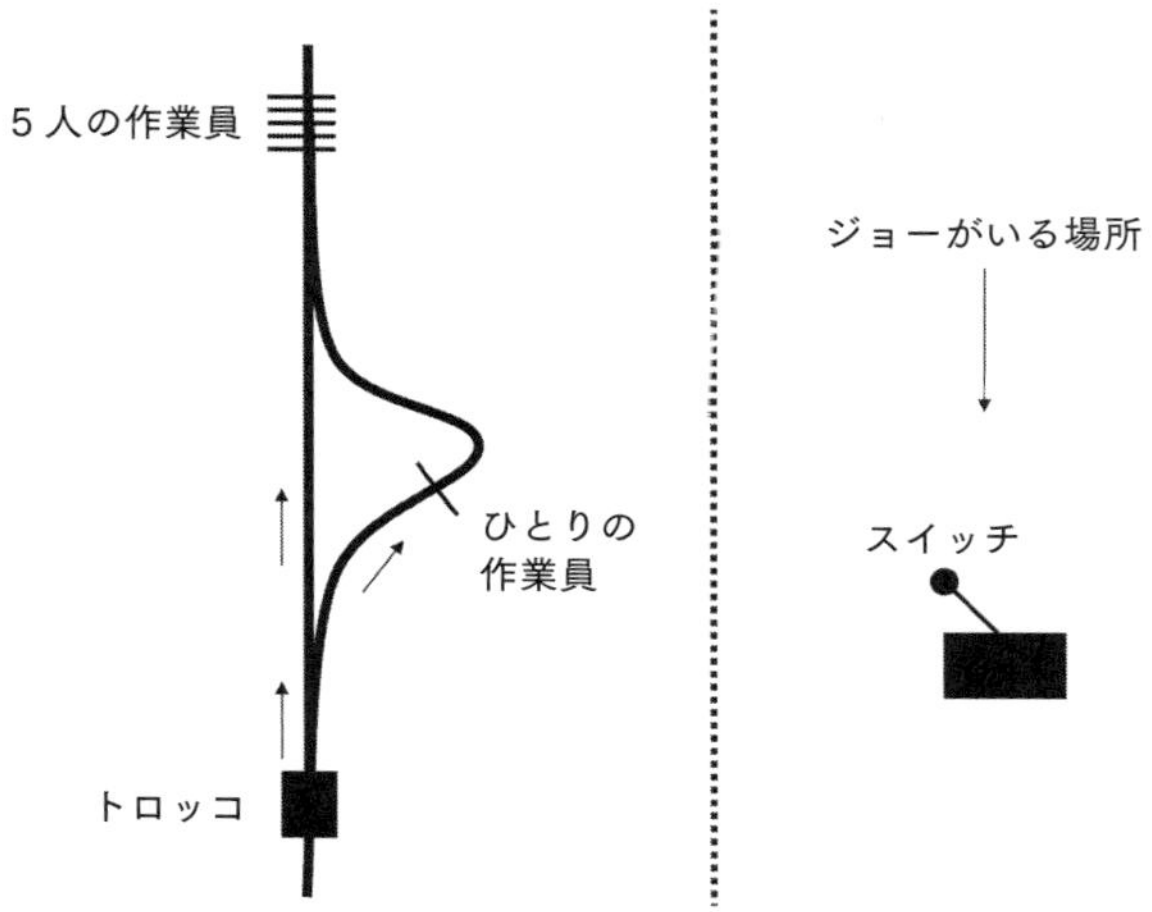

図9-5　「ループ」ケース

広く認められている。そして私たちの道徳的直観はこの区別に注意を払っているようだ。被害者が手段として危害を加えられる場合（「歩道橋」、「歩道橋・棒」）では「ノー」といい、被害者が副次的影響、つまり巻き添えとして危害を加えられる場合（「スイッチ」、「障害物衝突」）では「イエス」という。しかし腑に落ちない点もある。人は「遠隔操作の歩道橋」ケースや「歩道橋スイッチ」ケースの行為を支持し、約六〇パーセントが「イエス」と答える。これらのケースでは、作業員をトロッコ・ストッパーとして利用しているのに。さらにおかしな点もある。

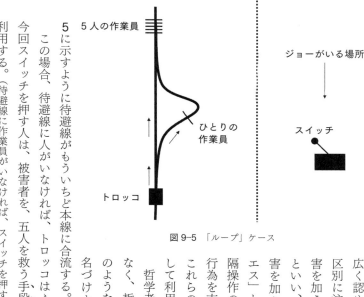

　哲学者たちがトロッコ問題を考えるようになってまもなく、哲学者ジュディス・ジャーヴィス・トムソンが次のようなケースを提起した。これを「ループ」ケースと名づけよう。「スイッチ」ケースに似ているが、図9-5に示すように待避線がもういちど本線に合流する。

　この場合、待避線に人がいなければ、トロッコはふたたび本線に戻って五人を轢き殺す。つまり、今回スイッチを押す人は、被害者を、五人を救う手段として、すなわちトロッコ・ストッパーとして利用する。（待避線に作業員がいなければ、スイッチを押す意味はないだろう。*）それにもかかわらず、被験者

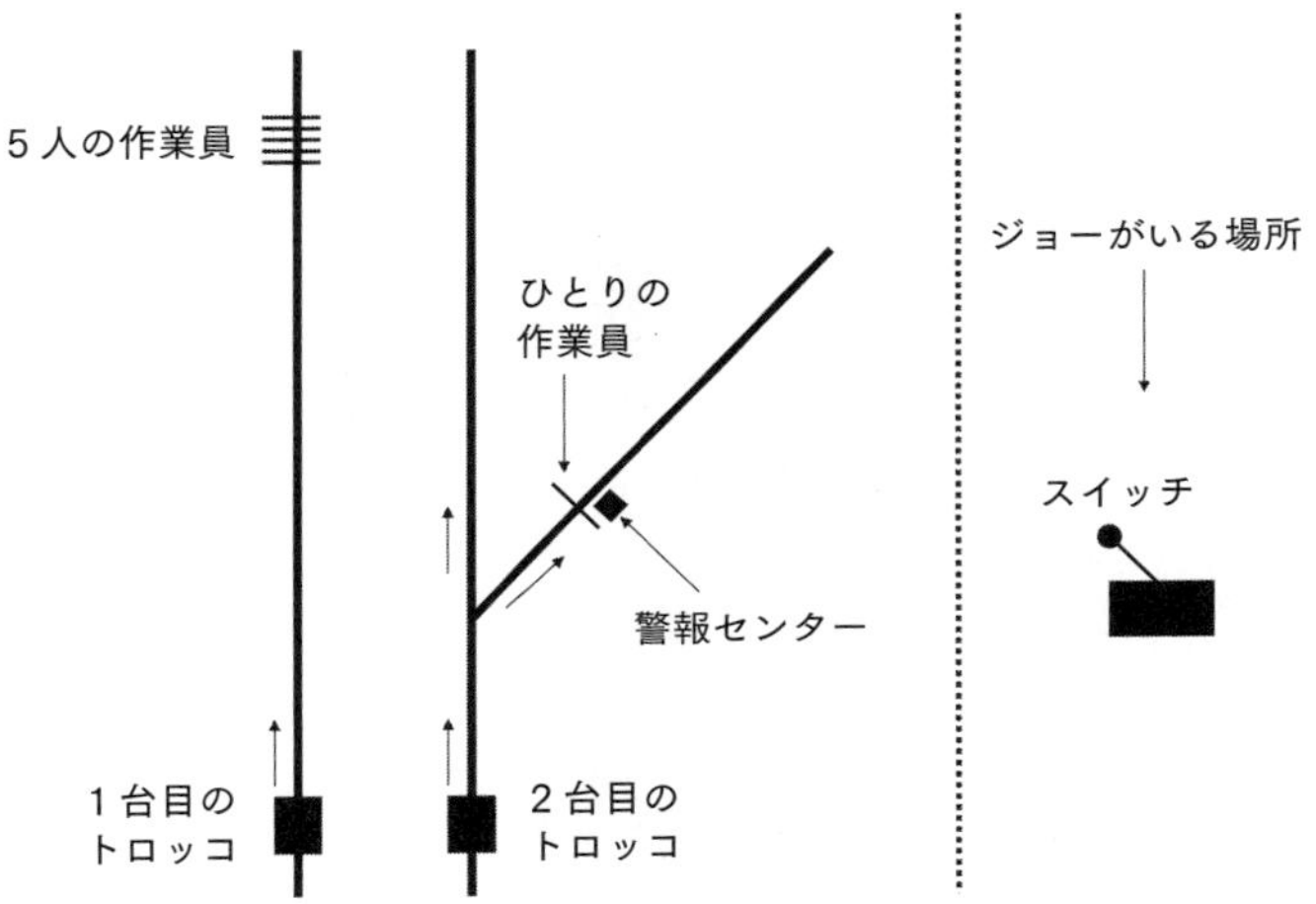

図 9-6　「衝突警報」ケース

の八一パーセントが、スイッチを押すことを支持した。従って、少なくとも場合によっては、人間をトロッコ・ストッパーとして利用することが道徳的に容認されるらしい。

次にあげるケースも、手段と副次的影響の区別にとって問題となる。（トロッコ問題専門家も注目してほしい。このケースは、「三重結果の原則」にとっても厄介なものとなっている。）「衝突警報」ケースと呼ぶこのケースでは、危害のメカニズムは元の「スイッチ」ケースと同じだが、被害者が手段として危害を加えられる（図9-6参照）。

説明しよう。一台のトロッコが五人のいる方へ走っている。手をこまねいていれば、五人は轢き殺されるだろう。もう一台のトロッコが別の線路を走っている。こちらの行く手には何もない。ジョーがスイッチを押すと、二台目のトロッコは待避線に入る。待避線にはひとりの人がいて、その人物のそばに警報システムとつながったセンサーがある。ジョーがスイッチを押せば、トロッコは待避線に入り、その人と衝突する。センサーはこの衝突を感知して、警報を発する。すると、トロッコシステム全体に送られていた電気が切れる。それによって、最初のトロッコに送られていた電気も止まり、五人の死が防げる。くり返すが、ここで重要なのは、私たちが五人を救う手段として被害者を轢き殺している点だ。

被験者の八六パーセントが、このケースでの功利主義的行為を支持した。これは元の「スイッチ」ケースを支持した八七パーセントにほぼ匹敵する（統計的な差はない）。従って、このケースでも、被害者が他者を救う手段として殺されるにもかかわらず、ひとりを犠牲にして五人を救う行為が支持されている。

何が起きているのだろうか？　私たちは、トロッコ問題における人間の直観的判断に影響を与える二つの要因を特定した。ひとつは、人身的な力の直接の適用によって被害者に危害が加えられたのかどうか（「突き落とす」対「スイッチを押す」）であり、もうひとつは、手段として被害者に危害が加えられたのか、それとも副次的影響として危害が加えられたのか（「トロッコ・ストッパーとしての利用」対「巻き添え被害」）だ。しかし、こうした要因の影響には一貫性がない。人身的な力が問題となる場合（「歩道橋スイッチ」対「歩道橋・棒」）と、ならない場合（「スイッチ」対「障害物衝突」）がある。同様に、手段か副次的影響かが問題となる場合（「障害物衝突」対「歩道橋」）と、ならない場合（「スイッチ」対「ループ」、「衝突警報」）がある。なぜ、これらの要因が、あるときは問題となるが、つねに問題ではないのか？

注意深く見ると、問題なのは、二つの要因の組み合わせであることがわかるだろう。人身的な力を適用して人に危害を加えるとしても、副次的影響としてであれば、それほど悪いとは見なされない（「障害物衝突」は八一パーセントが支持）。手段として危害を加えても、人身的な力の適用がなければ、それほど悪いとは見なされない(「ループ」は八一パーセント、「衝突警報」は八六パーセントが支持)。しかし、手段として人に危害を加え、なおかつ人身的な力を適用するのであれば、その行為は大半の人に間違っていると見なされる(「歩道橋」は三一パーセント、「歩道橋・棒」は三三パーセントが支持)。従って、人身的な力を使って、手段として人に危害を加えるのは、魔法の組み合わせ[**]であるようだ。(専門用語では、相互作用という。二つの薬を同時に飲んだときの効果が、別々に飲んだときの効果の総和以上となる、薬の相互作用に似ている。)

なんてたくさんのトロッコだ。これらの発見の意味をちょっと考えてみよう。私たちは、自分たちの道徳的直観がこうしたケースであてになるかどうかをあきらかにしようとしていたのだった。あてになるのだろうか？　あまりあてにならないようだ。まず、私たちの判断は人身的な力(「突き落とす」対「スイッチを押す」)に(ときとして)敏感だが、この要因は道徳とは無関係に思われる。私たちの道徳的直観は、手段と副次的影響の区別に注意を払うようだが、とても中途半端だ。私たちが強くこだわる手段と副次的影響の区別への敏感さは、それほど大事にしていない人身的な力への敏感さに密接に関係している[*]。

ここで重要な疑問は他にもある。「突き落とす」と「スイッチを押す」だけの違いが、道徳と無関係なのはあきらかだ。しかし、高名な道徳哲学者に尋ねれば、手段としての危害と副次的影響としての危害の違いは道徳と非常に関係があるというだろう。しかし、なぜだろう？　何が起きるかを十分承知しながら、巻き添え被害として人を殺すことが、目的達成の手段として人を殺すよりましでなければならないのはなぜか？　突き詰めれば、巻き添え被害として殺されるのも、死ぬことには変わりない。そして、あなたを殺した人も、自分の手であなたを殺すことになると重々承知していたのだ。（念のため断わっておく。私たちはいま、事故ではなく、「スイッチ」ケースのような、予見可能な副次的影響について話をしている。）手段として人を殺すのは、副次的影響として殺すより悪いという考えは古くからあり、広く尊重されてきた。しかし私が知るかぎり、そして誰もが知るかぎり、この神聖なる二重結果の原則には、直観の一部によって、（中途半端に）支持されるという事実以外に正当化する理由はない。実際、世界中の人が「二重結果の原則」を知らないまま、二重結果の原則と（中途半端に）合致する判断を下している。このことから、直観的判断が先にあり、二重結果の原則はこうした直観的判断の（中途半端な）まとめに過ぎないとわかる。別の言い方をすれば、手段としての危害と副次的影響としての危害の「原理に基づいた」区別が私たちの直観的判断を正当化するのではなく、私たちの道徳的直観が原理を正当化しているのだ。

それでは、これらの直観的判断はどこから生じているのだろう？　なぜ、手段として人に危害を加えるのは、予見される副次的影響として危害を加えるより悪いと（しばしば）感じられるのだろう？ここから先は、なぜ私たちの道徳脳が、手段と副次的影響の区別に敏感なのかを説明する理論を紹介しよう。この理論が正しければ、神聖化された二重結果の原則の道徳的正当性に重大な疑問を投げかけることになる。先に述べた通り、二重結果の原則は実社会の多くの政策の根拠とされ、人々は日々それに振り回されている。

モジュールの近視眼

この理論を「モジュール近視仮説」と名づけよう。これは、道徳判断の二重過程理論と、私たちの心が行為をどう表象しているかに関する理論を総合するものである。モジュール近視仮説は、私が本書でこれから紹介する中でもっとも複雑な考えだ。できるだけ理解しやすくなるよう、最初に考えの全体像をまとめ、続く節で詳細に理論を展開していこう。

考えの全体像はこうだ。まず、人間の脳には、行動計画を監視し、私たちが他者に危害を加えることを企図すると、[**]情動の警報ベルを鳴らす認知的サブシステム（これを「モジュール」という）がある。次に、この警報システムは「近視眼」である。人に危害を及ぼす副次的影響がまったく見えない。このモジュールは、行動計画を監視し、危害を探す。しかし、この後すぐに説明する理由のために、この監視モジュールは、計画された行為の副次的影響として生じる危害を「見る」ことができない。このモジュールに見えるのは、目標を達成する手段として計画された加害事象だけ。従って、モジュール近視仮説は、認知的サブシステムであるモジュール（これが、私たちが基本的暴力行為を犯すと警報を鳴らす役割を担っている）の限界という観点から、手段と副次的影響を区別する私たちの直観がもつ性向を説明する。この限界のために、私たちはある種の危害に対して情動的に盲目になる（しかし、認知的に盲目になるわけではない）。情動的には盲目になりうるが、認知的には盲目にならないという話は、聞き覚えがあるに違いない。これから説明していくように、この二重性は、道徳判断の「二重過程」理論の二重性だ。

モジュール近視仮説をこうしてまとめると、二つの大きな疑問が生じる。その一、なぜ、人間の脳には、行動計画を監視し、危害を探すシステムがあるのか？　次節で、こうした装置が脳に組み込まれていることが、なぜ理にかなっているかを説明しよう。その二、このモジュールはなぜまさにこのように近視眼でなくてはならないのか？　すぐに説明するように、モジュール近視仮説のすぐれた点は、脳が行動計画をどう表象するかについての単純な理論と組み合わせると、道徳判断の二重過程理論から自然に導かれる点にある。

なぜ、私たちはサイコパスでないのか？

なぜ人間の脳には行動計画監視装置が必要なのか？　私の仮説は次の通りだ。

人類史のある時点で、私たちの祖先は洗練された行動計画者になった。すなわち、遠い目標について考え、その目標を達成する創造的な方法を思い描けるようになった。言い換えれば、マニュアルモードの論理的思考と計画立案能力を獲得したのだ。これは途方もない進歩だった。おかげで祖先は、協調のとれた攻撃をしたり罠を仕掛けたりして大型動物を仕留め、家の構造を改善し、何か月も先の収穫を見込んで作物の種をまくことができるようになった。しかし、遠い目標を達成する方法を思い描くこの一般的な能力はおそろしい代償を伴った。計画的暴力への扉を開けたのだ。暴力は、もはや目下の衝動に動機づけられる必要がなくなった。欲するものを手に入れるための汎用ツールとして暴力を使用することも可能になったのだ。あのいけ好かない奴から指図されるのにうんざりしたら？　機会をうかがって始末してしまえ！　隣の女房を好きになったら？　ひとりになるのを待って、やっちまおう！　未来について計画を立てられる生物、目標を達成するあらたな方法を思いつける生物は非常に危険だ。とくに、その生物が道具を使えるのであれば。

一頭のチンパンジーが別のチンパンジーを殺すのは至難の業だ。相手のチンパンジーの方が大きく、強ければなおさらだ。しかし人間のような霊長類について興味深い、そしておそろしい事実がある。ホッブズが気づいたように、健康な成人は誰でも、同じ種の仲間の誰をも殺すことができる。それも、誰の助けを借りることもなく。たとえば身長一六〇センチの女性が、一九八センチメートルの男性が寝ている隙に忍び寄り、頭を石で叩き割ることもできる。*このように、私たち人間は、行動を計画し、自分に有利になるように道具を利用することに熟練した結果、暴力を行なう途方もない能力を獲得した。

暴力を行なう途方もない能力を備えていると何がまずいのだろう。あなたがトラのように、単独で縄張り行動をする動物であれば問題ないだろう。しかし、人間は協力的な集団の中で、ともに暮らすことにより生き延びている。人間には、攻撃されると復讐しようとする傾向がある（「しっぺ返し」）。そのため、暴力は攻撃する側にも、攻撃される側にも危険だ。攻撃対象が、道具を使う行動計画者であればなおさらだ。暴力的な攻撃者の方が倍も大きくても、被害者は生きているかぎり、相手の頭を石で叩き割るか、背中をナイフで一突きにする復讐の好機を待つことができる。被害者が死んだとしても、その人に代わって復讐せねばと思う近親者や友人がいるかもしれない。人が復讐心をもち、誰もが相手が誰であれ殺すことができる世の中では、他者への接し方に非常に慎重にならざるを得ない。さらに、暴力への消極的な姿勢は、個人の得にならなくても、集団レベルでは有利に働くかもしれない。（内部に対して）おとなしい集団の方がより協力的であり、生存に有利になる。要するに、見境なく暴力的な個人は、共同体の仲間から仕返しを受ける可能性が高く、そのため集団の協力する能力を損ない、集団レベルの競争で自分が所属する集団の足を引っ張りかねない。

人の暴力的なふるまいを抑制するには、ある種の内部モニターが役立つだろう。暴力行為をしようと考えると、「そんなことをしてはだめだ！」といってくれる警報システムだ。このような行動計画監視装置はあらゆる形の暴力に反対するとはかぎらないだろう。たとえば、自分の身を守る場合や、敵を攻撃する場合は作動しないかもしれない。しかし、一般に、このシステムは、肉体的に互いを傷つけあうことに対して個人を及び腰にさせ、それによって個人を報復から守り、ことによると集団レベルでの協力を支えている。近視モジュールはまさにこの行動計画監視システム、すなわち私たちが不用意に暴力的になるのを予防する装置だというのが私の仮説である。

なぜ、こうしたモジュールは近視眼なのだろう？　すべてのモジュールは、どのみち近視眼だからだ。いま私たちが仮定しているのは小さな警報システムで、結果を最大化するマニュアルモードが立案した潜在的に危険な計画をチェックするオートモードだ。（マニュアルモードは、個人的な損得がかかっている状況では、公平とほど遠くなる傾向があることを思い出そう。）すべてのオートモードは、ヒューリスティックなので、どのみち近視眼である。大きくなった白目に基づいて自動的に恐怖を認識する、扁桃体に格納された認知システムを考えてみよう（第五章「賢明になる」）。このシステムは、自分が反応している「白目」が、本当に危険な状況に置かれた生身の人間の目ではなく、コンピュータの画面上の画素かもしれないという事実に盲目である。すべてのオートモードは特定の手がかりを頼りにするが、その手がかりは、それが設計されたときに検出対象だったものと中途半端にしか関係していない。同じように、私たちの仮定している反暴力警報も、作動メカニズムはどうであれ、何らかのかぎられた手がかりに対して反応することで作動するのだろう。従って、問題は、自動行動計画監視装置が近視眼かどうかではない。この装置がどのように近視眼なのかが問題なのだ。

ここまではあくまで推測である。私たちの脳にこうしたモジュールが組み込まれている証拠は存在するのだろうか？　じつは存在するのだ。ご承知の通り、人間は、歩道橋から人を突き落とすといった、ある種の暴力行為に対する自動的な情動反応を備えている。このシステムが、少なくともいくぶん「モジュール的」であることもわかっている。すなわち、このシステムの内部の働きは、脳の残りの部分から切り離されているか、少なくとも、意識的な思考を可能とする脳の部位からは切り離されている。（そのため、私たちは、トロッコ問題で直観がどう働いているか、内観を通してあきらかにすることができず、先述のような実験を行なって理解するしかない。）実験トロッコ学は、私たちの脳に自動化された反暴力システムのようなものが存在することを示唆する。

モジュール近視仮説からさらに三つの予測が立てられる。その一、このモジュールは、トロッコ・ジレンマに反応するために進化したのではなかった。この警報システムを実際に作動させるのは本物の暴力であるはずだ。その二、このモジュールが、暴力に関係した手がかりに反応するのなら、作動させるのに本物の暴力は必要なく、適切な手がかりさえあればよいはずだ。別の言い方をすれば、それらしい暴力をふるうふりをするだけで警報を作動させるのには十分なはずで、たとえ、暴力をふるうふりをしている人が、本当の暴力が行なわれているわけではないと(マニュアルモードで)知っているとしても作動させられる。その三、この警報システムの役目が、自分が(理由なく)暴力をふるうのを止めることにあるなら、このシステムは、自分が暴力行為をするふりをするのに対してもっとも強く反応するはずで、他者が暴力をふるうふりをするのを見たり、身体動作としては似ていても暴力ではない行為を自分がするふりをしたりするときは、それほど反応は強くないはずだ。

これらをすべて念頭に置いて、ファイアリー・カッシュマン、ウェンディ・メンデスらは第2章で紹介した実験を行なった。カッシュマンらは、誰かの足を金槌で叩いたり、赤ちゃんの頭をテーブルに叩きつけたりするという暴力行為をするふりを被験者にさせた(図2-2参照)。先にも述べたように、こうした疑似暴力行為を自分で行なったときは被験者の末梢血管が収縮したが、他者が同じことをするのを見ていたり、疑似暴力ではなく、身体動作として似ている行為をしたりしたときには収縮しなかった。そして、こうした行為が無害であると(マニュアルモードで)十分承知していても血管は収縮した。こうして、カッシュマンらは、モジュール近視仮説が予測した通りのことを認めた。すなわち、暴力行為に表面的に(ただしあまりに表面的過ぎない程度に)似た行為を、身体を使って行なうことに対しての自動的忌避である。

ただし、モジュール近視仮説にはさらに続きがある。私たちは、暴力的であることに関係した手がかりに反応する警報システムを備えているだけではない。この理論によれば、この警報システムの近視眼は独特である。予見される副次的影響として引き起こされる危害に対して盲目なのだ。なぜこんなふうになっているのだろうか？

副次的影響が見えない

ここで話が少々こみいってくる。モジュール近視仮説のこの部分は、ジョン・ミハイルによって提唱された行動表象理論が出発点だが、行動表象理論は、アルヴィン・ゴールドマンとマイケル・ブラットマンによるそれ以前の提案を土台としている。ミハイルの着想はこうだ。人間の脳は、図９－７に示したような、枝分かれした行動計画の形で行動を表象する。図９－７は「スイッチ」ジレンマと「歩道橋」ジレンマの行為者の行動計画を描いたものだ。

すべての行動計画には、行為者の身体動作ではじまり、行為者の目標（意図された結果）で終わる一次連鎖、すなわち「幹」がある。一次連鎖は、目標達成のために因果的に欠かせない一連の出来事から成る。たとえば、「スイッチ」ケースでは、行為者の手の動き（身体動作）が原因となって行為者が握っているスイッチが動き、それが原因で線路のスイッチがレールのポイントを切り替え、それが原因でトロッコは主線を進む代わりに待避線に入り、それによって主線にいる五人の命が救われる（目標）。同様に「歩道橋」ケースでは、行為者の手の動き（身体動作）が原因となって歩道橋から人が落ち、それが原因でその人が線路に着地し、それが原因でトロッコがその人に衝突し、それによってトロッコが止まり、五人の命が救われる（目標）。図９－７で、二本の一次連鎖をそれぞれ一番下から上へと順番にたどることで、これらの一連の出来事を確認できる。このように、行動計画の一次連鎖に示され

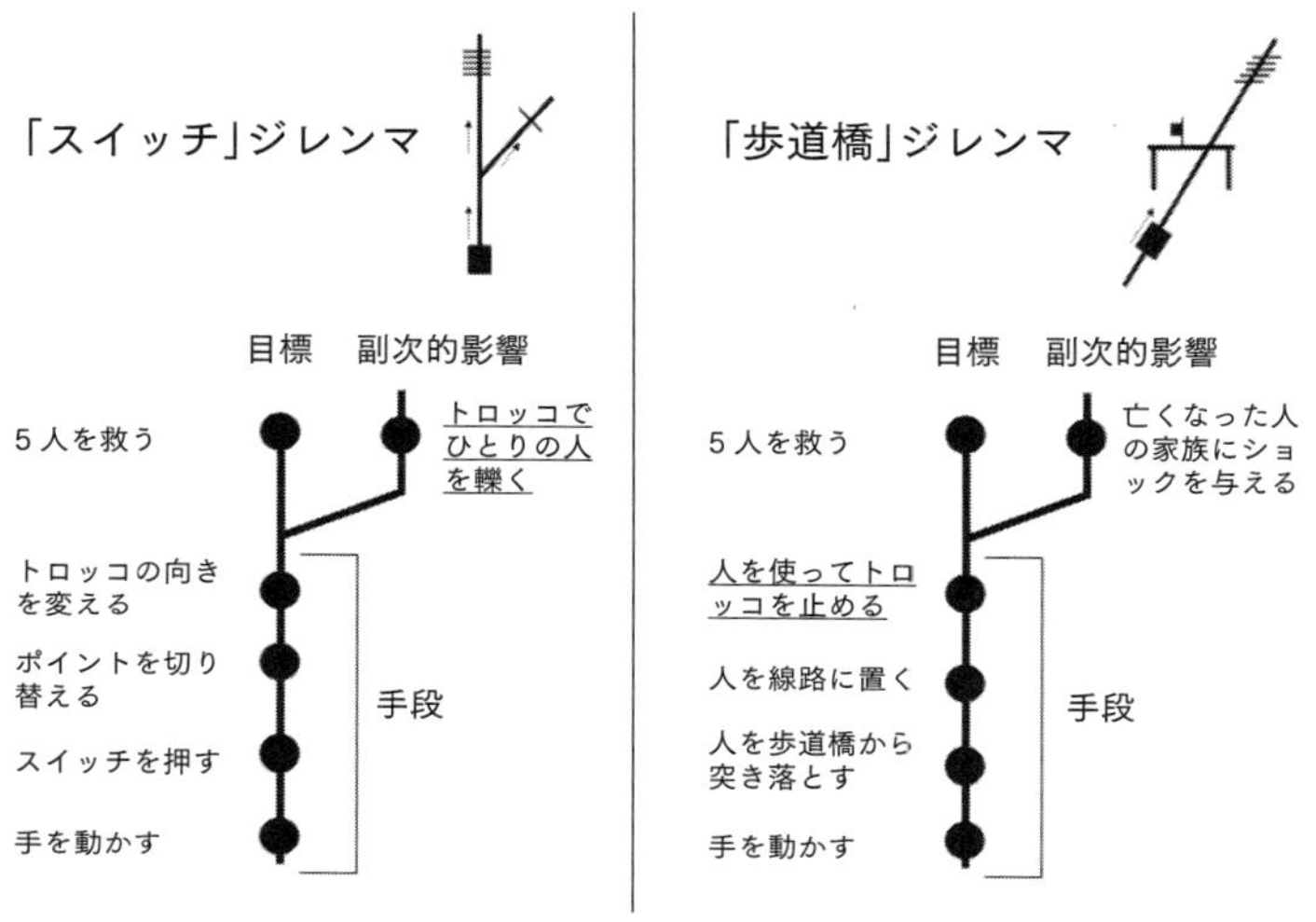

図9–7 「スイッチ」ジレンマと「歩道橋」ジレンマの行動計画

る出来事はいずれも、行為者の目標にとっての手段として、すなわち目標達成のために不可欠なステップとして表象される。

図9－7の行動計画には、一次連鎖から枝分かれした二次連鎖も描かれている。「スイッチ」ケースでは、トロッコの進路変更によって二つの結果（つまり「二重結果」）が生じる。主線にいた五人は救われる（目標）が、とんでもない副次的影響も引き起こされる。待避線にいたひとりが轢き殺されるのだ。この出来事は、予見される副次的影響であるため二次連鎖で表象される。行為者が予測している出来事だが、目標達成に因果的に不可欠ではない。（先にもいったように、待避線の人が消えても、目標は達成されるだろう。）「歩道橋」ジレンマにも予見される副次的影響が存在する。人間をトロッコ・ストッパーとして利用すれば、五人を救えるだろう。しかし、トロッコ・ストッパーとして利用された男性の家族にショックを与えるといったその他の結果も予想される。そこで、図9－7は、この結果を二次

連鎖上の出来事として、すなわち予見されるが、目標達成のために因果的に不可欠ではない出来事として描いている。この場合、たとえ被害者の家族が結果に心から満足するとしても計画はうまくいく。

従って、ミハイルの理論はかなり単純明快だ。私たちが歩道橋から人を突き落とすのは間違っていると考えるのは、人を手段として利用する行為を含んでいるからであり、スイッチを押してトロッコの進路を変える行為が容認できるのは、予見される副次的影響として男を殺したに「過ぎない」からだ、となる。ミハイルの考えでは、非対称に枝分かれした行動計画というある種の心的表象は、手段と副次的影響の区別を表象する自然なフォーマットになる。これはじつに洗練された考えだ。

最初にミハイルの理論を知ったとき、私は、この説は興味深いが、正しいわけがないと考えた。そもそも、すでにこのとき二重過程理論を裏づける証拠が大量に見つかっていた。二重過程理論によれば、脳のある部分に由来する情動反応と、別の部分に由来する功利主義的判断が競合する。ミハイルの説には情動がなく、そのため競合するシステムどうしの対立も生じない。枝分かれする行動計画を情動抜きで表象し分析することですべての作業を行なう、「普遍道徳文法」という単一システムが存在するだけだ。従って、私には、ミハイルの理論は、魅力的ではあるが、間違った方向に踏み出しているように思われた。さらに、もっと直接的にそう考える根拠もあった。手段と副次的影響の区別ではこのデータを正しく説明することはできないと知っていたのだ。手段・副次的影響理論に最初に「待った」をかけたのが先ほど紹介したジュディス・トムソンの「ループ」ケースだ。「ループ」ケースでもひとりの作業員がトロッコ・ストッパーとして利用されるが、人々は、こちらは問題ないと考えるらしいのだ。

その後、べらぼうに暑い夏の日、フィラデルフィアのおんぼろアパートで、窓に取りつけるタイプのエアコンにへばりついているとき、「ユリーカ(わかった)!」の瞬間が訪れた。(少なくとも私はこれをユリーカと考える。みなさんもすぐに判定を下せるだろう。)私は、手段と副次的影響の違いが様々なケースにあてはまることを示す他の研究者たちのデータを見たばかりだった。危害が副次的影響として含まれるケースの多くが支持され、危害が手段として含まれるケースはあまり支持されていなかった。(たとえば本書でも「歩道橋」ケースと「障害物衝突」ケースを比較したときに、そのことを確認した。)これらの研究は、手段と副次的影響の区別に実際に意味があることを示唆していた。

しかし、どうすれば、これらの発見と二重過程理論の折り合いをつけられるだろう? 二重過程理論によれば、私たちが好まない行為、たとえば歩道橋から人を突き落とすといった行為はネガティブな情動反応を誘発するのだった。そこで私は次のように考えた。仮に手段と副次的影響の違いに意味があるならば、こうした情動反応の引き金となるシステムに影響を与えるからに違いない。言い換えると、私たちは、危害が手段として引き起こされるケースに対して、より情動的に反応するに違いない。しかしそれならばなぜ、被害者をトロッコ・ストッパーとして利用する行為を含むことがあきらかな「ループ」ジレンマでの危害を、気にしないのか? 「ループ」ジレンマには何かおかしなところがあるのではないだろうか? このケースには、危害が私たちの気に障るのを妨げる何かがあるのだろうか? ここで私は、ミハイルの行動表象理論と二重過程理論が統合できるかもしれないと気づいた。

「ループ」ケースには、たしかにおかしなところがある。「ループ」ケースは「手段」のケースだが、並外れて複雑だ。もっと具体的にいうと、被害者が手段として利用されていることを理解するには、複数の因果連鎖をたどる必要があるという意味で複雑なのだ。「歩道橋」ケースのようにより単純なケースであれば、一本の因果連鎖をたどるだけで誰が危害を加えられることになるのか理解できる。知る必要があるのは、図9-8に描かれているものだけだ。

すなわち、人間を使ってトロッコを止めるという加害事象が、身体動作(手を動かす)にはじまり目標(五人を救う)を達成するまでの過程で不可欠なステップであると知るだけでいい。しかし「ループ」ジレンマでは、加害事象が目標達成に必要不可欠だと知るには、二本の因果連鎖をたどらなくてはならない。このケースでは、トロッコが五人に危害を加える二通りの方法、(1)主線を進んで五人を轢き殺す、(2)待避線に入ってからふたたび主線に戻って五人を轢き殺す、があるからだ。五人を救うには二本の因果連鎖を両方とも断ち切らなくてはならない。(1)の因果連鎖を断ち切る過程を図9-9に示した。

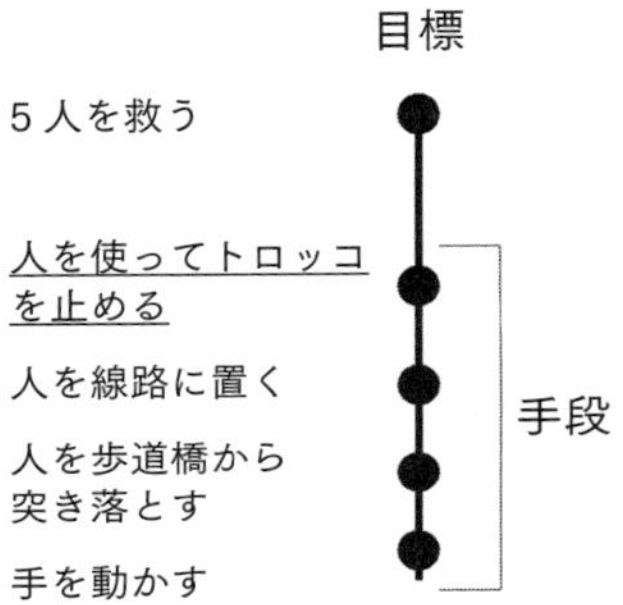

図9-8 「歩道橋」ケースの行動計画の一次因果連鎖

「ループ」ケースでは、トロッコは五人のいる方へ進んでいるが、トロッコの進路を切り替えればこれを避けられる。つまり、トロッコが主線を進んでいって五人を轢き殺すという(1)の因果連鎖を断ち切ることができる。これが「スイッチ」ケースであれば、目標達成に必要な出来事についてこれ以上つけ加えることはない。「スイッチ」ケースでは、トロッコの進路を切り替えれば、後は何もしなくても五人の命を救うことができ

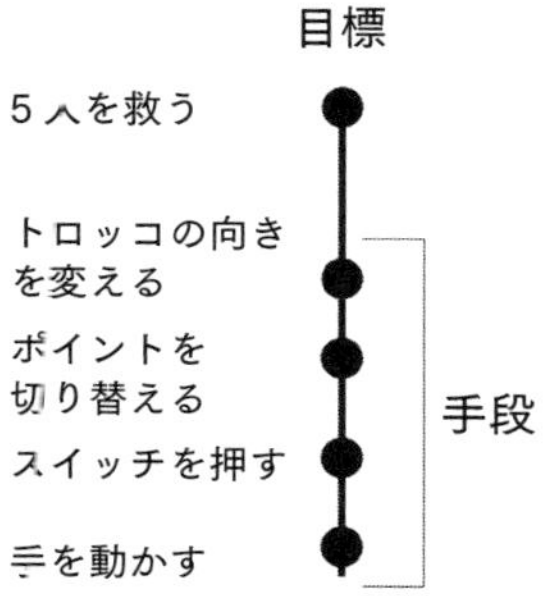

図9-9 「ループ」ケースと「スイッチ」ケースの一次因果連鎖．スイッチを押すことで，トロッコが5人を轢き殺す別の因果連鎖の実現を阻止する．

る。図9-9は「スイッチ」ケースで五人を救うために必要な出来事を描いた図とほぼ変わりない。しかし、「ループ」ケースでは、図9-9に示されているのは全体の一部に過ぎない。「ループ」ケースでは、五人を救うために断ち切らなくてはならない二本目の因果連鎖がある。トロッコの進路を切り替えると、トロッコは待避線に入るが、この場合五人はふたたび命を脅かされる。しかし今度は別の方角から、すなわち、異なる因果連鎖によって脅かされる。五人にふたたび衝突しそうになるトロッコを止めるには、待避線上にトロッコを止める何かが必要だ。そして、もちろん、運の悪い被害者がそこにいる。二次因果連鎖が断ち切られる過程を図9-10に示した。

図9-9に描かれている一次因果連鎖だけを見れば、危害はまったく見あたらないだろう。トロッコが五人のいる方角から進路を変える。それだけだ。「ループ」ケースに危害が存在すること、それも目標達成のために不可欠な危害が存在することを理解するには、図9-10で強調されている二次因果連鎖を見る必要がある。

ここで二重過程理論を簡単にふり返ってみよう。二重過程理論によれば、人間にはオートモードとマニュアルモードが備わっている。オートモードは、「歩道橋」ケースでの行為のような、ある種の加害行為に対し、情動警報を発する。それからマニュアルモードというものがあって、これは本質的に費用対効果の観点で考える傾向がある。マニュアルモードは、「スイッチ」、「歩道橋」、「ループ」、いずれの場合もこう言うだろう。「ひとりと引き換えに五人？　よさそうな話だ。」マニュアルモードは、こうした五人対ひとりのケースに対してつねに同じ結論（「ＯＫ！」）に達するのだから、これらのケースひとつひとつに対する判断の傾向は、オートモード、すなわち近視モジュールが警報を発する*かどうかによって最終的に決定される。

　しかし、この警報システムが警報を発するかどうかを、何が決めているのだろう？　私たちの判断は、少なくともときどきは、手段と副次的影響の違いに敏感だ。その一方で、「ループ」ケースに示されるように、私たちの判断は手段と副次的影響の違いにつねに敏感なわけではない。何が起きているのだろう？　先に、私たちは適切な答えと思われるものを手に入れた。ここに欠けている要素は人身的な力だ。私たちは、歩道橋から人を突き落とすことに「ノー」といい、トロッコの進路をループする待避線に切り替えることに「イエス」という。歩道橋から人を突き落とす行為には「突き落とす動作」が含まれているからだ。ところが、これが完璧な説明であるなら、「ループ」ケースに何らかの突き落とす動作を加えれば**、その場合の功利主義的行為は、歩道橋から人を突き落とす行為同様、間違いだと思

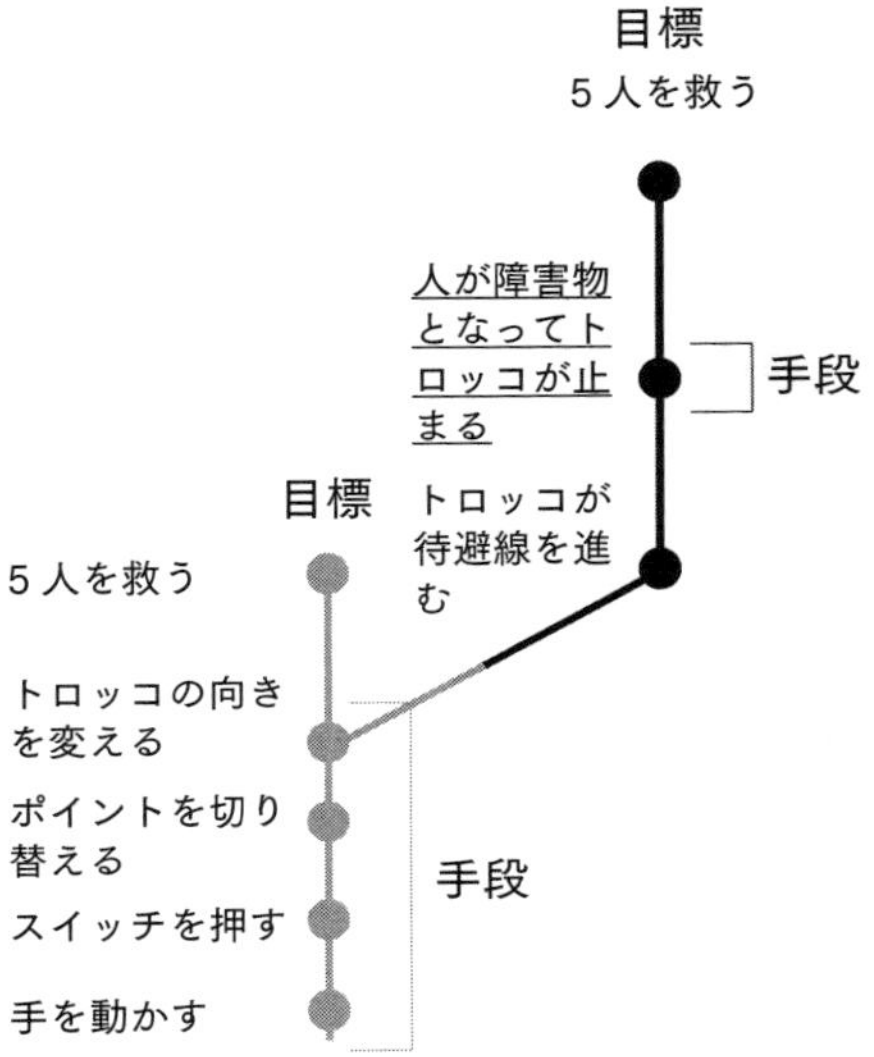

図 9-10　「ループ」ケースの二次因果連鎖を強調した図

われるはずだ。ところがそうはならないらしい。それでは、私たちの脳が「ループ」ケースを、実際は手段のケースであるのに、典型的な「手段」のケースのようにではなく、むしろ「副次的影響」のように処理するのには何か理由があるのだろうか？

ヒント一。二重過程理論によれば、情動警報を鳴らすシステムは、わりあい単純なシステムで、私たちが暴力行為を犯すことを考えると、警報を発する行動監視装置であると考えられる。

ヒントその二。先に説明したように「ループ」ケースは並外れて複雑な手段のケースだ。これが手段のケースであると理解するには、図9－9に示した一次因果連鎖を見るだけでは十分ではない。目標達成には危害を引き起こす必要があると理解するには、図9－10で強調した二次因果連鎖を見なくてはならない。

もうおわかりだろうか？　私が正しければ、「ループ」ケースの謎（もちろん、これにかぎらない）への解は次のようになる。私たちにはオートモードが備わっている。それは、行動計画を「監視」し、行動計画にある加害事象（誰かをトロッコで轢き殺す、とか）を検知すると、警報を発する。ところが（さあ、ドラムロールの準備はいいかな？）この行動計画監視装置は、わりと単純な「一チャンネル」システムで、複数の因果連鎖をたどることができない。すなわち、枝分かれした行動計画をたどることができない。監視する行動計画を示されるとき、一次因果連鎖にあるものしか見えない。

なぜだろう？　歌詞を思い出すときのことを考えてみよう。たとえば「線路は続くよどこまでも」の歌詞の、三番目の文はどんなだったただろうか？　覚えていたとしても、とっさには出てこないのではないだろうか。こういうときは、最初から順を追って思い出さなくてはならない。「線路はつづくよどこまでも。野をこえ山こえ谷こえて。はるかな町までぼくたちの……」歌詞の全体を一気に処理するのではなく、歌詞を順番にたどっていく。一節思い出すたびに次の一節がつられて出てくることを当てにして。というわけで、頭の中の小さな行動計画監視装置は意識的に歌詞を処理するときのやり方で、つまり連鎖に沿って、行動計画を無意識に処理していると考えられるのだ。行動計画を監視するとき、あなたが「線路はつづくよ……」からはじめるように、この処理装置は身体動作（例「突き落とす動作」）からはじめ、あなたが歌の最後まで歌詞を忠実にたどるのと同じく、目標（例「五人を救う」）へまっすぐ進んでいく。行動計画監視装置には、行動計画の枝が見えない。幹を順番にたどるしか、やり方を知らないからだ。

　従って、このシステムが「歩道橋」ジレンマの行動計画をチェックするとき、システムには図9－7右のようには見えていない。見えているのは図9－8だけだ。しかし、警報を鳴らすにはそれで十分だ。一次連鎖にトロッコで人を轢き殺すという加害事象があるのだから。

　ところが、このシステムが「スイッチ」ジレンマの行動計画をチェックするとき、システムには図9－7左のようには見えていない。代わりに見えているのは、図9－9だ。そしてここには危害がまったく見あたらない。このシステムに関するかぎり、「スイッチ」ケースで起きているのは次のことなのだ。手を動かす→スイッチを押す→ポイントを切り替える→トロッコの向きを変える→五人を救う。つまり、**図9－11**しか見えていない。

　このシステムは、一次因果連鎖しか見ていないため、おめでたいことに、この行為が誰かを死なせるという事実に気づいていない。すなわち危害が副次的影響であり、二次因果連鎖上にあるため、警

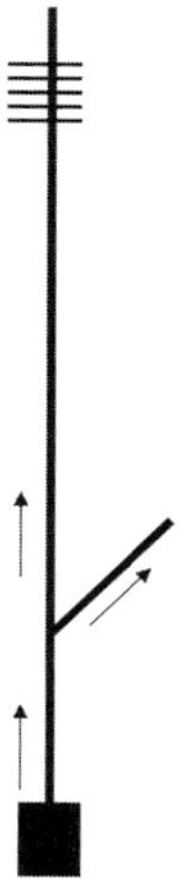

図 9-11　「スイッチ」ケースと「ループ」ケースにおける一次因果連鎖の空間配置図

報がまったく作動しないのだ。

「ループ」ケースはどうだろう？　「ループ」ケースに対する私たちの変則的な反応は、モジュール近視仮説の決定的な（予備的ではあるが）証拠となるものだ。くり返そう。「ループ」ケースに対する私たちの反応は「変則的」だ。なぜなら、「ループ」ケースは、人間をトロッコ・ストッパーとして、すなわち手段として利用する行為を含むが、それにもかかわらず、ほとんどの人がこの場合のトロッコの進路切り替えを支持するからだ。「ループ」ケースの特異なところは、手段のケースであるにもかかわらず、副次的影響のケースに似た構造をしている点にある。もう少し詳しく説明すると、「ループ」ケースでは、加害事象が、副次的影響のケースと同じように二次因果連鎖で起きる。ただしその危害は、五人を救うという目標を達成するための手段であり、因果的に欠くことができない。先に説明したように、「ループ」ケースの一次因果連鎖は、「スイッチ」ケースの一次因果連鎖と同一である。従って、「ループ」ケースの場合も、行動計画監視装置に見えているのは、手を動かす↓スイッチを押す↓ポイントを切り替える↓トロッコの向きを変える↓五人を救うという一連の行為だけだ。そのため「スイッチ」ケースと同じく、警報ベルはけっして鳴らない。一次因果連鎖に危害はないからだ。（なぜ、危害のある因果連鎖が、二次因果連鎖なんかにあるのか[**]？　といぶかるだろう。）このように、加害事象が一次因果連鎖にないため、近視モジュールにもそれが見えない。くり返しになるが、「ループ」ジレンマの加害事象は、副次的影響に似た構造をした手段*であるため、近視モジュールには見えないのだ。

この理論によれば、モジュールが近視なのは、それには副次的影響が見えないからだ。しかし、それは私たちが副次的影響に盲目ということを意味しない。それどころか、私たちは、「スイッチ」ケースが副次的影響のケースであり、「歩道橋」ケースと「ループ」ケースが手段のケースだと完璧に理解できる。私たちにはこうした副次的影響が見えるのに、近視モジュールには見えないとしたら、脳の中に副次的影響を見る（すなわち、表象する）ことができる別の部位があるからに違いない。それでは副次的影響はどこで表象されるのか？

もういちど、道徳判断の二重過程理論を考えてみよう。近視モジュールは、オートモード、すなわち情動警報を鳴らすかどうかを決定する仕掛けに過ぎない。しかし、二重過程理論にはもうひとりの主役がいる。脳のマニュアルモードだ。第8章で説明したように、このシステムは汎用の最大化装置として、つまり費用対効果を計算するために設計されている。であるので、マニュアルモードは副次的影響を完璧に見ることができる。マニュアルモードは、何が副次的影響で、何がそうでないのかを知っている。しかしある事象（たとえば、誰かをトロッコで轢き殺す）が、手段か副次的影響かについては「関心」がない。（哲学科の大学院生にでもならないかぎり。）最大化を使命とするマニュアルモードは、こうしたすべてのケースに対して同じことをいう。「ひとりと引き換えに五人？　ＯＫ。」そして、警報装置が鳴り出して反対のメッセージを送らないかぎり、マニュアルモードが優勢になりがちだ。そういうわけで、人は「スイッチ」ケースと「ループ」ケースに功利主義的な回答をしがちだが、「歩道橋」ケースに対しては功利主義的な回答をしないことが多い。

わかりやすくするために、全体の話を図９−12にまとめよう。

近視モジュールは行動計画を監視し、目に入るあらゆる危害に情動警報を発して反応する。しかし、危害を及ぼす副次的影響に対しては盲目だ。というのも、近視モジュールに表象できるのは、目標達成に因果的に欠かせない事象、すなわち、行動計画の一次因果連鎖を構成する事象だけだからだ。このシステムが「スイッチ」ケースや「ループ」ケースの行為を問題なしとするのは危害が見えていないからだ(図９−12(a)の下半分)。ところが、「歩道橋」ケースに対しては激しく警報を鳴らす。この場合、一次因果連鎖上にある加害事象が見えるからだ(b)の下半分)。マニニアルモードは、目標達成のために因果的に欠かせない事象だけでなく、副次的影響である加害事象も表象できる。ただし、マニュアルモードは、危害が目的のための手段か、予見される副次的影響に過ぎないのかには「関心」がない。すなわち、手段として引き起こされる危害に、情動的重みづけをするわけではない。マニュアルモードが気にしているのは収支決算だけ、すなわち「どの行為が全体として最高の結果をもたらすか？」だ。そういうわけで、マニュアルモードは、ひとりの命と引き換えに五人を救うことができればおおむね満足なのだ(a)と(b)それぞれの上半分)。この二つのシステムは次のように相互作用している。情動警報が鳴らないときは、マニュアルモードのいうとおりになる(a)。しかし、情動警報が鳴れば、マニュアルモードの論理的思考はたいてい負ける(b)。(ただし、つねに負けるわけではないことも断わっておこう。マニュアルモードは、費用対効果の説明に十分説得力があれば、自分の費用対効果思考を支持して、情動反応を圧倒するだろう。) このように、近視モジュール仮説は、ミハイルの行動計画理論と道徳判断の二重過程理論を統合し、なぜ私たちが、副次的影響として引き起こされる危害をさほど気にしないのか

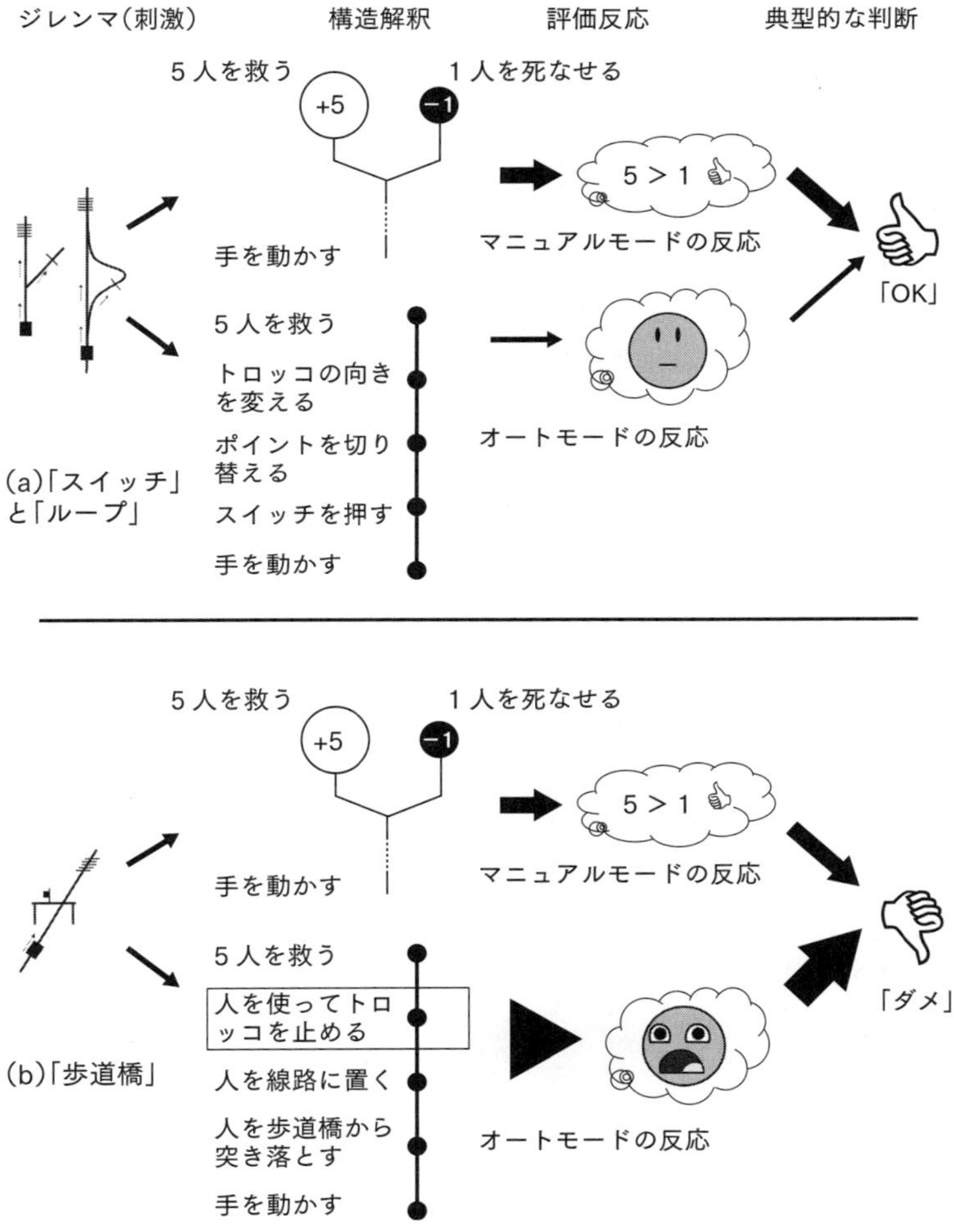

図 9-12　(a)「スイッチ」ジレンマと「ループ」ジレンマ，(b)「歩道橋」ジレンマに対する二重過程反応の図．3つのジレンマはいずれもマニュアルモードでは功利主義的思考を引き出す((a), (b)の上段)が，「歩道橋」ジレンマの殺人だけが，(ある種の)加害行為に対して自動的でネガティブな情動反応を誘発するシステムに「見られて」いる((a), (b)の下段の違い)．

を説明する。

この理論は、近視モジュールには、行動計画の一次因果連鎖上にあるもの、すなわち目標達成のために因果的に欠かせない一連の事象しか見えてないという仮定に基づいている。しかしモジュールはなぜこのように視野が狭いのか？　二次因果連鎖も読み取れれば、よりよく機能できるのではないか？　そうかもしれない。しかし、そうなると二つの理由から認知的な負担がはるかに大きくなるだろう。まず、ここまでは、一次連鎖と二次連鎖という二本の因果連鎖だけが存在することを前提としてきた。これはあまりに単純化しすぎである。おかしな「ループ」ケース以外では、行為者の身体動作から目標までをつなぐ事象の因果連鎖は一本しかない。すなわち、一次因果連鎖候補は一本だけだ。しかし、どんな行為に対しても、その身体動作から伸びる**多数**の二次因果連鎖があるだろう。たとえば、「スイッチ」ケースで誰かがスイッチを押せば、待避線にいる人を殺すことになるが、その他多くのことが引き起こされることも予見できる。待避線の周囲の空気を乱す、轢き殺される被害者の家族や友人にショックを与える、これらの出来事が記憶に残る、法律上のごたごたに巻き込まれるおそれがある、などだ。どんな行為にも、かなりの数にのぼる予見可能な副次的影響が存在する。そのため、ひとつのモジュールが、意図された結果だけでなく副次的影響も把握するには、何倍もの仕事をこなさなくてはならなくなる。それにより、モジュールの本来の役目からすれば外せない、効率的な動作が妨げられる。

行動計画監視装置がすべての枝を監視することが困難なもうひとつの理由は、それをするには、コンピュータ科学者が「キュー(待ち行列)」と呼ぶ、処理待ちの項目を特定の順序で保存するシステムに似た、より洗練された記憶システムが必要だからだ。近視モジュールは直線的に行動計画を読み込むことを思い出そう。そのやり方は私たちが歌詞を思い出すのとよく似ていて、鎖の環はどれも次の環につながっている。こうした処理は、鎖が本当に直線である場合にはじめて可能になる。ところが、鎖が分岐していたら、ひとつの作業(鎖の第二の枝をたどる)をいったん保留にしておいて、最初の作業(鎖の第一の枝をたどる)が完了したらそこに戻ることを覚えておく記憶貯蔵庫が必要になる。この手の、上位の目標と下位の目標のある、入れ子式のマルチタスクに従事することは、コンピュータにはたやすいが、動物の脳には非常に荷が重い。ただし、人間のマニュアルモードは、これをじつにうまくやってのける。しかし、単純な認知モジュールであるオートモードがこれをやり遂げるのは非常に困難であり、おそらく不可能だろう。

従って、近視モジュールに副次的影響が見えないという仮定は、十分な動機づけがないどころか、認知的には完全に筋が通っている。効率的で自動化された行動監視装置が、ひとつの行動の予見される副次的影響をすべて「検討」するのは、非常に困難だろう。これらはあまりに数が多く、検討にはかなり洗練された記憶システムが必要だからだ。

ここではかなり専門的な話題を取り上げた。しかし、肝心なのはこういうことだ。モジュール近視仮説が正しいなら、私たちが手段としての危害と副次的影響としての危害の間に引く、直観による道徳的区別は、認知の偶然であり、副産物に過ぎない。手段として引き起こされる危害は、私たちの道徳情動ボタンを押す。しかしそれは手段としての危害が客観的により悪いものだからではなく、私たちがうっかり暴力的にならないように見張っている警報システムに、副次的影響を追跡する認知能力が欠けているからなのだ。これについてはすぐ後で詳しく説明する。しかしまずは、幸福最大化の道に立ちふさがる、もうひとつの古典的な道徳的区別を取り上げよう。

作為と容認

学生時代、食堂を出ていくとき、紙ナプキンを投げ捨てようとしてしくじった。ナプキンを小さく丸めてゴミ箱めがけて放ったが、ゴミがいっぱいで跳ね返って床に落ちてしまったのだ。品行方正な学生だった私は、自分の行ないで食堂をさらに散らかしてしまいたくはなかったので、ナプキンを拾ってゴミ箱に入れようとした。ところが、床に散らばったたくさんのナプキンのうち、どれが自分のかわからない。恥ずかしいくらい長い時間、散乱するナプキンを見つめながら、どのナプキンの位置が、自分のナプキンの軌道の終点としてもっとも整合性があるかを考えていた。そしてついに、こんなことは馬鹿げていると思い到った。「ナプキンはナプキンであり、ナプキンである。」自分が投げたナプキンと他人のナプキンを区別することに何の意味がある？　私は、ほとんど無作為に一枚のナプキンを拾ってゴミ箱に入れた。しかし、ここであらたな疑問が浮かんだ。なぜ、一枚で終わりにするのか？　私はすでに「自分で散らかしたものは自分で始末する」から「人が散らかしたものを始末する」へと一線を越えた。もう、気色悪い他人のナプキンに触れてしまったではないか。ならばなぜ、もう少し余計に拾わないのか？　しかしあと何枚拾えばいい？　私はひとつかみのナプキンをさらに拾ってごみ箱に入れると食堂を後にした。

人は、自分が投げるナプキンに対して、それ以外のいきさつでそこに落ちているナプキンより大きい道徳的責任を負うという確信には、有名な哲学の歴史がある。この確信は、「作為と容認の原則」という立派な名前を与えられている。これは、行為によって、すなわち私たちが積極的に行なうことによって引き起こされる危害は、不作為の危害より悪いといっている。この考えは、直観的に説得力があり、実社会の道徳的意思決定において重要な役割を果たしている。たとえば、米国医師会の倫理指針によれば、医師が患者に積極的に(そして意図的に)死をもたらすことはけっして認められない。しかし、特定の状況のもとでは、患者が死に到るのを医師が(意図的に)容認することは認めている。この区別に対する敏感さは、回避可能な苦しみに対する反応にも影響する。あなたはおそろしい大地震を引き起こしはしないだろう。しかし救援活動に貢献しないことで、地震の被害者が亡くなるのを容認するのはいとわない。あなたはルワンダやダルフールの人々を殺しはしないだろう。しかし人々の抵抗を積極的に支援しないことで、他の者が彼らを殺すことを容認するだろう。

功利主義者によれば、「為すこと」と「容認すること」の区別は道徳とは無関係だ。少なくとも独立した道徳的な力はない。いうなれば、「危害は危害であり、危害である。」そして積極的に引き起こす危害と、たんに起きるにまかせる危害の間に根本的な道徳的区別はない。(とはいえ、根本的ではないが、実際的な違いはある。それについてはすぐ後で説明しよう。)私たちの価値観や状況を考えれば、為すことと、起きるにまかせることを道徳的に区別することは合理的だろうか？　行為と不作為に根本的な道徳的区別をつけようとする人間の性向は、手段と副次的影響の区別の場合と同様に、道徳そのものとまったく関係のない、もっと基本的な認知のメカニズムの観点で説明できると私は考える。言い換えれば、作為と容認を区別するという、(独立の)道徳的根拠の誤りを証明できると考えている。

ここで少し道徳のことは忘れよう。なぜ、動物の脳は、積極的に引き起こすものと、たんに起きるにまかせるものを区別するのだろう? たったいま、この本を読んでいるとき、あなたは積極的にページの中で目を動かし、積極的にページをめくるなどしている。それがいま、あなたがしていることだ。しかし、あなたがいましていないことをすべて考えてみよう。あなたはプードルにダンスを教えていない。ロッド・スチュワートにファンレターを書いていない。火のついた松明《たいまつ》をジャグリングしていない。地下室に浴槽を据えつけていない。そしてこれはまだほんの序の口だ。どんな瞬間にも、あなたがしていないことは無限にある。そしてあなたの脳がそのすべてを、いやその中のかなりの割合でさえ、表象するのは不可能だ。(おなじみの話だろう?) つまり、行為者の脳は、ある意味、不作為より行為を重視せざるを得ない。私たちは行為を表象しなければならない。それは行為を実行するため、計画通りにいくことを確実にするため、そして他者の行為を理解するためなのである。しかし、自分や他者がしていないことをことごとく追跡するのは不可能だ。これは、不作為について考えられないという意味ではないが、脳が、行為と不作為を根本的に違う方法で表象しなければならず、行為の表象は、より基本的で容易だということを意味している。

行為の表象がより基本的であるという事実は、乳児で確認できる。行為と不作為の区別における認知の根源を解明する先駆的な試みのひとつとして、ファイアリー・カッシュマン、ローマン・ファイマン、スーザン・ケアリーは次のような実験を行なっている。生後六か月の乳児たちは、実験者がふたつの物体の一方を選択する様子を見て、実験者の好みを認識する訓練を受ける。たとえば、乳児の目の前には、右側に青いマグカップ、左側に赤いマグカップが置いてある。実験者は、青いマグカップを選ぶ。次のときは、(前回と同じく)右側に青いマグカップ、左側に緑のマグカップを置いてある。ふたたび実験者は右側の青いマグカップを選ぶ。試行のたびに、実験者は左側のマグカップ(毎回、青とは違う色)ではなく、右側の青いマグカップを選ぶ。そして、実験の核心となる試行では、左側に青いマグカップを、右側に別の色のマグカップが登場する。一部の乳児に対しては、実験者は左側に置かれた青いマグカップを選んでみせる。別の乳児に対しては、右側の別のマグカップを選んでみせる。さて問題だ。どちらの選択が、乳児たちにとって意外だっただろう？　実験者はこれまでつねに青いマグカップを選んでいた。その一方で、つねに右側に置かれたマグカップを選んでもいた。それでは、乳児は何を予測するだろう？　青いマグカップを選ぶことだろうか？　右側のマグカップを選ぶことだろうか？　実験の結果、乳児は、実験者が右側に置かれた青でない色のマグカップを選んだときにその場面をより長く見つめることがわかった。これは、乳児がこちらの選択に驚いたことを示唆する。言い換えると、乳児は、実験者が青いマグカップを選ぶと予測していた。すなわち、生後六か月の乳児の脳は、実験者が青いマグカップを望み、そちらを手に入れようと行動するという事実を表象していた。

　ここまでは実験の前半でしかない。後半でふたたび乳児たちは、実験者が青いマグカップと、別の色のマグカップのどちらかを選ぶところを何度も見る。ただし、今回は、実験者はかならず別のマグカップ、すなわち、「右側に置かれた青いマグカップ」でないマグカップを選ぶ。その後の実験の核心となる試行で、実験者はまたもや、左側にある青いマグカップと、右側にある違う色のマグカップのどちらかを選ばなければならない。さてもういちど、問題だ。乳児はどう予測しただろう？　実験の前半では、乳児たちは実験者がくり返し青いマグカップを選ぶのを見て、実験者は青いマグカップを選ぶと予測していた。しかし後半では、実験者が青いマグカップをくり返し選ばない（くり返された不作為）のを見ていた。今回、乳児たちは、実験者は青いマグカップを選ばないと予測するだろうか？

そうではなかった。実験者が青いマグカップを選んだとき、乳児たちは、驚いている兆候を示さなかった。つまり、乳児たちは「青いマグカップを選ぶ」という観念を理解できたが、「青いマグカップを選ばない」という観念は理解できなかったことになる。ただし、乳児たちが「青いマグカップを選ぶ」と、「青いマグカップを選ばない」を区別できたことに注目しよう。それができていなければ、実験者が何度も青いマグカップを選んだ後で、青い色でないマグカップを選んだときにそもそも驚かなかっただろう。しかしこうしたすべてからわかるのは、乳児たちが何事かを予測し、予測が外れたと理解できるということだ。どうやら乳児にできないのは、ひとつの明確な行動として「青いマグカップを選ばない」という観念を表象することだった。乳児たちには、実験者を観察して、「あの人は、青いマグカップを選ばないことを、またするぞ」と考えることはできなかった。

この実験から、「青いマグカップを選ぶ」といった、特定の目標に向かう行動の表象は、生後六か月の乳児にも備わっている非常に基本的な認知能力だとわかる。しかし、ある特定のことを行なわないという不作為の表象は、人間にとって、それほど基本的でなく、より洗練された能力だ。それはかならずしも不作為の表象に相当複雑な情報処理が必要だからというわけではない。「Ａを選ぶ」と

「Aを選ばない」という二つの選択肢しかないなら、行なわれなかったことを表象するのは、行なわれたことを表象するよりそれほど難しいわけではない。誰かが二つのマグカップのどちらを選ぶか、観測して予測するコンピュータのプログラムを組むとしよう。その場合、「青いマグカップを選んだ」とほとんど同じくらい簡単に、「青いマグカップを選ばなかった」と表示するようにプログラムできる。(not 演算子を加えるだけで、前者の表示を後者の表示に変えられる。)そうはいうものの、人間は、行なうものを表象する方が、行なわないものを表象するよりはるかにやさしいと気づいているようだ。実生活では、人が行なう比較的少数の事柄を追跡する方が、可能であるが行なっていない無限の事柄を追跡するより重要なのだから、それももっともな話だ。

赤ちゃんが「しないこと」より「すること」をより簡単に表象するという事実から、成人についてもひとつの予測が立てられる。人間の成人が、道徳判断において加害行為と不作為(しないこと)を区別するとき、それは、オートモードの結果であって、マニュアルモードが「作為と容認の原則」を適用しているのではないだろう。カッシュマンと私は、脳イメージングを用いた実験で、被験者に積極的な加害行為と消極的な加害行為の両方を評価してもらい、この予測を検証した。予想通り、行為/不作為の区別を無視する、すなわち消極的な加害行為を積極的な加害行為と道徳的に同等に扱うには、行為/不作為の区別に従う場合よりマニュアルモードをつかさどるDLPFCの活動増加が必要となる。** 不作為の表象がほんらい抽象的であることを考えれば、納得がいく。行為は不作為と違い、基本的な、感覚による方法で表象できる。たとえば、誰かが走っている絵を描くのは簡単だ。しかし、誰かが走っていない絵はどうしたら描けるだろう? 誰かがじっと立っている絵を描くことはできるが、その絵が伝えるのは、「走っていない」ことではなく、「人間」、「女性」、「立っている」といったことだろう。何かが何かでないことを表現する通常の方法として、抽象的な記号を使うというものがある。∅のような記号を従来の画像と組み合わせて使うのだ。しかし、従来の画像は、単独では役目を果たせない。抽象的な記号が必要だ。

行為は、自然な感覚表象をもつだけでなく、自然な運動表象ももつ。たとえば、「なめる」、「つまむ」、「蹴る」といった単語を読むと、それに応じて、舌、指、脚を制御する運動皮質の下位領域の活動が自動的に増加する。しかし、(たとえば)舌を使わない行為について考えても、脳のどの部分の活動も増加しない。脳に、舌を使わない行為を実行するためにとくに割り当てられた部位は存在しないからだ。

先に見てきたように、私たちの情動、つまるところ私たちの道徳判断は、「突き落とすこと」のような、行為の感覚的・運動的特性に敏感であるようだ。(そして突き落とすことの視覚心像にも。第2章の図2－4のあたりを参照。)行為と違って不作為には、明確な感覚的・運動的特性がないため、少なくとも情動誘因《トリガー》が一種類は欠けているに違いない。さらに、行為と不作為の間の、この基本的な感覚・運動的区別は、身体的にもっと漠然とした行動の領域に持ち込まれることもある。行動がどう概念化されるかに左右されるからだ。たとえば、誰かを「クビにする」(積極的)という考えは、誰かを「去るにまかせる」(消極的)という考えよりひどいことのように感じられる。これは、ニール・パハリア、カリム・カッサム、マックス・ベイザーマン、私が行なった研究の結果(抗がん剤価格の値上げは、他者が介在して間接的に行なわれる方が、たとえ身体的行為自体の間接性に差はなくとも、あまり悪いとは感じられないことを示した）と一致する。

以上から、次のような仮説が立てられる。「危害を生じる不作為は、加害行為と同じようには、私たちの情動の道徳ボタンを押さない。」私たちは行為を、基本的な運動・感覚と同じ方法で表象するが、不作為は、もっと抽象的に表象されている。さらに、この行為と不作為の表象方法の違いは、道徳とは無関係だ。私たちの脳に課された、より一般的な認知的制約に関係しているだけである。脳には、私たちが実行しないすべての行為を追跡するのは不可能だろう。そもそも脳は、抽象的思考の装置としてではなく、感覚・運動装置として進化したのだから。先にも述べたように、神聖なる道徳的な区別は、認知の副産物に過ぎないのかもしれない。（しかし、すぐに説明するように、行為／不作為の区別を功利主義に組み入れる余地はある。）

功利主義と警報装置

幸福を最大化するというのは、すばらしい考えに思われる。しかしそのために、少なくとも原理的には、ひどくおそろしいことを行なうことになる可能性がある。どうしたらいいのだろう？　道徳脳を理解すれば、この「原理的な」問題が、結局それほどたいした問題ではなさそうだとわかる。「原理的な」問題に心配するほどの価値がないから、ではない。警戒心を抱かせる行為への直感的反応の信頼性に関する証拠をすでに手にしているからなのだ。二重過程の道徳脳の仕組みを考えれば、実際にはよいことを行なう行為が、ひどく、おそろしく間違っていると感じられる場合がありうることは、ほぼ確実だ。逆に、実際には悪いことを行なう行為が、まったく問題ないと感じられる場合がありうることもほぼ確実だ。警戒心を抱かせる行為の話を終えるにあたって、私たちのお気に入りのショウジョウバエ、「歩道橋」ジレンマに戻ろう。そして、これまでに学んだことのもっと大きな意味を考えてみよう。

歩道橋から人を突き落とすのは間違っているように思える。たとえ、その行為によってより多くの命を救えるとしても。なぜだろうか？　第４章で、これがオートモードの働きであることをみた。しかし、何度もいうように、それは部分的な答えでしかない。より完全な答えは、この認知装置の動作特性についてのあらたな理解から得られる。この装置は何に反応するのだろう？　そして何に反応しないのだろう？　最初の疑問から考えていこう。

まず、このオートモードは、副次的影響として引き起こされる危害より、目的を達成する手段として（もしくは目的として）引き起こされる危害に強く反応する。（ところが、加害手段が副次的影響のような構造をしていれば反応しない。このメカニズムの独特な特徴だ。）言い換えると、この装置は、とくに意図された[*]危害に反応する。次に、消極的に引き起こされた危害より、積極的に引き起こされた危害に強く反応する。最後に、間接的にではなく、人身的な力によって直接的に引き起こされた危害に強く反応する。これらは、チェックリストのように使われる、ばらばらの三つの基準ではないようだ。むしろ、警報装置が作動すると互いに絡みあって有機的統一体を形成するらしい。先にも述べたように、人身的な力の要因と手段／副次的影響の要因は相互作用する。危害がとくに意図されたものでなければ、人身的な力によって引き起こされたかどうかは問題ではない。そして、危害が「人身的な力」によって引き起こされたものでなければ、危害がとくに意図されていることの重要性はかなり低くなる。さらに、積極的危害と消極的危害の区別が他の二つの要因と絡みあっているようだ。それは、トロッコ問題の直観的判断を正当化するときに、人がしばしば犯す間違いからあきらかだ。

「歩道橋」ジレンマでは人を突き落とすのは間違っているのに、なぜ「スイッチ」ジレンマではスイッチを押すことが容認されるのか。その説明を求めると、行為と不作為の区別に訴える答えが返ってくることが多いが、それはじつはあてはまらないのだ。たとえば人はこんな具合に答える。「橋から人を突き落とすのは殺人だ。あなたがその男を殺している。しかし、スイッチの場合は、男がトロッコに轢き殺されるのを容認するだけだ。」この説明は実際には成功していない。どちらの場合も殺人は積極的に行なわれている。こう考えてみてはどうだろう。あなたが、ある人物を殺すという特定の意図をもって、その人のいる方へトロッコの進路を切り替えたら、これは非常に積極的な、殺意に満ちた行為だろう。「スイッチ」ジレンマでの身体の動きは、このトロッコ殺人事件と積極性においては変わりない。ただし、「スイッチ」ジレンマの危害は、副次的影響として引き起こされ、人身的な力の直接の適用もないため、それほど積極的でなく感じられる。このように、この三つの要因はすべて、同じ感情を引き起こす原因となっているようだ。

これは、手段と副次的影響の区別の認知的メカニズムに関する私たちの理論とも合致する。先に説明したように、モジュール近視仮説によれば、危害を生じる副次的影響は、その加害事象が行動計画の一次連鎖上にないため、警報装置を作動させない。しかし、消極的に引き起こされる危害には行動計画が(少なくとも通常は)存在しない。積極的な危害ではないからだ。身体動作がなく、そのため存在しない身体動作を目標と結びつける事象の連鎖も存在しない。従って、行動計画理論は、手段と副次的影響の区別に対する私たちの敏感さを説明するものだが、そのまま、行為と不作為の区別に対する私たちの敏感さに関する、より詳細な説明*にもなる。

　人身的な力も、行動計画で重要な役割を果たしているかもしれない。行動計画の事象は、時間的な順序だけでなく、因果的な順序にも従って並んでいる。身体動作から目標まで（スイッチを押す……トロッコの進路を変える……五人を救う）、どの事象も次の事象の原因になっている。私たちが力の観点で原因を表象している証拠が存在する。ビリヤードの球が別の球にぶつかるとき、あなたが網膜でとらえているのは、映画のコマのように、一連の地点にある球だ。それにもかかわらず、私たちは、ひとつの球から別の球へ力が伝わっていると直観するし、どうやらこれは正しい認識であるらしい。従って、行動計画に表象される類の力（人身的な力とそれ以外の力）は、その人が人身的に危害を引き起こしているかのように、どの程度感じるかに影響するだろう。そして、もちろん、人身的な力の適用は、行為と不作為の区別に関係する。不作為は、定義上、人身的な力の適用を含まないからだ。

　これらの三つの特徴をまとめると、私たちの警報装置は、叩く、ひっぱたく、殴る*、こん棒で打つ、そしてもちろん、突き落とすといったプロトタイプ的な暴力行為に反応するようだ。危害につながるが、これらの三つの特徴をひとつも備えていない行動も存在する。（たとえば「慈善事業にお金を寄付せず人を救わない」といった行動がそうだ。）しかしこうした行為はまったく暴力的に感じられない。同様に、もっぱら目的に対する手段として、積極的な加害を含み、人身的な力を適用し、危害を引き起こす特別な意図を伴うが、暴力的に感じられない行為を想像するのは困難*、いやおそらく不可能だろう。この自動警報システムが、暴力に反応するというのは話が逆だろう。むしろ、私たちの暴力の概念が、自動警報システムによって定義されているのではないだろうか。

ここまで装置が何に反応するかについて話をしてきた。しかし、この装置は何を無視するだろう？暴力によって達成されるかもしれない利益をとくに無視するようだ。私たちは、突き落とすことによって数百万の命を救うことができるという「歩道橋」ケースの一バージョンを被験者に与えた。トロッコが止まらなければ、トロッコは巨大なダムの上を通過するさい爆弾が入った箱に衝突し、ダムを決壊させ、大都市に水が氾濫して、数百万人が犠牲になる。私たちの調査では、七〇パーセントがこの場合に突き落とすことを支持した。「スイッチ」ケースで支持した八七パーセントに比べてかなり低い数字だ。この場合、突き落とすことの利益は約一〇〇万倍も大きいという事実にもかかわらず、そうだったのだ。このように、この装置は、問題になるかもしれないその他のことには「関心」がないようだ。もちろん、五人の命しかかかっていない元の「歩道橋」ケースにくらべれば、多くの人が突き落とすことを支持した。判断が数字に影響されているのはあきらかだ。しかしこれは、数字が大きくなると情動警報が無視されたり、拒絶されたりするからであって、警報が鳴らないからではない。内観してみればわかる。一〇〇万人を救うために歩道橋から人を突き落とす方が、五人を救うために突き落とすより気分がいいわけではない。これを裏づける実験の証拠も存在する。直観に頼る傾向の低い（より「認知的に思慮深い」）人ほど、数百万人を救うために突き落とすことを支持する。大多数の人がこの行為を支持するとはいえ、それが直観に反することを示唆している。

このように、この装置が何を行ない、何を行なわないのかがかなりわかってきた。要約すると、この装置は、プロトタイプ的な暴力行為に対して、それがどんな利益を生み出すかとは関係なく、ネガティブに反応する。これを踏まえた上で、私たちは、この装置からの忠告をどの程度真剣に受け止めるべきだろうか？

おおむね、非常に真剣に受け止めるべきだと思う。暴力は、総じて悪いものだ。だから、私たちの脳の中に、目標達成のために暴力を利用しようと考えようものなら、金切り声を上げる小さな装置が組み込まれているのはすばらしいことなのだ。この装置がなければ、人類はもっとサイコパスじみていただろう。この警報システムは、過信や偏見に対するすぐれた防御壁にもなる。たとえ最善の意図をもって暴力行為を企てたとしても（「革命は流血を伴うだろう、しかしわれらの輝かしい未来を考えよう！」）、警報ベルが「気をつけろ！　そいつは危ない！」と教えてくれる。こうした声が頭の中にあるのはありがたいことなのだ。（レーニン、トロッキー、毛沢東のような人はちゃんと聞いておくこと。）要するに、罪のない人間を突き落として死なせるという考えに、私たちをたじろがせる警報システムは、全体として見れば、非常にすばらしいものだ。

しかし……人類の反暴力装置はなくてはならないものかもしれないが、かといって、この装置にはぜったい間違いがないと考えたり、装置の動作特性を道徳原理として祭り上げたりすることは、無意味だろう。この装置は手段と予見される副次的影響を区別するだろう。しかし、その区別に本質的な道徳的価値があるからではない。装置に複数の因果連鎖をたどる認知能力がないから、というだけの話だ。同様に、積極的危害と消極的危害も区別するだろう。それは、積極的に引き起こされる危害が消極的に引き起こされる危害より本質的に悪いからではない。このシステムが行為の計画を評価するように設計されているからであり、私たちの脳が、行為と行為でないものを異なる方法で表象するからだ。さらに、この装置は人身的な力を使った危害により強く反応するだろう。それは人身的な力そのものが問題になるからではない。人間どうしが行ないうる、もっとも基本的なひどいこと(叩くことや、突き落とすことなど)が人身的な力の直接の適用を含んでいるからだ。

だからといって、こうした区別に、道徳的に重要なものと意味のある関係がないとは言っていない。まず、ほとんどの人がこうした線引きを行なっているという事実から、こうした区別を行なわない人たちの道徳的性格を推断できる。先にも触れたが、人身的な力を使って危害を加えようとする人は、反暴力警報システムに欠陥があるという、顕著な兆候を示している。この人物に正常な道徳感覚があれば、そんなことはしないはずだ。そして、正常な道徳感覚のない人は、適切な道徳感覚もない可能性が高い。(よいが異常な道徳感覚の持ち主という可能性はきわめて低い。)とくに危害を意図する人、積極的に危害を加えようとする人にも同じことがあてはまる。とはいえ、こういったことはすべて、功利主義の枠内に組み入れられる。人を評価するにあたり、行為と不作為の区別、手段と副次的影響の区別、そして人身的な力と人身的でない力の区別を重くみることには意味がある。それは、これらの区別が深遠な道徳的真理を反映するからではなく、こうした区別を無視する人たちが道徳的に異常で、そのため問題を起こす可能性がきわめて高いからだ。

行為と不作為の区別には実質的な功利主義的価値もあるかもしれない。これを区別しなければ、あなたは自分で防ぐことのできるあらゆる問題の責任を負うことになる。まるですべての原因が自分にあるかのごとく(あちらのナプキン、こちらのナプキン……)。世界中の問題解決に責任を負っているスーパーヒーローになれる人はいないのだから、各自が自分の行為に特別の責任を負うのは理にかなっている(自分のナプキンは自分で始末しよう！)。ところで、なぜ行為と不作為の区別が直観的なのかに関する説明との類似に注目しよう。どちらの説明も、不作為は行為を数で圧倒するという事実を根拠にしている。たとえ一瞬の行動についてであれ、私たちの脳が、その瞬間に行なっていないこと(不作為)をすべてたどるのは不可能だ。それと同じように、自分が行なったのではない事柄から生じているすべての問題に対して責任を負うのは不可能だ。とはいえ、積極的に引き起こされる危害が、消極的に引き起こされる危害より本質的に悪いという意味ではない。(「ナプキンはナプキンであり、ナプキンである！」)

私たちは、手段として引き起こされた危害と、副次的影響として引き起こされた危害を直観的に区別する。そこにも重要な実益があるのかもしれない。とくに意図された危害と、予見された副次的影響の危害を区別する正当な理由はないかもしれない。しかし、とくに意図された危害と、予見されていなかった副次的影響の危害、すなわち事故を区別するのが重要であるのは確かだ。人に偶然危害を加える人は危険かもしれない。しかし、目的を達する手段として、人に危害を加えることをとくに意図する人は、本当に危険だ。こうした人々は、巻き添え被害として認識しながら危害を引き起こす人以上に危険かもしれないし、危険でないかもしれない。しかし最低でも、とくに意図された危害に反応する道徳警報は、こうした「マキャベリ流」の危害と、偶然の危害を区別する。それはよいことだ。たとえ警報が、予見された副次的影響を、あたかも事故であるかのように見なして、間違った場所に線を引くとしても。

従って、前に言ったとおり、私たちの脳にこの反暴力装置が組み込まれていることを喜ぶ正当な理由は山ほどある。しかし、肝心な問題が残っている。包括的な道徳哲学をこの装置の決定に委ねるべきなのか？　より大きな善を追求するなという、この装置の説得に応じるべきなのか？「歩道橋」ジレンマなどから私たちが得るべき教訓とは、幸福の最大化が本当に間違っている場合があるということか？　それとも、「歩道橋」ジレンマは奇妙で、頭を悩ませる価値などない問題だと結論すべきなのか？

私は「歩道橋」ジレンマを、道徳のショウジョウバエと呼んでいる。この比喩は二重の意味で的を射ている。というのも、私の考えるとおりなら、このジレンマは道徳の害虫でもあるからだ。「歩道橋」ジレンマは、プロトタイプ的な暴力行為がより大きな善を促すことが(規定により)保証されているというきわめて人為的な状況だ。哲学者たちは、たいがい、このジレンマから次のような教訓を導く。「より大きな善を促す行為は根本的に間違っている場合がある。」しかし、二重過程の道徳脳の理解が示す教訓はこうではない。「私たちの道徳的直観はおおむね理にかなっているが、ぜったいに正しいとはかぎらない。」その結果、道徳的直観の認知的非柔軟性につけ込む例をいくらでも考えられる。本当は正しいのに、私たちの道徳ボタンを押してしまうため、ひどくおそろしく間違っているように思える仮想上の行為をいくらでも思いつける。「歩道橋」ジレンマほど、これにぴったりくる例はないだろう。

さて、読者のみなさんは疑問に思われているかもしれない。人からもよく質問される。「あなたは本気で、橋から人を突き落とすことが正しいと言っているのですか？」私はこう言っているのだ。あなたが、橋から人を突き落とすことが間違っていると感じないのなら、あなたはどこかおかしい。私も、それは間違っていると感じる。そして、自分が現実に人を突き落とせるのか疑問に思うし、自分がそういう人間であることを嬉しく思う。さらに、現実の世界では、突き落とさないのが正しい決定であるのはほぼ確実だろう。しかし、誰かが、まったくの誠意でもって、この行為が五人の命を救うのだと確信し、もっとよい選択肢は他にないと確信して、意志を奮い立たせて男を歩道橋から突き落とすなら、私はこの行為を支持するだろう。ただし、これを実行に移すことを選択した人を疑わしく思うことはあるかもしれない。

次の質問にいこう。「「歩道橋」のようなジレンマが、奇妙で、不自然で、無視したほうがよい問題なら、なぜあなたはこうしたジレンマの研究に膨大な時間を費やしているのですか？」それは、これらのジレンマは目的によっては無視したほうがよいが、目的によってはそうはいかないからだ。私たちが、現実に役立つメタ道徳への指針を探しているのなら、「歩道橋」ジレンマを無視すべきだ。警報が鳴るにまかせて、より大きな善の追求を妨げるようなことがあってはならない。しかし、道徳心理学への指針を探しているのなら、とっくりと注目すべきだ。すでにあきらかであることを願うが、こうした奇妙なジレンマは、私たちの道徳脳の仕組みの解明に役立つすばらしいツールなのだ。実際、こうしたジレンマが心理学に果たす役割は、錯視が視覚科学で果たしている役割にほぼ匹敵する。(錯視は視覚科学者たちの間で高く評価されており、視覚科学学会は毎年もっともすぐれた錯視を表彰している。)たとえば有名なミュラー＝リヤー錯視を考えてみよう。この錯視は、視覚システムが、一点に集まる線を奥行きの手がかりとして使っていることを示している。

図9-13では、上の水平線が下の水平線より長く見えるが、実際には二本の線は同じ長さだ。錯視が視覚認知の構造をあきらかにするように、奇怪な道徳ジレンマは、道徳認知の構造をあきらかにする。道徳ジレンマは道徳的錯覚であり、それらが私たちの判断をどう誤らせるかをあきらかにする。トロッコのジレンマは奇妙かもしれない。しかし、現実世界にも、そっくり同じ奇妙さをもつ、生と死に関わる問題が存在する。何度もいうように、「歩道橋」ジレンマが奇妙なのは、プロトタイプ的な暴力行為がより大きな善を促すケースだからだ。日常生活でこうしたケースはまれだが、現代の最新知識と技術によって、より大きな善を促す疑似暴力をふるう機会が与えられている生命倫理の領域では珍しいことではない。

医師幇助自殺に対する米国医師会の姿勢をもういちど考えてみよう。米国医師会は、つまるところ、二重結果の原則と、行為と容認の原則を是認している。私の考えるとおりなら、米国医師会は、本質的に近視モジュールの動作特性を是認していることになる。その結果、慢性疾患患者たちは苦しんでいるかもしれない。彼らにとって最良のこと、そして彼ら自身が望んでいることを、積極的に、意図的に、人身的に行なう胆力が私たちにないというただそれだけの理由で。(もちろん、患者の命を断つことに関して、きわめて慎重になるべき功利主義的理由が存在しないと言っているわけではない。しかし米国医師会は「原則」に関わる問題として医師幇助自殺に断固反対している。)この装置の動作特性は、義務的な予防接種、臓器提供や中絶をめぐる政策に対する世間の態度にも影響しているだろう。実際、トロッコ問題は、中絶と二重結果の原則をめぐる議論の

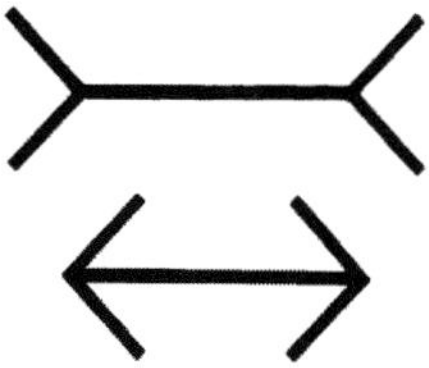

図9-13　有名なミュラー=リヤー錯視では，同じ長さの2本の線が，異なる長さに見える．

一部として誕生したのだった。

この装置の動作特性は、医療以外の分野でも、たとえば死刑、拷問、戦争に対する私たちの考え方にも影響しているだろう。いずれの場合についても、私たちの道徳ボタンを押す暴力行為、または疑似暴力行為は、より大きな善にひょっとすると貢献するのかもしれない。そして私たちがこれらの行為を拒絶するのは、関連する事柄すべてについて道徳的考察を重ねた結果ではなく、その行為がどう感じられるかによるのかもしれない。私たちの道徳警報ベルは、警戒心を抱かせる行為の利益が見えていないために過剰反応するのと同じく、警戒心を呼び覚まさない行為の代償が見えないために過小反応するのかもしれない。たとえば、私たちは、環境を汚染することによって(これから生まれてくる人たちも含めて)人に害を与える。その害はほぼ例外なく副次的影響であり、消極的であることが多く、他者に対する人身的な力の直接の適用によるものではけっしてない。環境汚染が、人を歩道橋から突き落とすことと同じように感じられるなら、地球ははるかに住みよい場所になるだろう。

この装置の知恵に対する懐疑的態度が政治的に諸刃の剣であることをお断りしておこう。私たちの警報ベルは、医師幇助自殺や中絶への反対には追い風になるかもしれない。しかし、拷問や死刑への反対もあおることになるかもしれない。ここでこれらの政策に対する自分の意見を表明するつもりはない。私が提案しているのは、こうした問題を、従来と違う方法で考えられるように自分を訓練しようということなのだ。

暴力行為に不安を感じるのはよいことだ。しかし、脳に備わっている自動的な情動装置がつねに賢いわけではない。私たちの道徳警報システムは、突き落とすこととスイッチを押すことの違いに、道徳的に重大な意味があると考えてしまう。さらに重要なのは、この道徳警報システムには、利己的な殺人と、ひとりを犠牲にして一〇〇万人の命を救う行為の違いがわからない。普遍的道徳哲学の探求において、こうした装置に拒否権を認めるのは間違いだ。

第10章 正義と公正

第9章では、よい結果を追求して警戒心を抱かせるような手段を用いる行為に焦点を置いた。この章では目的に注目しよう。私たちは何を目指すべきか？　より大きな善は、他人ばかりか自分にまで不公正を強いるため、正義とは相いれないという人もいる。こうした反対意見とその背後にある心理を考えていこう。

前章と同じく、ここでも二つの戦略を採用しよう。あるときは、現実世界における幸福の最大化は、一部の人が考えるような不合理な結論をもたらすものではないと主張して、**組み入れ**を行なおう。またあるときは、道徳心理の認知的・進化的理解を利用して、私たちの直観的な正義感に疑問を投げかけ、**改革**を主張しよう。

功利主義は多くを求めすぎるか

第8章で説明したように、「幸福を最大化する人」になるのはつらい。世界は回避できる不幸で溢れているからだ。先に触れたように、誰かの命を救いたければ、おそらく二五〇〇ドルほどで実行できる。一年に五〇〇ドルずつ五年間と考えてもいいし、四人の仲間に呼びかけて五〇〇ドルずつ集めてもいい。命を救うには足りなくても、ささやかな、レストランのディナーに支払うより少ない金額の寄付で、たくさんの苦痛を和らげることができる。要するに、他人のために正しく使う一ドルで、あなたや、あなたの家族、あなたの友人のために使う一ドルより、はるかに大きな幸福を買える。

あなたは疑問に思っているかもしれない。これは本当に本当なのか、と。さあ、正直になろう。あなたは心のどこかで、本当ではありませんようにと願っているかもしれない。世界でもっとも不幸な人々に対して何もできることがなければ、責任を負わずに済む。残念ながら、あなたは責任を免れない。私もだ。たしかに慈善事業の中にはやることが裏目に出て、善より害を行なっているケースもある。善意の寄付が悪人の手にわたり、おぞましい独裁者の金庫におさまる場合があるのも事実だ。しかしこんにち、援助が不可能という言い訳は通用しない。国際的な支援組織はこれまで以上に成果をあげ、説明責任も果たしている。悪質な組織があるとしても、きちんとした組織がひとつでもあれば、責任は免れられない。すぐれた組織はたくさんあり、仮に世界で最良の人道的組織が、資金の半分を不真面目に浪費しているとしても（実際にはそんなことはないが）、私たちの責任に変わりはない。援助費用が二倍になるだけで、計算が根本から変わったりはしないからだ。あなたは、切実に救いを求めている人々を助けるために自分のお金を（望みさえすれば）使える。これは現在まぎれもない事実だ。

究極的には、これは喜ばしい話なのだが、私たちのような人間、つまり少なくとも多少自由になる収入がある人間は、道徳的に苦しい立場に追い込まれる。あなたの一〇〇ドルで、貧しい子供が数か月間ひもじい思いをせずに済む。それなら、どうして、本当に必要でもないものにそのお金を使うのか？　それではあと一〇〇ドルはどうだろう？　さらにもう一〇〇ドルは？　休暇を取ってもかまわないだろうか？　誰かをデートに誘ってもいいだろうか？　趣味をもつことは？　もっとも稼ぎのいい仕事を選ばなくてもかまわないだろうか？　子供の誕生会を開いてもいいだろうか？　そもそも子供をもつことが許されるのか？　ピザのトッピングを注文してもいいか？　ピザを食べることすら許されるか？　完璧な功利主義者は、すべての質問にこう回答する。「そのような楽しみは、あなた自身の最小限の幸福を保ち、他人の――大半はこの先一度も会うことのない赤の他人だ――幸福を増やす能力を最大化させる上でぜったいに必要であるかぎり許される。」要するに、完璧な功利主義者になるには、人生に求めるものをほぼすべて断念して、自分を幸福のポンプに変えなくてはならない。

数年前、ある哲学者が学会で、こうした功利主義的理想を擁護する講演をした。質疑応答の時間に、別の哲学者が立ち上がり、講演者のノート型パソコンを指さしてこういった。「そのコンピュータは、少なくとも一〇〇〇ドルはします。世界には飢餓に苦しむ人々がいるというのに、このことをどう釈明できますか？」講演者は次のように答えた。「釈明などできません。しかし少なくとも私は、自分が偽善者であると認めるだけの良識を持ち合わせております！」これは面白いだけでなく、示唆に富む答えだと私は思う。（そしておそらく間違った答えでもある。これから説明するように、この哲学者は、ノート型パソコンの所有についてほぼ確実に釈明できる。）

功利主義は多くを求めすぎるのではないかという懸念は、完璧な功利主義者になろうと思う場合にかぎって、圧倒的な懸念になる。そして完璧な功利主義者になろうとすることは、じつはきわめて非功利主義的なことなのだ。健康的な食事をしようとするときに直面する、よく似たジレンマを考えてみよう。完璧に体によいものだけを食べようと決意したあなたは、できるかぎり体によい食品のリストを作り、リストの中の食品だけを、きっちり最適な量だけ食べる。完璧な食生活を続けるなら、もう二度と好物を、誕生日にも食べられなくなる。旅行に出かけるときも最適食品を鞄にぎっしり詰めていく。旅先では最適食品が調達できない可能性が高いからだ。友人からディナーに誘われても、断るか、ディナーの前か後に食事をとるか、自分の最適食品を持ち込むことになるだろう。(「最適食品持ち込み可！」)恋人をレストランに連れていくこともしないか、最適食品が食べられる店にだけ連れていく……。

あなたが食べ物を消費するコンピュータならば、最適な食生活を続けることが、現実的な目標になるかもしれない。しかし、時間にもお金にも意志の力にもかぎりのある生身の人間にとって、生理的に最適な食生活を続けようとすることは、現実には最適でない。最適な戦略は、あなた自身の心理的制約や、社会的存在として課せられている制約を含めた、現実世界の制約の中で、できるだけ体にいいものを食べるというものだ。これが難しいのは、魔法の公式もなければ、完璧主義と抑えの利かない暴飲暴食の両極の間に明確な境界線もないからだ。原理的な話ではなく現実の世界で、実際に可能な範囲で最大限健康的になるには、合理的な目標を設定する必要がある。目標がいくらか恣意的であるのは仕方ないし、目標を達成するには相応の努力が必要だろう。

現実世界で生身の功利主義者であることにも同様のこと、いや、それ以上が求められる。理想的な功利主義者の「道徳的食生活」は、私たちの脳が設計されたときに合わせた暮らしとはまったく相いれない。私たちの脳は、赤の他人の幸福を心から思いやるようには設計されなかった。それどころか、他人に対して無関心か、敵意を抱くように設計されている可能性さえある。従って、現実世界の、生身の功利主義者は、現実世界で健康的な食生活を心がける人以上に、自分にかなり寛容にならなくてはいけない。

実際問題として、これは何を意味するのか？　ここにも魔法の公式は存在しない。両極の間にはっきりしない生存可能域があるだけだ。生身の功利主義者であるとは、幸福のポンプになろうとすることを意味しない。理由は、そうしようとしたらどうなるかを考えれば十分だ。そもそも、あなたはそんなことをしようとさえしないだろう。そして、しようとすれば、悲惨なことになる。朝ベッドから出ようという気にさせるものをほぼすべて取り上げられる（ベッドが残っていればの話だが）。生半可な幸福のポンプのあなたは、さっさと自分の哲学から抜け出すことを正当化するだろう。もしくは、偽善に身を任せることにするだろう。その時点でふりだしに戻り、自分はどのくらい偽善者として、どのくらい英雄として生きたいのかをふたたび見積もることになる。

一方、生身の功利主義者であることは、自分の好きにふるまう完全な偽善者になるということも意味しない。完璧な食生活を送ることが不可能だからといって毎食の暴飲暴食が正当化されるわけではないように、完璧な功利主義者になれないからといってすべての責任を免れられるわけではない。あなたにできることで、あなたにとっては比較的小さな犠牲だが、多くの苦しみを軽減する事柄があるのはあきらかだ。どれほど犠牲を払うべきなのか？　ここにも魔法の公式は存在しない。すべて個人の事情と制約次第だ。この問題に対しては、長い目で見ると、英雄的活動より、粘り強い活動の方が望ましい社会的側面があるかもしれない。あなたの人生は他者、とくにあなたの子供（子供がいたらの話だが）の手本になる。寄付を通じて毎年数百人の生活を改善しながらも、幸福で満たされた生活を送っているなら、他者が見習うことのできるお手本になる。しかし、自分を限界ぎりぎりまで追い詰めれば、寄付によってより大きな善を直接実践しているのかもしれないが、魅力的でないお手本となることによって、より大きな道義を損なっているかもしれない。長い目で見れば、穏当で持続可能な利他主義の文化を促進することが、自分を限界まで追い詰めるより、善い行ないであるかもしれない。他者のために多大な犠牲を払う英雄は人を「奮い立たせる」。しかし現実世界の行動を駆り立てる話になると、研究があきらかにするところによれば、人に何かよいことをさせる最良の方法は、周りの人たちはもうやっていますよと言うことなのだそうだ。

もっと一般的にまとめると次のようになる。功利主義が要求することが不合理に思われるのなら、それは功利主義が実際に要求していることではない。何度でもくり返すが、功利主義は本質的に実際的な哲学だ。そして、自由な人間に対し、不合理に思われること、もっとも基本的な意欲に反することを行なうように命じる以上に実際的でないことはない。このように、功利主義は、現実世界で多くを求めるが、求めすぎることはない。功利主義は、基本的な人間的欲求と意欲を組み入れることができるが、その一方、利己的習慣の実質的な改革も求める。

それでも、人は、現実世界の功利主義が要求する穏当な改革に異議を唱えるかもしれない。他人に手を差し伸べる行為は称賛に値するが、するかしないかは完全に自由だという人もあるだろう。これは擁護できる道徳的立場か？　お気楽な合理化に過ぎないのか？　以上を踏まえて、ピーター・シンガーによって最初に提起された道徳問題*と、他者を助ける義務があると感じる直観の背後にある心理を考えてみよう。

助ける義務

公園に散歩に出かけたところ、幼い子供が浅い池で溺れかけている。池に入っていって子供を救うのは簡単だ。ただし、そうすれば、五〇〇ドル以上もした新調のイタリア製スーツは台無しになるだろう。スーツを駄目にしないために、子供を見殺しにするのは道徳的に許されるだろうか？　あきらかに許されない、と私たちはいう。道徳的にぞっとするような行為だ、と。しかしそれならばなぜ、とシンガーは問う。国際的な支援組織に五〇〇ドル寄付すればひとりの子供の命が救われるとしたら、なぜそのお金でスーツを買うことが道徳的に許されるのか？　つまりこういうことだ。溺れている子供を救うことが道徳的義務だと考えるのなら、なぜ、遠い国の貧しい子供を救うかどうかについては道徳的に選択の余地があるのか？

（先にも述べたように五〇〇ドルではひとりの命を救うのに十分でないかもしれないが、おしゃれな同僚によれば、本当におしゃれなスーツを買うにも足りないそうだ。いずれにせよ、自分が寄付するなら一緒に寄付してくれる友人が四人いるとか、この先あと四回、同じ状況がくり返されるのを想像してもよい。）

まず、少しばかり時間をとって、素敵なスーツの価値を確認してみよう。あなたが数億ドル規模の案件を扱う顧問弁護士だとする。あなたにとって、J・C・ペニーのような店で買い物をするのは安物買いの銭失いだ。仕立てのいいスーツは、自信と能力を演出する小道具であり、堅実な投資なのだ。オフィスの重厚なオーク材の家具、カントリー・クラブの会員権、パーティにうってつけの立派な家などその他諸々についても同じことがあてはまる。(あなたが読み書きを生業とする学者なら、ノート型パソコンについて同じことがいえる。)ざっとまとめるとこうなる。一見不要に思える多くの贅沢品は、見かけにかかわらず、功利主義的な理由で正当化される。これは一理ある観点であり、私自身も含め、自分のライフスタイルを根底から変えることに乗り気でない人たちにはしっくりくる。しかし、それではシンガーの質問への答えにはならない。豊かな世界に住む私たちに、本当に自由になる収入が多少なりともあることは否定できないからだ。経済的実用性のあるスーツを台無しにしないために、子供を見殺しにするのだとしても、あなたが道徳的怪物であることに変わりはない。なぜか？　こうしたスーツを買う余裕があるなら、スーツを買い替えることもできるからだ。そして、溺れかけた子の命を救った後でスーツを買い替える余裕があるのなら、あたらしいスーツを買う前に、遠い国の子供の命を救う余裕だってあるはずだ。自分自身の必要(広い意味での)を満たしたら、道徳的機会に向き合わなくてはならない。

もしかすると遠い国の子供たちの窮状を無視することは許されるかもしれない。その子たちは(少なくとも、私たちが今考えているストーリーでは)外国の市民だからだ。しかしそれなら、海外旅行中に、外国の池で溺れかけている外国の子供を見殺しにすることは許されるのだろうか？　遠方の子供たちに対する義務は、彼らを救えるその他大勢の人の存在によって軽減されるかもしれない。シンガーの、溺れかけている子のケースでは、その子を助けられるのはあなただけだ。しかし、そのことがどれほど重要なのか？　池の周囲に大勢人がいて、子供が溺れているのに気づいているが、誰も救おうとしなかったら？　その場合は子供を見殺しにしてかまわないのだろうか？　教訓。「近くで溺れかけている子と、遠くで飢え死にしかけている子への対応の違いを正当化するのは驚くほど難しい。」

それでも、近くで溺れかけている子を救わなくてはならないのはあきらかであり、かつ、海外支援組織への寄付は、たいてい、道徳的に任意であるのはあきらかに思える。言い換えると、この二つのケースは、直観的にまったく違うのだ。自分の直観を信用すべきか？　これら二つのケースをまったく違うものとして理解するとき、私たちは道徳的洞察を働かせているのだろうか？　それともこれは、私たちのオートモードの非柔軟性を映しているに過ぎないのだろうか？

この質問に答えるために、ジェイ・ミューゼンと私は、こうしたケースで、私たちの判断に影響を及ぼす要因を特定することを目的とした一連の実験を行なった。要は、ピーター・シンガーの問題の「トロッコ学」*を行なったのだ。これらの実験では、関連性がありそうな要因をすべて検討したわけではなかった。たとえば子供たちのひとりがあなたの子や姪かという問題が重要であるのはあきらかだ。しかし、こうした血の濃さの違いは、シンガーの元の問題では何の役割も果たしていない。知りたいのは、なぜ私たちが、溺れている子を救うにあたっては「あなたがやらなくては！」という一方、世界の貧困と戦うのは尊敬に値するが任意であると主張するのか、なのだから。

私たちの実験で、圧倒的な影響力があったのは**物理的距離**だった。たとえば次のような筋書きでは、あなたは、休暇で開発途上国を訪れている最中に、壊滅的な台風に襲われる。運のいいことに、あなたは台風の被害を受けなかった。あなたは、必要なものがすべて備蓄された、海岸を望む丘の上のこざっぱりとしたコテージにいる。しかし、すでにはじまっている救援活動にお金を寄付すれば、人助けができる。この筋書きの別バージョンでは、設定はすべて同じだが、そこにいるのはあなた自身ではなく、あなたの友人だ。あなたは自宅で、コンピュータの画面を見ている。友人がスマートフォンのカメラとマイクを使って、状況を詳しく説明し、現場での体験を再現しながら、被災地の様子を臨場感たっぷりに伝える。あなたはネットで送金すれば人助けできる。

その場に居合わせたという筋書きに対しては、六八パーセントの被験者が、人助けをする道徳的義務があると回答した。一方、遠く離れた場所にいる筋書きでは、人助けをする道徳的義務があると回答した人は三四パーセントに留まった。遠い場所にいた場合でも、同じ情報をすべて手に入れ、同じように人助けができる状況にいたにもかかわらず、このように大きな違いがあった。

次の点を強調しておきたい。この実験では、人が、シンガーの功利主義的結論に抵抗するときによく引き合いに出す要因の多くをコントロールした。シンガーの溺れかけている子のケース同様、私たちが考えたどの筋書きにも、独自の能力を発揮して助けてくれる人は登場しない。私たちが考えた筋書きではいずれも支援は同じ方法で、すなわち寄付を募っている信頼できる組織を通じて行なわれる。私たちの実験は、支援が、特定の緊急事態(子供が溺れかけている)に対して求められているのか、継続的な問題(貧困)に対してかをコントロールしている。どの筋書きでも、被害者を外国の一般市民とし、誰かを他の人より優先して助ける愛国的理由を排除した。さらに、この実験では、不幸な状況が、支援することに関してより大きな責任を負う可能性のある他者の行為(その場合、あなたの責任は軽減される)によってではなく、偶然によって引き起こされたかどうかについてもコントロールした。要するに、私たちの支援ジレンマの近いバージョンと遠いバージョンにはごくわずかな違いしかなく、私たちの道徳的義務感が、たんなる物理的距離かそれに類する要因に大きく影響される[*]ことを示唆している。

たんなる物理的距離が問題になるなんて、それでいいのだろうか？　トロッコの世界と同じく、物理的距離は、人物の性格を評価する場合には問題になると言えるだろう。自分のスーツの心配をして、目の前の子供を溺れ死にさせる人は、道徳的怪物だ。しかし、寄付をする代わりにスーツのような高価なものを買う人がみな道徳的怪物かというと、そうでないのはあきらかだ。とはいえ、これは、距離が本当に問題だという意味ではない。距離に鈍感な人は道徳的に異常だというだけの話だ。そして道徳的に異常であることが問題なのだ。前にも同じような話をしたが、友達に「台風の気の毒な被災者を支援すべきだろうか？」と、道徳的助言を求められて、「うーん、場合によるなあ。その人たちは何キロ離れたところにいるの？」と答えたら、相当変だろう。

私たちは、またしても、融通の利かないオートモードに翻弄されているようだ。近くで溺れている子供は、私たちの道徳ボタンを押す。遠くで飢え死にしかけている子供は道徳ボタンを押さない[*]。しかしその違いは人身的な力とまったく同じように、道徳とは無関係だ。私たちの道徳ボタンはなぜこのように働くのだろう？　こう問いかけた方がいい。なぜ働かないのだろう？　もういちど言おう。知られているかぎり、私たちの共感能力は、協力を促進するために進化した——万人とではなく、特定の個人と、もしくは特定の部族の成員との協力を促進するために。内集団の困っている仲間を助けておけば、「困っている友(friend in need)」が、いつか「真の友(friend indeed)」になる可能性は高い(互恵性）。自分が属する部族の仲間を助けることによって、自分の部族を競合する部族より強くし、間接的に自分を助けているということもありうる。（あなたが今日救う、溺れかけている子が、将来、あなたの部族を率いて戦うかもしれない。）それに比べて、万人に対して親身になることには生物学上の（あくまで生物学上の）利点がない。形質が自然選択によって優勢になるのは、その形質が、個体レベルか、場合によっては集団のレベルで、競争に有利に働くからだ。従って、私たちが一般に、遠い国の人々の窮状に心を動かされないのはなぜかを説明するのは難しくない。もっと難しいのは、生物学的観点から見て、なぜ私たちが近くにいる赤の他人の窮状に心を動かされる場合があるのか、という問いだ。その説明は、生物進化ではなく文化進化から得られるだろう。第3章で説明したように、世界には、赤の他人どうしが互いに利他的に行動することを（少なくとも代価がそれほど高くない場合には）期待する規範を進化させた文化もある。

近くで溺れかけている子と、遠くの貧しい子の間には他にも顕著な違いがある。溺れかけている子が、特定の、その子とわかる人物であるのに対して、寄付金で救えるかもしれない子は、あなたの目から見れば、どの子かわからない「統計上の」人間だ。[*] 経済学者トーマス・シェリングは、人は、不特定の「統計上の」被害者に比べて、顔の見える被害者にまっさきに反応しがちだと述べている。これは「顔の見える被害者効果」として知られるものであり、「ジェシカちゃん」救出劇と呼ばれる事件にわかりやすく現われている。

一九八七年、テキサス州ミッドランドで、一歳半の赤ちゃん、ジェシカ・マクルーアが井戸に落ち、六〇時間近く閉じ込められるという事件が起きた。ジェシカちゃんの家族のもとには救出作業を支援する寄付金が七〇万ドル以上も寄せられた。それだけのお金が予防医療に使われていれば、多くの子供の命を救うことができただろう。井戸に落ちたジェシカちゃんを見殺しにすることは、想像もできない、道徳的にぞっとするような行為だったのだろう。しかし、子供の予防医療に対する政府予算を増やさないことは、それほどおぞましくはなかった。顔の見える被害者効果に関する先駆的論文の中でシェリングは、特定の個人の死は、「不安、感傷、罪悪感、畏怖、責任感、宗教心」を喚起するが「こうした畏怖の念のほとんどは、統計的な死を扱う場合は消失する」と述べている。

シェリングの所見に触発されて、デボラ・スモールとジョージ・ローウェンスタインは顔の見える被害者に対する反応を、「統計上の」被害者に対するそれと比較して調べる実験を行なった。彼らはまず一〇人の被験者にそれぞれ一〇ドルの「所持金」を渡す。次に被験者にカードを引かせる。「保持」と書かれたカードを引いた人は所持金を手元に置くことを許され、「没収」と書かれたカードを書いた人は所持金を取り上げられて「被害者」となる。被害者でない人(非被害者)は、それぞれ被害者の番号を引く。つまり、それぞれの非被害者はひとりの被害者とペアにされる。重要なのは、非被害者は自分がペアになった被害者がどの人であるか知らない点だ。たとえば、非被害者であるあなたは、自分が「四番」とペアになったことは知っているが、その人がどの人であるかは知らないし、その後も知ることはない。非被害者は、自分の所持金をペアとなった被害者にいくらか分けることを許され、いくら渡すかは自分で決められる。ただし――ここが重要なところだ――一方の非被害者グループは、いくら分けるかを決める前に特定の被害者とペアにされ(しかし会うことはなかった)、別の非被害者グループは、いくら分けるかを決めた後でペアにされた。ペアにされる前にいくら分けるかを決めた人たちも、その時点で、自分たちが後でペアにされることは知っていた。こうして、一方のグループの非被害者は「四番の人〔決定されている被害者〕にいくら分けようか?」と考え、別のグループの非被害者は「これから引く番号の人〔決定されていない被害者〕にいくら分けようか?」と考えることになった。くり返すが、意志決定をする非被害者は、どの段階でも、誰が自分のお金を受け取るかを知らなかった。

結果は次のようになった。決まっている被害者への分配金の中央値は、決まっていない被害者への分配金の中央値の二倍以上となった。言い換えると、人には、「無作為に決定される予定の?番の人」より「無作為に決定されている四番の人」にたくさんのお金を分けたくなる傾向があった。これは不合理だ。どちらの場合も誰がお金を受け取るのか知らないならば、受け取り手を選んでから金額を決めるか、金額を決めてから受け取り手を選ぶかは関係ないからだ。

追跡研究で、スモールとローウェンスタインは、自己申告による同情〔実際上は「共感」と同じ〕を測定した。すると予想通り、被害者に寄せる同情が分配金の額の指標となることがわかった。彼らは現地実験も行ない、被験者たちにハビタット・フォー・ヒューマニティ〔世界中の様々な国で住居建築支援を行なう国際NGO〕に寄付する機会を与えた。どの寄付も、困窮する家庭へ住居を提供するために使われる。一方のグループに対しては、寄付を受け取る家庭があらかじめ決められていた。別のグループに対しては、寄付を受け取る家庭は後で決められることになっていた。研究室での実験と同様、意思決定者たちは誰も、自分の寄付で誰が恩恵を受けるのかを知らなかった。予測通り、あらかじめ寄付を受け取る家庭が決定されていた場合、決定されていない場合に比べて、寄付金の中央値は、二倍以上になった。意外なことではないが、さらに最近の研究によって、寄付が、困窮している特定の個人に向けられている方が（この場合はマリ共和国に住む七歳のロキアという貧しい少女だった）、アフリカにおける貧困のもっと大きな原因に向けられた場合より、人々の財布のひもがゆるくなる傾向があることがわかった。こちらも予想通りだが、ロキアへの寄付金の額は、被験者が自己申告した、ロキアに対する同情の度合いと相関があった。ところが驚くことに、研究者たちが、ロキアの個人的な身の上話に加えてアフリカにおける貧困のより広範な問題を説明しながら統計を示すと、ロキアを助けたいという意欲が減った。統計を示したことによって、ロキアは「大海の一滴」になってしまったのだ。ただし数字は、心を麻痺させるほど大きくなくても私たちの同情心を鈍らせる。テヒラ・コグートとイラナ・リトフは、高額な治療を必要とする病気の子供ひとり、もしくは同様の子供八人を救うために寄付を募った。すると、八人の集団より、ひとりの子供に対して、人はより心を痛め、多額の寄付をした。さらに最近の研究は、二のような小さな数*にも私たちの同情心が鈍感であることを示している。

それでは……近くで溺れかけている子供と、食料や医薬品を必要としている遠くの国の子供の間に、本当に道徳的違いはあるのだろうか？　これらのケースが違うと感じられるのはたしかだ。しかしすでに私たちは、道徳的義務に関する直観が、少なくとも少々あてにならないものであり、たんなる物理的距離や、自分が援助しようとしている相手について、取るに足らない最小限の情報をもっているかどうかといった、本当は重要でないことに敏感であると知っている。これは、私たちの自動的な共感プログラムが、全体として悪いものであるという意味ではない。それどころか自然な共感感情がなければ、私たちは道徳的怪物になるだろう。共感能力は、脳の道徳的特性の神髄かもしれない。とはいえ、この場合も、私たちの共感装置の融通の利かない動作特性に、根本的な道徳原理の役目を委ねるのは愚かというものだろう。

個人としての関わり

私たちが、遠い国の「統計上の」人々の窮状にはなはだ無関心であることは認めよう。とはいえ、遠方の他人に手を差し伸べる義務はすべてに優先されるのだろうか？　私たちが関心をもっている他のすべての事柄はどうなるのだろう？

人間は、公正な資源分配者ではない。私たちは母親であり父親であり、息子であり娘であり、きょうだいであり、恋人であり、友人であり、同胞であり、信仰の番人である。芸術、知識の探究、そして健康で充実した人生まで、無数の目的の擁護者でもある。こうした関わりは、正当な道徳的義務と選択肢を与えると思われる。自分のお金は遠くの国の、貧しい、名も知らない子供のために使う方がよいという理由で、自分の子供に一度も誕生日プレゼントを買ったことがないとしたら、ある意味称賛に値するのかもしれないが、親としてはあんまりだ。功利主義に傾倒するあまり、身近な人との交際にお金をかけないのならば、よい友人にはなれない。芸術や、地元の高校のスポーツチームを支援することが道徳的誤りであるようには思えない。地球規模の幸福を最大化することが、その他の人生の目的を押しのけなくてはならないのか？

ここでも、功利主義には組み入れの余地がたっぷりある。名前も知らない他人の置かれた状況を改善するために、家族や友人や、その他大好きなものをあきらめるよう、生身の人間に要求するのが不合理と思えるのなら、それは、功利主義が実際に生身の人間に要求していることであるはずがない。それをしようとすれば悲劇を招くだろうし、悲劇は幸福を最大化しない。人類は、周囲の人との関係や共同体との関係によって規定された生活を営むように進化した。そして私たちの目標が世界を可能なかぎり幸福にすることなら、この人間本性を決定づけている特徴を考慮しなくてはならない。

とはいえ、この道理にかなった功利主義的な組み入れは、ある種の困難な改革を伴う。もちろん、子供には誕生日プレゼントを贈るべきだ。しかし、誕生日プレゼントは三つ必要か？　五つ、いや一〇個はどうか？　どこかの段階で、食料や医薬品を切実に必要としている子供ではなく、自分の子供にお金をかける行為が、道徳的間違いになるだろう。芸術を応援することはすばらしい。自分自身にお金をつぎ込むよりはいいだろう。しかし、メトロポリタン美術館に一〇〇万ドル（手ごろな価格の世界的な美術品を購入するのに十分な額）を寄付するのは、道徳的に擁護できないかもしれない。そのお金で一〇〇〇人の貧しい子供たちに食料、医療、衣服、教育を与えることができるとしたら。実際問題として、「間違った」方法で善を行なっていると慈善家をあざ笑うのは逆効果だろう。四番目の別荘を買うより美術館に寄付する方がずっといい。しかし、誰よりも助けを必要としている人たちを救う方がさらにいいだろう。利己的な欲望や人間関係同様、崇高な道義についても、どこまでが資源の合理的利用で、どこからが無駄遣いかの境界線を引く公式は存在しない。しかし、実社会では、不合理と思える場所に線を引くことはできない。そんなことをしても、その線は尊重されないからだ。

従って、この場合も相変わらず、功利主義はゆるぎないが、実践においては合理的であり、私たちの必要と限界を組み入れる。それでも、功利主義は人間の価値観に関する、根本的に重要な何かを見落としているように思えるかもしれない。

人間の価値観と理想の価値観

功利主義は、あなたが人間関係や個人的関心を育むことを許すだろう。しかし、これは許しをもらわなければならないことなのか？　あなたはこう言うだろう。「道徳的に理想的な人間は幸福のポンプではない。友人や家族に投資する人は、許容できる人間の弱さを示しているのではない。よい人なのだ――ただそれだけ。功利主義が、理想的には私たちは他の何よりも、不幸な他人をより深く気づかうべきであるというのなら、功利主義には何か間違ったところがあるのではないか？」

　そうではないかもしれない。人間の価値観から十分距離を置いてみれば、この先もそれを受け入れていくにせよ、その価値観が理想的なものではないと理解できるかもしれない。こんなとき思考実験が役に立つだろう。

　あなたが宇宙を任されていて、知性と感覚を備えたあらたな種《しゅ》を創造しようと決意したとする。この種はこれから、地球のように資源が乏しい世界で暮らす。そこは、資源を「持てる者」に分配するのではなく「持たざる者」へ分配することによって、より多くの苦しみが取り除かれ、より多くの幸福が生み出される世界だ。あなたはあらたな生物の心の設計にとりかかる。そして、その生物が互いをどう扱うかを選択する。あなたはあらたな種の選択肢を次の三つに絞った。

種1　ホモ・セルフィッシュス

この生物は互いをまったく思いやらない。自分ができるだけ幸福になるためには何でもするが、他者の幸福には関心がない。ホモ・セルフィッシュスの世界はかなり悲惨で、誰も他者を信用しないし、みんなが乏しい資源をめぐってつねに争っている。

種2　ホモ・ジャストライクアス

この種の成員はかなり利己的ではあるが、比較的少数の特定の個体を深く気づかい、そこまではないものの、特定の集団に属する個体も思いやる。他の条件がすべて等しければ、他者が不幸であるよりは幸福であることを好む。しかし、彼らはほとんどの場合、見ず知らずの他者のために、とくに他集団に属する他者のためには、ほとんど何もしようとはしない。愛情深い種ではあるが、彼らの愛情はとても限定的だ。多くの成員は非常に幸福だが、種全体としては、本来可能であるよりはるかに幸福でない。それというのも、ホモ・ジャストライクアスは、資源を、自分自身と、身近な仲間のためにできるだけ溜め込む傾向があるからだ。そのために、ホモ・ジャストライクアスの多くの成員(半数を少し下回るくらい)が、幸福になるために必要な資源を手に入れられないでいる。

種3　ホモ・ユーティリトゥス

この種の成員は、すべての成員の幸福を等しく尊重する。この種はこれ以上ありえないほど幸福だ。それは互いを最大限に思いやっているからだ。この種は、普遍的な愛の精神に満たされている。すなわち、ホモ・ユーティリトゥスの成員たちは、ホモ・ジャストライクアスの成員たちが自分たちの家族や親しい友人を大切にするときと同じ情熱をもって、互いを大切にしている。その結果、彼らはこの上なく幸福である。

私が宇宙を任されたならば、普遍的な愛に満たされている幸福度の高い種、ホモ・ユーティリトゥスを選ぶだろう。あなたは反対するかもしれない。ホモ・ユーティリトゥスの成員は、心をもたないドローンだ、彼らの見境ない献身は、地球の人類の豊かな、身内思いの愛と比較すれば色あせる、ロミオとジュリエット対ボーグだ、というだろう。しかしこれは想像が不足しているだけだ。想像を補うために、地球の生身のヒーローたちを考えてみよう。ある人たちは、何の見返りも求めず、赤の他人に自分の腎臓を提供する。驚くことに、こうした人々は、自分を英雄的だとは考えていない。心温まる楽観的な態度で、他の人たちも役に立てるチャンスを知ってさえいれば同じことをするだろうと主張する。それから、てんかんの発作を起こして線路に転落した男性の命を救うために、地下鉄車両の前に飛び込んだウェスリー・オートリーがいる。オートリーは男性の上に覆いかぶさって電車をやり過ごした。電車はオートリーの髪の毛をこすっていった。ホモ・ユーティリトゥスを想像するとき、私たちはドローンではなくヒーローを想像すべきなのだ。私たちに似ているが、圧倒的多数の人が進んで行なおうとするより、はるかに多くのことを他人のために行なおうとする人たちのことを。

私が言いたいのはこういうことだ。生身の人間に対して、より大きな善のために、その人が大切にしているものをほぼすべて脇に置くことを期待するのは合理的ではない。私自身、遠くでお腹をすかせている子供たちのために使った方がよいお金を、自分の子供たちのために使っている。そして、改めるつもりもない。だって、私はただの人間なのだから！　しかし、私は、自分が偽善者だと自覚している人間でありたい、そして偽善者の度合いを減らそうとする人間でありたい。自分の種に固有の道徳的限界を理想的な価値観だと勘違いしている人であるよりも。

正しい褒美

ルール違反をする人に罰を与えることについては、単純明快な功利主義的理由がある。「罰の脅しがなければ、人間は行儀よくしない」というものだ。しかしながら、罰はそもそもよい行ないを奨励するためのものではないし、そうあるべきでもない、という人たちもいる。違反者を罰するべきなのは、たんにその人たちが罰に値するからであり、罰の実際的な利益とは無関係だというのだ。罰に対するこうした考え方は、**応報主義**として知られるもので、多くの道徳理論家や法理論家に支持されている。その筆頭がイマヌエル・カントだ。実際、カントはこんなことを言っている。ある島の共同体が島を離れることになったとする。その場合、島の人々の出発前の「やること」リストには、島の監獄につながれている殺人犯の処刑も入れるべきである。島を立ち去る前に、ほんの少し余分に正義を実現するためだけに。

応報主義者は、功利主義に対して説得力ある反対論を展開している。その一、功利主義者は、罰すべきでないときに罰する場合があるように思われる。第３章の「判事たちと暴徒」のケースを思い出そう。判事たちは無実の人を投獄することによって、暴動を食い止められる。無実の人を罰するのは、たとえその行為が、全体としてよりよい結果をもたらすとしても、あきらかな間違いと思われる。その二、功利主義者の罰は軽すぎるように思える場合がある。応報主義者にとって理想の世界は、善人が報われ悪人が苦しむ世界だ。しかし、功利主義者にとって理想の世界は、誰もが、悪党も含めて、最大限幸福な世界だ。事実、理想的な功利主義の処罰システムとは、罰は実際に執行されるのではなく、人々を納得させるように偽装するものだ。理想の功利主義の世界では、受刑者は、誰の邪魔にもならない楽しい場所に送られ、残りの者は、受刑者は苦しんでいると信じる。みんなが行儀よくふるまい続けるように。

無実の人を罰する？　罪人に褒美をやる？　功利主義には正義の声が聞こえないのだろうか。そしてこれが、幸福を最大化するという功利主義の理想を拒絶する正当な理由になるという人もいる。それでは今回も、現実の世界では物事がどうなっているかを考えながら、できるかぎり常識を組み入れるところからはじめよう。

この、無実の人を罰し罪人に褒美をやる心配は、少なくとも政策レベルでは、実社会での価値はない。無実の人を罰して事態を丸くおさめる「判事たちと暴徒」のような事例を夢想することは可能だが、現実世界でそんな政策を採用すれば悲惨なことになるだろう。罰を偽装する政策についても同様だ。こうした政策で功利主義的目標を実現するには、政府の役人たちは、自分たちの権力を乱用する機会を日々棒に振って、オーウェル風の巨大な陰謀を無限に維持しなくてはならないだろう。これでは、より幸福な世界の実現など期待できない。

功利主義は、常識的な正義のその他の特徴も自然に組み入れる。たとえば、私たちは、人が他者を意図的にではなく偶然に傷つけたのであれば、ずっと軽い罰を与える(もしくはまったく罰さない)。前章で説明したように、この常識的な方針に対する、非の打ちどころのない功利主義的な説明が存在する。一般に、意図的に危害を与える人は、偶然に危害を与える人よりも、はるかに危険だ。そのため、意図的な危害を抑止する方がより重要だ。さらに、意図的な行為は意識的制御の下に行なわれるため、罰の脅しによって抑止される可能性が高い。もちろん、危害が不注意によって引き起こされたのであれば、偶然に危害を与えた人も罰する。これも、功利主義的に筋が通っている。意図的な危害だけでなく、危険な不注意も抑止することが望ましいのだから。

同じように、法律や常識によって認められている、一般的な弁解や正当化もすべて、功利主義によって正当化できる。たとえば法律は、「未成年」(子供であること)を正当な弁解として認めている。これも功利主義的に筋が通っている。罪を犯す一〇歳の子供は、たとえば三〇歳の成人よりも、寛大な措置に対してふるまいを改め、厳しい処罰によって取り返しのつかないほど傷つくことが多い。精神を病んだ人は、罰の脅しによって抑止される可能性が低い。そのため、こうした人たちを罰する功利主義的な理由は少ない。最後に、正当防衛や「必要」に駆られて法律を破る行為(たとえば、自分や誰かの命を守るためにボートを盗むなど)についても、自然な功利主義的正当化が存在する。私たちは、こうした行為を思いとどまらせようとは思わない。

　従って、現実世界では、幸福を最大化する法制度に、無実の人が故意に罰されたり、犯罪者が故意に放免されたり褒美をもらったりするような、オーウェル風の危険な陰謀は含まれないだろう。同様に、現実世界では、より大きな善を促す罰は標準的な弁解や正当化をすべて認め、故意の犯罪と事故、成人と子供などを区別するだろう。とはいうものの、より大きな善だけを目的とした罰は、ほぼ間違いなく、物議を醸すいくつかの改革を含んでいるだろう。

　たとえば、囚人の安全と福祉について考えてみよう。これは、一般市民からの支持をほとんど得られず、政治家たちのお荷物となることが予想されるテーマだ。囚人は、他の囚人からしばしば性的虐待を受ける。私たちはこうした虐待を遺憾に思う。少なくとも多くの人はそう思うだろう。しかし、服役中の被害者に対する保護をもっと手厚くするように要求するほど心を痛めてはいない。しかし、次のような話を考えてみよう。公式の刑罰のひとつとして、囚人が国家公認の強姦者にレイプされるという政策をあなたは支持するだろうか？　刑務所内のレイプは、服役の予見される副次的影響であり、被害者が運しだいで決定されるのであれば、多くの人はそれを遺憾ではあるが、容認できると考える。しかし、国の刑罰の手段として、故意に特定の個人に対して行なわれるレイプは野蛮だと私たちは考える。[*] ところが功利主義的観点からは、この二通りの性的虐待は、道徳的にそれほど違いはない。「レイプはレイプであり、レイプである。」よって私たちは、囚人間の暴力を防止するためにもっと行動すべきである、となる。

　囚人間の性暴力を減らすことは、刑法をめぐり、「社会にとって何が正しいと感じられるか」と

「社会にとって何が有益なのか」の対立を浮き彫りにする一例に過ぎない。刑務所経験の本質と結果に関するもっと一般的な疑問もある。「刑務所に入ることによって、出所後、生産的で遵法的な生活を送る可能性は高まるのだろうか？　刑務所の苦痛によって、他の者たちが行ないを慎もうという気になるだろうか？」一般的な罰の脅しに、重大な抑止効果があるのは間違いないだろう。しかし、アメリカで執行されている、きわめて過酷で頻繁な刑罰が、並外れた一連の社会問題への必然的な回答なのか、たんなるまずい政策かについては議論の余地がある。犯罪予備軍は、条例が何であるかを知っているか？　気に留めているだろうか？　要点はこうだ。より大きな善の実現を目的とする刑事司法制度は、不合理なオーウェル風の機械にはならない。しかし、応報主義的色合いの濃い現在のアメリカの刑事司法制度とは似ていないだろう。

理想の正義

功利主義の正義は実際には合理的だが、積年の「原理的な」問題はいまだに解決されていない。無実の人を罰することが、本当により大きな善をもたらす場合を考えてみよう。ならば、それは正しい行為なのだろうか？　また、たいした費用もかからず、人々を納得させるように罰を偽装できるとしよう。罰による通常の利益(たとえば抑止効果など)が失われないのなら、殺人者や強姦魔を実際に罰するより、楽な暮らしを提供する方が本当によいのだろうか？　功利主義者にとって罰は必要悪に過ぎない。しかし、悪事を働いた人を罰することに、本質的に正しいところはないのだろうか？　功利主義者の正義の観念は、実際は不合理でないのかもしれないが、正義のより深い真理を見落としているように思われる。

これが批判者たちの言い分だ。もうひとつの可能性は、私たちの直観的な正義感が、一連のヒューリスティクスであるというものだ。すなわち、とても役に立つが、ぜったいに間違わないとは到底いえない道徳マシンなのかもしれない。私たちには罰への嗜好がある。それは他のすべての嗜好同様、繊細で、複雑で、遺伝、文化、個人特有の要因が寄り集まってつくられている。しかし、罰への嗜好もひとつの嗜好である以上、オートモードによって実行され、そのためオートモードの非柔軟性によって制限される。あらゆる嗜好は欺ける。私たちは、人工甘味料で味蕾《みらい》を欺く。避妊やポルノで性欲を欺く。（どちらも性的満足をもたらすが、遺伝子を広めはしない。）ときには嗜好が私たちを欺く。脂っこいものや甘いものへの嗜好があるために、豊かな国に住む私たちは肥満になる。乱用薬物は、脳の報酬回路を乗っ取り、人生を破壊する。私たちが自分の嗜好を欺いているのか、嗜好が私たちを欺いているのかを知るには、自分の嗜好というかぎられた視野の外に出る必要がある。ダイエット炭酸飲料、ポルノ、ヌテラ、ヘロイン――これらが私たちの最善の利益に実際どれほど役に立っているのか？罰への嗜好についても同じ質問を投げかけるべきだ。

先に述べたように、直観的な正義感はきわめて役に立つので、それなしでは途方に暮れてしまうだろう。第2章で説明したように、罰は協力を促し、人々を、《私》にとって利益になるだけでなく、《私たち》にとって利益になるように行動しようという気にさせる。別の言い方をすると、罰本来の機能は疑似功利主義的だ[*]。私たちが生来の処罰者であるのは、罰が社会的機能を果たしているからだ。

「なぜ違反者を罰するべきなのか？」と尋ねれば、次のような、わかりきった功利主義的な答えが返ってくるだろう。「罰の脅しがなければ、人は不正を働くだろう。」しかし、これはマニュアルモードの回答だ。具体的なケースへの人の罰の判断を見れば、抑止効果を第一に考えているのでないのはあきらかだ。むしろ第2章で説明したように、罰は、おもに怒りや嫌悪などの感情に動機づけられている。こうした感情は、違反行為自体や、違反を行なった人物によって引き起こされるのであり、未来の違反を抑止する公算によって引き起こされるのではない。人は、違反者に罰を与えるとき、抑止効果に具体的に関係のある要因は無視し、違反者についてどう感じるかだけに基づいて罰する傾向がある。たとえば、見破ることが困難な犯罪ほど罰を厳しくするのは、功利主義的には筋が通っている。検挙率が低い犯罪ほど、より大きな抑止力が必要ということだ。（たとえば、カリフォルニア州では、ゴミのポイ捨てに最高で一〇〇〇ドルの罰金が科せられる。紙コップのポイ捨てがそれほど深刻な被害をもたらすからではなく、ポイ捨てをしたまま立ち去るのが簡単だからだ。）人間は、こうした功利主義的な検討をおざなりにする傾向がある。検挙率の低い犯罪により強い怒りを感じることはないため、直観的に重い罰を与えることをしない。第2章で説明したように、こうした、罰の費用対効果の軽視は、設計上の特徴である可能性が濃厚だ。「罰に値する」場合だけ罰を与えるような、頼りない処罰者は格好のカモにされるだろう。しかし、短気で復讐を好み、そうした性格が周囲に知られている人は、もっと効果的に敵を牽制できる。

　私たちの罰の判断があきらかに不合理な場合もある。決定されている被害者を助けようとする選好を報告したスモールとローウェンスタインは、罰の研究でも同様の行動を報告している。彼らは被験者に、協力的もしくは利己的にふるまうことができるゲームを行なわせた。ゲームの後で、協力的だったプレーヤーには、利己的なプレーヤーを罰する機会が与えられた。一部の協力的プレーヤーたちには、決定されている個人を匿名で罰する機会を与えた。「身勝手な四番をどのくらい罰したいですか？」といった具合に。別の協力的プレーヤーたちには、決定されていない個人を匿名で罰する機会が与えられた。「あなたがこれから引く番号に該当する、身勝手なプレーヤーをどれくらい罰したいですか？」予想通り、被験者たちは、「決定されている」違反者を二倍近く厳しく罰した。罰の厳しさは情動反応の強さに比例した。

私たちの情動は、誰が道徳的責任を負うべきであり、誰が負う必要がないかに関する判断にも影響する。ショーン・ニコルズとジョシュア・ノーブは、被験者たちに次のような「決定論的」宇宙の話を聞かせた。

ある宇宙(宇宙A)を想像しよう。そこではあらゆる出来事が、それ以前の出来事によって完全に決定されている。これは、宇宙のはじまりからあてはまり、宇宙のはじまりが次の出来事の原因となり、といった具合にくり返されて現在にいたっている。たとえば、ある日、ジョンは昼ご飯にフライドポテトを食べようと決めた。他のすべてと同じように、この決定もそれ以前の出来事によって完全に決定されている。よって、この宇宙のすべてが、ジョンの決心まで何ひとつ変わらないのであれば、ジョンが、フライドポテトを食べようと決めるのは必然の出来事である。

ニコルズとノーブは被験者に、この宇宙に住む人々には、自分たちの行為に対する完全な道徳的責任があるのかと尋ねた。「ある」と回答した人は五パーセントに満たなかった。異なるグループにも宇宙Aについて同じ説明をした。ただし今度は、この宇宙における責任に関する一般的な質問に答えてもらう代わりに、もっと具体的な、情動を喚起する質問をした。

宇宙Aで、ビルという男が秘書に心を惹かれるようになった。そして、彼女と結ばれるには、妻と三人の子供を殺すしかないと決意する。彼は、自宅が火事になれば家族は逃げ出すことができないと知っている。そこで、出張に出かける前に、家が火事になって、家族が焼死する仕掛けを地下室にセットする。

今回は、七二パーセントの人が、ビルには自分の行為に対する完全な道徳的責任があると回答した。驚くべき方向転換だ。決定論的宇宙での責任について抽象的に尋ねたときは、ほとんどの人がそんなものはないと回答した。ところが、情動を喚起する悪事の特定例を示すと、抽象的な判断はすっかり消えてしまう。

もしかしたら、カントが考えたように、違反者を懲らしめることは、それ自体で本当に価値のある目標なのかもしれない。しかし、それが正しいのなら、驚くべき偶然の一致だ。私たちの処罰装置は、協力を安定させ、そのことでより多くの遺伝子の複製をつくり出すのに役立つように、自然選択が脳に組み込んだものだ。正義の真の原理が、その処罰装置によって生み出される感情とたまたま一致するなんて、なんという不思議だろう。脳の働きと、それがここにいたるまでの経緯を考えれば、人間の正義への嗜好は、便利な錯覚だと考える方が合理的だ。私たちは、罰を本質的に価値のあるものと考え、よい行ないを促すたんなる手段とは考えない。食べ物のことを本質的においしいものとして経験し、栄養をとるたんなる手段と考えないように。食べ物から得る楽しみはたいてい無害だが、人を懲らしめるのは無害ではありえない。従って、味はいいが、善より多くの害をもたらす罰を警戒すべきだ。そして、私たちの罰への嗜好の限界の先を見通すからといって功利主義を非難すべきではない。

正しい社会

功利主義は、持てる者に対して、持たざる者のために多くを行なうよう要求する、きわめて平等主義的な哲学だ。明日目が覚めたとき、あなたが功利主義者に生まれ変わったとしたら、生活上の最大の変化は、これまでになく献身的に不幸な他者を助けるようになっている点だろう。それにもかかわらず、功利主義に対するもっとも根強い批判のひとつが、功利主義は十分に平等主義でなく、虐げられた人々の利益を尊重しない、もしくは、尊重しないことがあるというものだ。

二〇世紀のもっとも重要な道徳哲学者として広く認められているジョン・ロールズによれば、幸福の最大化は、はなはだしい不正につながりかねないのだそうだ。功利主義者は、他の人の幸福の増加の方が大きければ、一部の人の幸福を減らしてもかまわないという。これは累進課税の背後にある原理だ。すなわち、富める者に多く払うように要求したところで、その人たちが窮屈な思いをすることはほとんどないが、そこから得られた税収は、社会の残りの人々にとって大変役に立つ。ただし、とロールズはいう。幸福を最大化することを目的とする資源の分配が、不当な場合がある。第8章のロールズのたとえ話、多数が少数を奴隷とする社会を思い出そう。この取り決めによって多数が幸福であるなら、奴隷とされた人々の不幸を打ち消せるくらい幸福であるなら、それで正しいことになるのだろうか？　ロールズによれば、秩序ある社会は、幸福の最大化というすべてに優先される目標ではなく、いくつかの基本的権利と自由を出発点とする。

これは、一見、非常に説得力のある主張だ。たしかに、奴隷制度は不当だ。奴隷制度を是認する道徳規範は、いかなるものであれ、悪い道徳規範だ。問題は、功利主義が本当に奴隷制度を是認しているのかどうかだ。それを確かめるには、この問題を「原理面」と「実際面」に分割する必要がある。私はとくに「実際面」に焦点を置くつもりだ。なぜなら、これこそが、本書で根拠を示しながら主張していることにとって重要だからだ。私は、功利主義が絶対的な道徳的真理だと主張しているのではない。功利主義は、すぐれたメタ道徳であり、現実世界の道徳的不一致を解決するすぐれた規範であると主張しているのだ。功利主義が現実世界で奴隷制度に類するものを是認するのでなければ、それで十分である。

私は、現実の世界で、幸福の最大化が、奴隷制度に類するいかなるものにもつながるとは思わない。経験主義者を自任し、世界の仕組みについて机上で大胆な意見をいうことにはまったく乗り気でない者として、こう発言する。しかし、今回、私は大胆になろう。功利主義が、原理的に、奴隷制度を是認することはあるかもしれない。しかしそれは、人間の本性が現実と根本的に異なる場合にかぎられる。幸福の最大化が奴隷制度につながる世界を見つけるには、SFの世界に行くしかない。（そこは、私たちの道徳的直観が信用できるとはかぎらない世界だ。）

功利主義と社会正義の関係について明晰に考えるのはきわめて難しい。もう少し具体的にいうと、「効用」について明晰に考えるのが非常に難しいのだ。というのも、私たちは、効用と富をおのずと混同するからだ。この「富裕主義」の誤謬は次節で取り上げるとしよう。ここでは別の方法で、奴隷制度（もしくは、それ以外の形の抑圧）が、世界をより幸福にするのがどれほど困難かを説明しようと思う。

奴隷制度は、一部の人たちに巨万の富をもたらす。その一方、奴隷制度は底抜けの不幸も生む。こうした巨大な利益と損失を抽象的、かつ総計的に考えるとき、どんな現実味のある状況であれ損失が利益をかならず上回るかどうかは明白でない。いや、未解決の経験的問題のように思えるかもしれない。私はそのようには考えない。奴隷制度が人間の幸福にどう影響するかを、より明晰に考えるには、典型的な個人の幸福に的を絞るといいだろう。

奴隷制度が存在する社会には、もちろん、奴隷と奴隷の所有者がいる。もう少し具体的に考えるために、半数が奴隷の所有者で、残りの半数が奴隷という奴隷社会を例に考えてみよう。言い方を変えると、自由市民ひとりが、きっかりひとりの奴隷を所有する社会ということになる。（私がこれから行なおうとしている主張にとって、この一対一という割合が控えめな前提である[**]ことをお断りしておこう。）奴隷制度が幸福を最大化するには、奴隷所有者がひとりの奴隷を所有することで得る幸福が、奴隷が奴隷であることで失う幸福を、平均で上回らなくてはいけない。ここまではよろしいだろうか？

それではこの問題について、順を追って考えていただこう。たったいま、あなたは奴隷でも、奴隷所有者でもない。それでは第一問。「奴隷をひとり所有することによって、あなたの幸福はどの程度増すだろう？」もちろん、あなたは良識をわきまえた人なので、奴隷を所有したところで幸福が増すわけがないだろう。しかし、私たちはいま、そんな道徳的懸念とは無縁な、奴隷所有者であることに満足した人生を想像しようとしているのだ。もっと想像しやすいように、あなたがハイテク・ロボット奴隷を所有していることにしよう。あなたのロボット奴隷は、頑健な肉体を備えた、無教養な人間にできることなら何でもできる。しかし、ロボット奴隷は、ノート型パソコンやトースターと同じく、感情をもたない。従ってあなたは、過去の奴隷所有者が、人間の奴隷を所有することで思い悩んだりしなかったように、ロボット奴隷を所有することで悩んだりしない。

あなたはロボット奴隷を使って何をするだろう？　過去のほぼすべての奴隷所有者のようであるなら、自分の奴隷から最大限の経済的価値を引き出そうとするだろう。あなたは奴隷を働かせるだろう。たとえば、奴隷のおかげで、年収が五万ドル増えるとしよう。（これも甘い見積もりで、奴隷の所有によって得られる効用を高く見積もり過ぎている。年間五万ドルは、残業時間を計算に入れても、非熟練労働者の年収にしては多い。さらに、ロボット奴隷の基本的維持費を計算に入れていない。）それでは、年間五万ドルの収入増は、どのくらい良いものだろう？　良いものかもしれない。しかしあなたが思うほど良くはない。奴隷を所有できる立場にあるなら、あなたは経済的にすでに十分成功している。そして、私たちが幸福に関する研究から学んだことがひとつあるとすれば、それはこういうことなのだ。「（中流以上になると）収入の増加は、その人の幸福をたいして増やさない。*」中流以上では、収入が増加してもまったく変化がないことを示唆する研究もある。収入の増加によって得られる幸福感には個人差があるが、平均的には、ある一定額の収入の増加は、貧困層に比べると富裕層にはほとんど影響しない。それがここでは重要だ。これが不確かな発見ではない*ことを強調しておく。数十年間にわたる調査の結果、(中流以上の)富と幸福に弱い関係しかないことは、人間の本性の法則に近い。ある一線を超えると、富では幸福を(たいして)買えない。

従って、次のように、控えめに結論しよう。ひとりの奴隷を所有すると、富は相当増え、幸福は少々増える。それでは第二問。「奴隷になることで、あなたはどれくらい幸福を失うだろう？」答えはもちろん、たくさんだ。理由はすべて明白である。ここで奴隷制度のおそろしさをくどくど述べるつもりはない。奴隷制度の歴史は、むち打ち、レイプ、過酷な労働、個人的自由の完全な欠如、一家離散に彩られている。他者の所有物であることは、最良の環境でもひどく悪いことで、典型的な環境では考えも及ばないほど惨めといえば十分だ。いまの自由な人間という立場から奴隷への移行は、いうまでもなく、あなたの幸福が著しく損なわれることを意味する。

個人が奴隷制度によってどう幸福を得て、どう幸福を失うかを考えてきた。これで三番目の、最後の質問に答える準備が整った。第三問。「利益は実際に損失を上回るだろうか？」この質問を考えるには、同等の個人の選択に置き換えるのがいちばんだ。「あなたは、後半生で年収が五万ドル増えるなら、前半生を喜んで奴隷として過ごしますか？　それとも、いまの生活を続けますか？」答えはあきらかか、でありますように。そして答えがあきらかなら——より具体的な条件で考えてそういえるのだから——奴隷制度が現実世界で幸福を最大化するわけがないことも等しくあきらかであるはずだ。そして、奴隷制度にあてはまることは、さらに広く抑圧にもあてはまる。はなはだしい不正がはなはだしいのは、それによって一部の人たちがひどいしわ寄せを被るからだ。空想の領域——たとえば、人間を喰うことではかり知れない幸福を得る「功用のモンスター」が住む世界——の外では、抑圧の恐怖を上回るほどにすばらしい利益を人々から搾り取ることはできない。**

　現実の世界にほぼ確実に存在するのは、より大きな善を促す、社会的不平等と自由の制限だ。自由市場の存在は経済的不平等につながり、そこから次のような疑問が生じる。富の再分配は、仮にするとしたら、どのくらいすべきなのか？　最大分配体制（共産主義）では、不平等は取り除かれる。それと同時に、生産的であろうとする経済的意欲もすべて削がれる。これがわかっているので、ほとんどの人は北の羊飼いのように、ある程度の経済的不平等は、より大きな生産性のために正当化されると考える（公正さの点はともかくとして）。自由の不平等についても同じことがいえる。アメリカをはじめとする多くの国々では、ＨＩＶの感染者がパートナーに危険を知らせないまま、コンドームをつけずにセックスすれば犯罪に問われる可能性がある。こうした法律は、ＨＩＶ感染者という、そもそも虐げられている集団の自由を制限するが、ほとんどの人はより大きな善のために正当化されると考える。より大きな善は、たとえばおなじみの、混雑した映画館で「火事だ！」と叫ぶケースのように、私たちの自由を別なやり方でも制限する。これらからわかることは次のとおり。より大きな善を促すために、不平等や自由の制限が生まれる可能性はたしかにある。だが、現実の世界では、こうした不平等や制約がはなはだしい不正であると考えるいわれはない。こうしたことは、一部の人にとって不当に思われるかもしれない。しかしさしあたって重要なのは、現実世界の功利主義は、批判者たちがいうような、奴隷制度のようにあきらかに不当な社会的取り決めにつながるものではないということだ。

あなたが、功利主義について原理的に何をいおうと、実際問題として、世界を可能なかぎり幸福にすることは抑圧につながらない。

それではなぜ、これほど多くの思慮深い人たちが、功利主義ははなはだしい不正を支持すると結論したのだろう？　ひとつには、先ほど指摘したように、「効用」という言葉の意味に関する混同がある。人は効用を富と混同する。そのせいで、効用の最大化がそれほど魅力的でないように、そしておそらく不正であるかのように思えるのだ。ジョナサン・バロンと私は、ある実験でこの混同を実証した。それに関しては次節で詳しく紹介しよう。少々入り組んでいるため、飛ばしてくださってもかまわない。しかし、これだけは覚えておいてほしい。現実世界で、抑圧が幸福を最大化できると考えているのなら、ほぼ確実に間違ったものを想像している。あなたが想像しているのは、幸福ではなく、富を最大化する抑圧だ。

「富裕主義」の誤謬

何度もいうように、「功利主義」は、すばらしい思想にとって、ひどい名前だ。功利主義は、私たちが「効用」について考えるときに考えるものではない。

第７章で説明したように、功利主義の第一の柱となる考えは、経験の優位性だ。よいものがよく、悪いものが悪いのは、それらが経験に与える影響による。（功利主義の第二の柱となる考えは、すべての人の経験は同じ価値をもつ、というものである。）経験――広く解釈すれば幸福と不幸――が功利主義の通貨だ。しかし、効用という言葉はどちらかといえば「有用なもの」を連想させる。有用なものをたくさんもつとは、裕福であることだ。従って、功利主義を「富裕主義」と取り違えるのは簡単だ。富裕主義は、何よりも富を最大化すべきであるという考えだ。これはすばらしい思想ではない。

とはいえ、功利主義と富裕主義の混同は、言葉のまぎらわしさ以上に根が深い。「効用」と呼ぼうと、「幸福」もしくは「経験の質」と呼ぼうと、これをきちんと考えるのは難しい。私たちは、物、すなわち外界にある事物や、外界にある事物の特徴を数量化することに慣れている。「リンゴが何個ありますか？」「水がどれだけありますか？」「会議はどのくらい続きますか？」「どのくらいの広さですか？」「いくらですか？」といった具合に。しかし、経験の質は、ふつう数量化しない。従って「効用」のありうる分配をイメージするとき、物の分配ではなく、経験の質の分配を考えるのは非常に難しい。

効用は、物と密接に関係しているが、物そのものではない。第一に、効用は市場の商品から得られるものでなくていい。友情、よく晴れた日、数学の定理の証明、隣人に尊敬されること、これらから得られるポジティブな経験もすべて「効用」だ。第二に、私たちが、一定量の物から得る効用の量は、人により状況により変わるため、効用と物は等価ではない。カンボジアの貧しい農民が二〇〇ドルを手に入れたら、人生ががらりと変わっても不思議はない。しかし、富裕なビジネスマンが二〇〇〇ドル手に入れたとしても、シンガポールまでの飛行機の座席をファーストクラスにアップグレードする程度にしかならない。従って、効用の分配について話をするとき、私たちは、とらえどころのない精神的な物である効用の分配について話しているのであって、外界にある物や銀行口座にある物について話をしているのではないと覚えておくことが肝心だ。

そこで次のような疑問が生じる。物でも富でもなく、効用を最大化する社会的不平等は、現実世界の深刻な不公正となりうるだろうか？　ロールズは、功利主義的不平等について想像するとき、奴隷制度に似たものを念頭に置いている。奴隷制度は、たしかに不公正だ。しかし、なぜ奴隷制度（またはそれに類するもの）が世界をより幸福にする、などと考えるのだろう？　それは、効用を物、すなわち富と混同していると、効用を最大化する奴隷制度がもっともらしく思えるからだ。

先ほど述べたように、奴隷所有者が奴隷を所有することによって得る幸福（すなわち効用）が、奴隷が奴隷であることによって失う幸福を上回るとは考えにくい。くり返そう。あなたは、後半生で余分に収入が得られるからといって、前半生を奴隷として生きようとは思わないだろう。同じように、貧しい農民と、富裕なビジネスマンにとって二〇〇〇ドルが同じ価値をもつはずがない。ただし、私たちが幸福ではなく富について計算するのであれば、持たざる者より持てる者に有利な計算が行なわれるかもしれない。奴隷所有者は、奴隷を搾取することによって莫大な儲けを得るかもしれないし、出張中の副社長がよく眠れるかどうかに数百万ドル規模の取引の成否がかかっているかもしれない。経済的観点に立てば、富める者が手にする大きな利益は、貧しい者の損失を凌ぐかもしれない。これこそロールズらが功利主義の不公正をイメージするときに考えていたものだ。「申し訳ないが」と幸福な搾取者はいう。「私の大きな大きな利益のためには、あなたの大きな損失はやむを得ないんだよ。」

しかし利得が損失に勝るのは、私たちが幸福ではなくお金を数えているときだけだ。[**]

先ほど触れた実験は、人が効用と富を簡単に混同してしまい、そのため、ロールズ式の結論に陥ってしまうことをあきらかにしている。ジョナサン・バロンと私は被験者に、様々な年収(富)の分布をもつ、いくつかの仮想上の国を紹介した。たとえば、A国では、上位三分の一には七万ドル、中位三分の一には四万五〇〇〇ドル、下位三分の一には二万五〇〇〇ドルの所得がある。B国では、他の条件は何も変わらないが、下位三分の一の所得が一万五〇〇〇ドルしかない。次に、被験者たちにA国とB国を比べてもらった。具体的にいうと、自分が、経済的上位層、中位層、下位層のいずれのグループに属する確率もまったく変わらないとして、それぞれの国にどれくらい住みたいと思うかを評価してもらった。A国とB国の評価の差から、下位層の所得が一万五〇〇〇ドルから二万五〇〇〇ドルへ一万ドル上昇したことを人々がどれくらい評価しているかがわかる。所得が四万ドルから五万ドルへ、やはり一万ドル上昇するようなその他の所得の増加についても、どれくらい評価しているかを調べるために、同様の比較を行なった。お察しの通り、上昇した一万ドルの評価はどれも同じではなかった。被験者は、四万ドルから五万ドルより、一万五〇〇〇ドルから二万五〇〇〇ドルへの上昇を高く評価した。これは富の限界効用逓減を反映している。お金をたくさんもっているほど、一ドルの増加の価値は減り、一ドルの増加がもたらす幸福感も減る。

実験の第二段階では、最初の実験で使われた、様々な所得の価値を評価してもらった。すなわち、各所得レベルを効用レベルにあてはめてもらった。もっとも低い所得をレベル〇、もっとも高い所得をレベル一〇〇とし、その他の所得レベルを〇から一〇〇の間の数字を使って評価するが、その際、すべての増加分が同じ価値をもつように留意してもらった。たとえば、〇から五〇への改善は、五〇から一〇〇への改善と同じくらい望ましいものでなくてはならない。評価してもらうと、予想通り、被験者たちは、所得下位層での増加により大きな価値を置いた。これは富の限界効用逓減と一致する。たとえば、一万五〇〇〇ドルと二万五〇〇〇ドルの評価の差は、四万ドルと五万ドルの評価の差よりたいてい大きかった。

実験の第三段階では、被験者たちにもういちど、様々な国の生活の望ましさを評価してもらった。しかし今回は、それぞれの国を所得分布の観点ではなく、効用分布の観点で説明した。すなわち、それぞれの国で、上位層、中位層、下位層に属する人たちがどれだけ収入を得ているかではなく、これら三つの階層の所得の価値(効用)の評価を伝えた。これらの評価は「[前回の実験で]あなたが行なったように、あなたと同様の誰かが与えた所得の評価」であるとして提示された。こうして私たちは、異なる上昇に人々が与える評価を比較できた。しかし、今回の上昇は、所得の上昇ではなく効用の上昇だ。たとえば、〇と評価された所得から二五と評価された所得への上昇を被験者がどう評価するかを調べることができる。同じく、七五と評価された所得から一〇〇と評価された所得への上昇の評価についても調べられる。もっとも重要なのは、被験者が、〇から二五への効用の上昇が、七五から一〇〇への効用の上昇より望ましいと考えるのかどうかをあきらかにできる点だった。

被験者に一貫性があれば、この二つの上昇は等しく望ましいはずである。それは、ここで私たちが問題にしているのが、所得レベルではなく、効用レベルだからだ。実験の第二段階で、被験者が、効用の物差しの目盛りが同じ価値の増加分をもつように評価を行なっていたことを思い出そう。つまり、効用における二五ポイントの上昇は、ゼロポイントから二五ポイントへの上昇であれ、七五ポイントから一〇〇ポイントへの上昇であれ、同じでなくてはならない。

結果は次のようになった。実験の第三段階での回答(効用の分布に基づく国の評価)は、実験の第二段階(異なる所得を効用にあてはめた)の回答と矛盾していた。被験者は、等しい効用の上昇を、等しい価値の増加として扱うのではなく、効用を実験の第一段階で所得を扱ったのとまったく同じように扱った。つまり、被験者は(ロールズのように)、物差しの下側での改善をより重く評価した。すなわち、〇から二五への上昇は、七五から一〇〇への上昇より望ましいと回答した。実際、被験者は、物差しの下側に、所得レベルを評価したときと同じ価値を置いていた。こうした評価のパターンは、内部で矛盾しているが、バロンと私がロールズの著作に基づいて予測した行動とみごとに一致している。*

この実験から、人間が効用について明晰に考えることを非常に苦手としているとわかる。一方で、人は、物と効用は違うと理解している。所得の上昇の出発点(一万五〇〇〇ドルからか、四万ドルからか)によって、一万ドルの増加分に対する評価が異なることからあきらかだ。ところが、効用の分布を評価してもらうと、人は、効用を特異な抽象概念(実際はそうだ)ではなく、富であるかのように扱ってしまう。言い換えると、人は、効用レベル〇の所得から、効用レベル二五の所得への上昇を見るとこう考える。「これほど少ない効用からスタートするのだから、この上昇は非常に大きな違いをもたらすだろう。」次に効用レベル七五の所得から効用レベル一〇〇の所得への上昇をこう考える。「これは結構な上昇だろう。しかし、最初からそれなりの量の効用があったわけだから、それほど大きな改善というわけではない。」この考え方は、完全に間違っている。ある額のお金からは、状況に応じて、大なり小なり効用を手に入れられる。しかし、効用から異なるレベルの効用を手に入れることはできない。「効用は効用であり、効用である。」私たちの被験者の出来が少々悪かったわけではない。彼らは思考の対象を所得の分布から効用の分布に切り替えたとき、自分たちの思考をまったく修正しなかった。彼らは効用を、まさに物であるかのように扱った。(実験に参加してもらった哲学者の中にも同じ間違いを犯した人はいた。)

ここからどのようなことが言えるだろうか? 功利主義がはなはだしい不公正を支持するという、功利主義に対するロールズ流の批判が誤りであることを経験科学的に示せるということだ。功利主義に対するロールズ流の反対論が説得力をもつのは、効用に対する誤解が原因であり、その誤りは実験室で簡単に証明できる。人は、富と効用の違いを何となく理解している。富が増えるほど、増加分の富の価値が減っていくことも理解している。しかし、効用の分布を評価する際には、これをすっかり忘れてしまい、効用がまさに富であるかのように扱ってしまう。人は、功利主義と富裕主義を混同する。それゆえ無数の哲学者が、哀れな、罪のない功利主義に、人道に対する罪を宣告している。

(この反対論の「原理的な」バージョン***についてはどうだろう? そして、ロールズの「原初状態」を用いた主張**についてはどうだろう?)

正義とより大きな善

功利主義は不公正なのだろうか? ふり返ってみよう。

功利主義は私たちに、幸福のポンプに変われと要求するだろうか? より大きな善を実現するために奴隷になれと言っているか? そんなことはない。生身の人間にとって現実的な目標ではないからだ。私たちの脳は道徳的英雄となるべく設計されていない。功利主義は私たちに、道徳的にもっとましな人間になること、身近な交友範囲を超えたところにいる人々に今以上の関心を向けることしか求めていない。功利主義は私たちに、道徳的に完璧になれと言ってはいない。自分の道徳的な限界を直視し、それを克服するために人間としてできるかぎり努力することを求めている。こんなとき頼りになるのが科学だ。科学は、人間の義務感がどれほど気まぐれで不合理であるかを教えてくれる。

功利主義は、無実の者を罰し、罪人に褒美をやるような刑事司法の倒錯を是認するのだろうか？想像上の世界では、是認する。しかし、現実の世界では、これは災厄を招く考えであり、幸福の最大化を願う賢明な人間が是認するものではない。いつものことながら、この組み入れは改革を伴う。人間の罰への嗜好は役に立つが、ぜったいに間違いがないわけではない。脂っこいものや甘いものへの嗜好が、ミルクシェークがいつでも飲める世界の住人である私たちを肥満にしかねないように、私たちの応報への嗜好は、罰への嗜好を満たす一方、社会の健全さを蝕む刑事司法制度をつくる可能性がある。

功利主義は奴隷制度をはじめとする抑圧を是認するだろうか？　現実の世界ではありえない。現実の世界では、抑圧によって、抑圧する側の幸福はささやかに増えるだけだが、抑圧される側には苦痛がうずたかく積み上がる。功利主義は社会的不公正を支持するという考えは富裕主義の誤謬に基づいており、とらえにくい違いのために、富の最大化と幸福の最大化を混同している。「原理的には」、人間は、人を抑圧することによって幸福を最大化できる。しかし、現実の世界では、人間の本性が今のようである以上、抑圧が世界をより幸福な場所に変えることはない。

従って、現実世界には、幸福と正義の根本的な対立は存在しない。しかし、私たちは、正義感という認知装置がどこで生じ、どのように機能しているかをよりよく理解することによって、この感覚の精度を上げることはできる。

第五部

道徳の解決

第11章　深遠な実用主義

いまこそすべてを統合し、生物学、心理学、抽象的な哲学から学んだ事柄を現実に利用できるものに変えよう。いまわかっていることを踏まえた上で、私たちを分裂させる問題についてどう考えていったらいいだろう？　健康保険への加入を拒絶する愚かな人間をどう考えるべきか？　医療は権利なのか？（愚かな人間にとってさえも？）それとも、お金を貯めて買う商品のひとつに過ぎないのか？　一〇パーセントのアメリカ人がアメリカの富の七〇パーセントを支配している。これは不公正なのか？それとも、チャンスが与えられている国では当然のことなのか？　地球温暖化の脅威は現実か、それとも社会改良家のでっち上げに過ぎないのか？　仮に専門家がいうように脅威が本当ならば、地球温暖化を阻止する費用を誰が、いくら負担するのか？　イランには核技術を開発する権利があるのか？イスラエルにはそれを阻止する権利があるのか？　死刑を「究極の人権侵害」と批判するアムネスティ・インターナショナルは正しいのか？　それとも、殺人者は「自分自身の生存権を喪失する」と主張する合衆国連邦第九巡回区控訴裁判所のアレックス・コジンスキー裁判長が正しいのか？　ゲイの結婚は公民権となりつつあるのか？　それとも神の前で恥ずべき行為なのか？　医師は、末期患者が希望すれば自殺の手助けをすべきか？　それとも、医師幇助自殺は「治療者としての医師の役割と根本的に相いれない」とする米国医師会を信任すべきなのか？

第6章で紹介したすばらしいアイデアを思い出そう。「あらたな牧草地の羊飼いである私たちは、それぞれの思想信条を脇に置いて、もっともうまくいくことを行なうべきである。」こんな風に文字にすると、この処方はしごくもっともではあるが、とくに役に立つようには思えない。しかしこれまで見てきたように、そしてこれからすぐにさらに詳しく見ていくように、これはじつに強力で、挑戦しがいのあるアイデアなのだ。真剣に取り組むには、道徳問題に対する考え方を根本的に変える必要がある。

二つの羅針盤

私が深遠な実用主義と呼ぶこの哲学は好感をもって受け入れられている。人は、自分はとっくにこれを採用していると信じているからだ。私たちはみな、自分が求めているものが最善の結果をもたらすと信じている。しかしもちろん、それについて全員が正しいわけがない。この哲学をいくらか実効性のあるものにするには、何を「最善」とするかを具体化する必要がある。共通の道徳規範、私がメタ道徳と呼んでいるものが必要だ。先にも述べたように、メタ道徳の役目は、競合する部族的価値の間でトレードオフを行なうという難しい選択の手助けをする、というものだ。これを原則に基づいた形で行なえるだろうか？

おなじみの「相対主義者」は不可能だという。異なる価値観をもつ、異なる部族が存在する。話はそれで終わりだ、と。形而上学的に突き詰めれば相対主義者は正しいのかもしれない。私たちの道徳上の問題に客観的な正解は存在しないかもしれない。しかしそれが真実だとしても、それが真実であると知ることはたいして役に立たない。私たちの法律は何かを言わなくてはならない。選ぶしかないのだ。コインを投げて満足するか、正義の実現を力に任せるかするのでないかぎり、理由に基づいて選ばなくてはいけない。何らかの道徳規範に訴えなくてはいけない。

前進するにあたり、一般的な、二つの戦略がある。第一の戦略は、神、理性、科学といった、何らかの独立した道徳的権威に訴えるというもの。第7章で確認したように、それらのいずれも、私たちの対立を解決できるような、疑問の余地のない道徳的真理の類をもたらしてはいない。そのため、私たちはふたたび「泥沼」に投げ込まれることになった。私たちを団結させるが分裂させもする、価値観と信念が絡みあった泥沼に。

第二の戦略は、共通の価値観の中に合意を探し求める、深遠な実用主義の戦略だ。独立した道徳的権威（神や理性や科学が「生きる権利は選ぶ権利にまさる」といっている）に訴えるのではなく、競合する価値を天秤にかける共通通貨の確立を目指すのだ。何度もくり返すように、これが功利主義の神髄だ。経験を基盤とした共通通貨を確立するのだ。ボタンを押すか押さないかの例が教えるように、人間はみな、自分のものであれ他人のものであれ、経験を重視する。みな幸福でありたいと願う。苦しみたいと願う者はいない。そして、幸福と苦痛への気づかいは、私たちが価値を置くほぼすべてのものの背後にある。ただしそれを理解するには少々内省が必要だ。この個人にとっての価値の核心は、公平に評価することで、すなわち、「あなたの幸福と苦しみは、他人の幸福と苦しみより重くも軽くもない」

という黄金律の本質を注入することによって、道徳的価値に変えられる。最終的に、この道徳的価値は、人間の前頭前野という結果最適化装置で実行することで道徳システムに変えることができる。ここから、誰も好いてはいないが誰にでも「わかる」道徳哲学――すべての部族の成員が話せるようになる道徳の第二言語が生まれる。各部族には、異なる道徳的直観、異なるオートモードが備わっていて、そのために、争いが生じる。しかし、幸いにも、すべての人間には柔軟性に富むマニュアルモードが備わっている。少しばかり視野を広げれば、「心」の調停不能な違いにもかかわらず、私たちは、マニュアルモード思考を使って「頭」で合意に達することができる。そこにあるはずだと考える場所ではなく、実際にある場所に共通基盤を求める。これが深遠な実用主義の本質だ。

実用主義者の役柄はおなじみで、称賛されもすれば、胡散《うさん》臭いと見られもする。実用主義者は「結果」を出し、「可能性の技術」を実践し、《私たち》と《彼ら》を隔てる溝の上に橋をかける。だから私たちは実用主義者を称賛する。しかし、物事を進めるのに熱心なあまり、方向感覚を失いかねないという、実用主義者に対する懸念もある。たとえば、二人の子供がひとつのケーキをめぐって喧嘩しているとしよう。片方の子は半分ずつ分けようと言い、もう片方の子は全部ひとりで食べたいと言っている。そこに、どんな場面でも和解を促す「実用主義者」が通りかかる。「よしよし。ここは合理的にいこう。きみは四分の三、きみは四分の一取ればいい。」見境なく妥協しようとすることは美徳ではない。妥協の中には悪いものもある。妥協を許さない感情にはよいものもある。しかし、妥協の精神を尊重して、妥協を許さない道徳感情を脇に置くとしたら、私たちを導くものとして何が残されるだろう？　私たちの道徳の羅針盤はどこにあるのだろう？

だからこそ、深遠な実用主義の「深遠」が不可欠なのだ。現代の羊飼いたちが「合理的になって、妥協を受け入れよう」と言うだけでは十分でないのだ。実用主義者は、明確で首尾一貫した道徳哲学を、直感があてにならないときに進むべき方角を教えてくれる道徳の第二の羅針盤*を、必要としている。そういうわけで、ここまで貴重なページを割いて、功利主義を説明し、明確にし、擁護してきたのだ。これが、万人の趣味に合うものでないことはわかっている。しかし、私たちの部族的感情がすべて正しいわけがないと認識した上で、それでも、自分たちの不一致を原則に基づいた形で解決したいと望んでいるのなら、何らかの「主義」が、すなわち情動の羅針盤がうまく働かなくなったときに私たちを導いてくれる明示的な道徳規範が必要だ。

功利主義は一目で気に入られるものではない。第6章で説明したように、この哲学はいともたやすく誤解される。功利主義は「効用」の問題ではない。人生に意味を与える物事よりも日常的な機能性に価値を置いたりはしない。「お気に入り」の浅はかな追求でもない。利己主義でも快楽主義でもやみくもなユートピア思想でもない。功利主義は、幸福を高い精度で測定する魔法の機械や、ハイテク装置を必要としない。私たちにつねに「計算する」ことも求めない。それどころか、功利主義的な理由で、こうした幼稚な、エセ功利主義的なやり方をことごとく否定することができる。正しく理解された功利主義は、それの数多ある諷刺的描写とは似ても似つかない。正しく理解され、賢明に適用された功利主義が、深遠な実用主義だ。これこそ道徳の第二の羅針盤であり、あらたな牧草地での暮らしの最良の手引きである。この章では、深遠な実用主義者であるとは何を意味するのかを考えていこう。そしてこの哲学を、魅力的な他の選択肢と比べてみよう。

いつオートモードを使うべきか？――「《私》対《私たち》」対「《私たち》対《彼ら》」

私は、一見矛盾する二つのことを言った。一方で、私たちは、自分の直感的反応を脇に置いて、マニュアルモードに移行し、採るべき道を決めるのに功利主義的な道徳の羅針盤に頼るべきだと言った（ごちゃごちゃした機械の比喩をお許し願いたい）。その一方、深遠な実用主義者である私たちは、功利主義的な計算を働かせてばかりいてはいけないと言った。いったいどちらが正しいのか？

それは、直面している問題の種類による。本書でこれまで頼りにしてきた、指針となる三つの比喩のうち二つがここでひとつになる。第一の比喩は、「常識的道徳の悲劇」を描いた「あらたな牧草地の寓話」。第二のものが、私たちの直感的反応（オートモード）と明示的な推論（マニュアルモード）の長所と短所を説明したカメラの比喩。「いつオートモードを使うべきか？」という質問に答えるには、この二つの指針となる比喩をひとつに統合する必要がある。（三番目の比喩は共通通貨だ。これもすぐに取り上げる。）

第一部で説明したように、私たちは根本的に異なる二種類の道徳問題に直面している。ひとつは《私》対《私たち》の問題だ。何度もいうように、これは、基本的な協力の問題、「コモンズの悲劇」だ。私たちの道徳脳はもっぱら情動を使ってこの問題を解決する。共感、愛情、友情、感謝、名誉心、羞恥心、罪悪感、忠誠、畏怖、当惑といった感情に駆り立てられ、自分の利益より他者の利益を優先する(場合もある)。同様に、怒りや嫌悪の感情によって、《私たち》より《私》を大事にしすぎる人を避けたり、罰しようとしたりする。こうしたオートモードのおかげで、仮にこれがなかった場合よりも、嘘、欺き、盗み、殺人はぐんと減るので、《私たち》は繁栄できる。

複雑な道徳問題は、《私たち》対《彼ら》に関するものだ。「私たちの利益」対「彼らの利益」か、「私たちの価値観」対「彼らの価値観」、もしくはその両方が関わっている。これが、現代の道徳的悲劇、「常識的道徳の悲劇」であり、あらたな牧草地の争いの発端である。まったく異質な感情と信念が共存を困難にしている。第一に、私たちは部族主義者であるため、《彼ら》より《私たち》を優先してはばからない。第二に、各部族には部族固有の協力条件がある。集団主義的傾向が強い部族もあれば、個人主義的傾向が強い部族もある。脅威に対して攻撃的に反応する部族もあれば、調和を重んじる部族もある、など。第三に、部族は、道徳的権威を付与する指導者、文書、制度、慣習における「固有名詞」がそれぞれ異なる。結局、こうした違いのすべてが、何が真理で何が公正かの偏った認識を導く。

第二の指針となるカメラの比喩は、人間の道徳的思考の二つのモードを説明している。私たちにはオートモードとマニュアルモードがある。オートモードは、効率的だが柔軟性に欠ける、情動的・直感的反応だ。マニュアルモードは、明示的で実際的な推論を行なう一般的能力で、非効率的だが柔軟性に富む。

このように、二種類の道徳問題と二種類の道徳的思考がある。そこで、先ほどの問いに答えられる。私たちの道徳脳を賢明に使う上で重要なのは、問題の種類に合った種類の思考法を使うことだ。私たちの道徳感情、すなわちオートモードは一般に、単純な利己性を抑制し、「コモンズの悲劇」を回避するのに長けているからだ。生物としても文化的にも、そうするように設計されているからだ。そうであるなら、《私》対《私たち》(もしくは《私》対《あなた》)が問題となるときは、道徳的な直感(**良心**ともいう)を信頼する方がいい。嘘をついたり、盗んだりしてはいけない。たとえあなたのマニュアルモードが、それを正当化できると考えたとしても。脱税したり、浮気したりしてはいけない。会社の現金入れからお金を「借り」てはいけない。飲酒運転してはいけない。ライバルの悪口を言ってはいけない。障害者用駐車スペースに車を停めてはいけない。こうした悪事を働く人には軽蔑を顔に出せ。《私》対《私たち》が問題のときは、オートモードを信用しよう。(道徳のオートモードのことだ。強欲のオートモードではなく。)

しかしながら、「常識的道徳の悲劇」だったら、つまり《私たち》対《彼ら》の問題になったら、直感を信じるのをやめて、マニュアルモードに切り替えよう。どうすれば、どちらの状況に陥っているとわかるだろう？　これにはびっくりするほど単純な答えがある。**論争**だ。誰かが詐欺や殺人のようなわかりやすい道徳違反を犯す場合は、道徳的問題は存在するが、道徳的論争は生じない。たとえば、投資家から金を騙し取るバーニー・マドフの「権利」のために裁判所の外で抗議する人はいない。これは《彼》対《私たち》の問題だ。こういった場合、私たちの、物事の是非についての本能は役に立ちそうだ。

しかし、論争が存在するとき、すなわちすべての部族の意見が一致するわけではないとき、《私たち》対《彼ら》が問題となるあらたな牧草地にいるとわかる。そんなときこそ、マニュアルモードに移行しよう。なぜか？　部族間の意見が対立するとき、それはほぼ例外なく、オートモードが違う意見を言っていること、情動の道徳羅針盤が反対の方角を指していることが原因だからだ。こういうとき、常識で事態を打開することはできない。というのも私たちの常識は、自分たちが考えているほどあたりまえではないからだ。

じつは、いまお勧めしている意思決定戦略、「直観が衝突したらマニュアルモードに移行しよう」を、私たちの脳はすでに別の文脈で利用している。カメラの比喩から、人間の意思決定に関する大きな謎が生じる。写真を撮影するとき、いつオートモードを使い、いつマニュアルモードに切り替えるかを決定するのは撮影者だ。それでは、人間の意思決定で、撮影者の役割を果たしているのは何か？ 私たちは、どう決定するかをどう決定するのか？ これは無限にさかのぼるおそれがある。私たちは決定する前に、どう決定するかを決定しなくていいのか？ そして、どう決定するかを決定する前には……？

マシュー・ボトヴィニックとジョナサン・コーエンらが行なった先駆的研究は、脳がこの苦境をどう脱するかをあきらかにしている。[*] 第4章に出てきた、色の名前を答えるストループ課題を覚えているだろうか？ この課題の難しいところは、単語の印刷されている色を答えるにあたって、単語が違う色の名前であっても、印刷の色を答えなければならない点にある。たとえば、青いインクで「赤」と書かれていたら、「青」と答えなくてはならない。これは難しい。文字を読む方が、色の名前を答えるより自動的だからだ。これを迅速かつ正確に行なうには認知制御、すなわちマニュアルモードを働かせる必要がある。それでは、マニュアルモードはどうやって、自分が作動するタイミングを知るのだろう？　毎回、「これは注意が必要かな？」と自問して、どう考えるかを決めなければならないのだろうか？

ボトヴィニックとコーエンによれば、脳は、前帯状皮質（ＡＣＣ）と呼ばれる脳部位にある**衝突モニター**を使ってこの問題を解決している。ＡＣＣは、両立しない反応が同時に生じるとかならず活性化する。たとえば、青いインクで印字された「赤」という単語を見ると、ニューロンの一群が神経インパルスを発射しはじめ、あなたに「赤」と答えるように教える。一方、別のニューロン群は「青」と答えるように教える。衝突モニター理論によれば、ＡＣＣは、二つの両立しない行動を脳が煽っているのを検知すると、マニュアルモードが座すＤＬＰＦＣに警告信号を送る。そこなら高等裁判所のように衝突を解決できる。コーエンらと私が行なった研究結果はこの理論と合致するもので、難しい道徳ジレンマ（これはその性質からして衝突する反応を引き起こす）が、ＡＣＣとＤＬＰＦＣを作動させることをあきらかにした。

ストループ課題や一部の道徳ジレンマでは、衝突はひとつの脳の中で起きる。しかし、羊飼いである私たちの意見が対立するとき、衝突は複数の脳の間で起きる。そこで私は次のように提案する。脳が頭蓋内の対立に自動的に適用している戦略を、頭蓋間の対立に意図的に適用しよう。「衝突が起きたら、マニュアルモードに移行しよう」という戦略を。

深みから抜け出す

それでは、私たち羊飼いは、意見が対立したときは、いったん立ち止まって考えることにしよう。難しい。本当に難しい。これはすばらしいアイデアなのだが、大きな危険も潜んでいる。不和を生じさせる道徳問題を考えるとき、私たちは本能的にまず、あらゆるやり方で《私たち》が正しくて《彼ら》が間違っているように考える。

死刑反対派と賛成派に、死刑の犯罪抑止効果に関して肯定的な証拠と否定的な証拠を混ぜて示した実験を思い出そう。被験者は(「相矛盾する証拠がある」のだから)態度を軟化させるどころか、いっそう極端な考え方をするようになった。自分の考えに合う証拠に固執し、それ以外の証拠を退けた。気候変動についても同様である。科学的知識があり「数量的思考に強い」人々(気候の専門家ではないが、マニュアルモードを使うことを好む一般市民)は、とくに態度を先鋭化させた。証拠を評価するとき、無意識にバイアスがかかることを思い出そう。係争中の交渉人は、公平な第三者がいうと思われることに賭ければ損をする。

こういったことを知ると、証拠に裏づけられた、マニュアルモードの道徳には見込みがない、不和を生じさせる問題について熱心に考えれば事態は悪くなるだけだと考えるかもしれない。そうかもしれない。あるいは、マニュアルモード思考は、正しく利用すれば、私たちをひとつにまとめてくれるかもしれない。地球温暖化や医療制度改革など、激しい議論の的になっている現実世界の道徳問題のほとんどは非常に複雑だ。それにもかかわらず、こうした問題について専門知識のない人々が強硬な意見をもっている。理想の世界であれば、誰もがその道の専門家になって包括的な知識に基づいて判断を下すのだろう。それは不可能なのだから、次善の策としてソクラテスの叡智に倣うとしよう。

「自分の無知を知れば、もっと賢くなれる」だ。

心理学者フランク・カイルらは、「説明の深さの錯覚」と呼ぶものを実証した。要するに、人は、ものが働く仕組みを実際に知らなくても、理解していると考えている。たとえば一般に、ジッパーや水洗トイレの仕組みを理解していると考えているが、その仕組みを実際に説明しようとするとまったくお手上げになる。しかし(そしてここが肝心だ)、仕組みを説明しようとしてうまくいかないと、自分が説明できないことを認識し、自分の理解度についての評価を改める。

フィリップ・ファーンバック、トッド・ロジャース、クレイグ・フォックス、スティーヴン・スローマンは、みごとな一連の実験の中でこの知見を政治に応用した。彼らは、アメリカ人に、単一支払皆保険制度や、二酸化炭素排出量削減のためのキャップアンドトレード・システムなど、議論の的になっている六つの政策提案を考えてもらった。ある実験では、被験者にこれらの政策に対する意見を述べてもらい、自分がどれくらい理解しているかを示してもらった。その後でこれらの政策がどんな仕組みになっているかを細かく説明してもらった。最後に、もう一度自分の意見を述べて理解度を評価してもらった。すると、政策の仕組みを説明するように求められた後では、自分自身の理解度に対する評価が下がり、実験前より穏健な考え方をするようになった。対照実験では、政策がどんな仕組みになっているかを説明してもらう代わりに、自分の意見の理由を述べてもらった。この場合、大半の被験者の強硬な姿勢に変化はなかった。*

これらの研究が鮮やかに示しているのは、正しいマニュアルモード思考を働かせれば、私たちは歩み寄ることができるということだ。自分の意見を明示的理由で正当化してもらうだけでは、人がより分別をもつようになる効果はほとんどなかった。逆効果だった可能性さえある。しかし、本質的な事実を何も知らないことを突きつけられると、穏健になる。この実験を行なった研究者たちがいうように、彼らの発見は、これまでとは違った公開討論のあり方を提案している。政治家や識者に、なぜその政策を支持するのかと尋ねるのでなく、最初に、彼らが支持する政策（と支持しない政策）がどのような仕組みになっているかを尋ねるのだ。討論番組『ミート・ザ・プレス』にあてはまることは、親戚との『ミート・ザ・レラティブ』にもあてはまる。親戚どうしの集まりに欠かせない、定番のご馳走の七面鳥で満腹になった頑固なおじさんが「国民健康保険制度は歴史的一歩だ」とか「国民健康保険制度はわれわれの知る文明の終わりだ」と主張したら、正面から楯突かなくても、おじさんの意見をあなた寄りに変えられるかもしれない。「すごく面白いね。で、国民健康保険制度って具体的にはどういう仕組みになってるの？」と言えばいいのだ。

私たちの魂のひそかなジョーク――合理化と二重過程脳

一九七〇年代初頭、ドナルド・ダットンとアーサー・アロンは次のような実験を行なった。カナダのブリティッシュコロンビア州にある公園の二つの橋で、魅力的な女性実験協力者が橋を渡っている男性を呼び止める。一方の橋は深い峡谷の上にかかる、足がすくむような不安定な吊り橋。もう一方の橋は、もっと地面に近い、どっしりとした木の橋だった。魅力的な実験協力者は、呼び止めた男性に公園での体験をインタビューした後、電話番号を伝え、この研究についてもっと知りたかったら連絡してね、と言ってウィンクした。不安定な吊り橋で声をかけられた男性の方が、はるかに高い確率で電話をかけてきて、女性をデートに誘った。なぜだろう？　ダットンとアロンが予測したように、不安定な吊り橋にいた男性は、心臓の高鳴りや汗ばんだ手の平を、女性に強く惹きつけられた感情のせいと勘違いしたのだ。教訓。「人は、なぜ自分がこのように感じているのかを理解できないとき、もっともらしいストーリーをつくりあげて、それで満足する。」

これは例外的な現象ではない。リチャード・ニスベットとティモシー・ウィルソンが行なった古典的な研究もある。二人は被験者に、一列に並べた数足のパンティストッキングから一足を選ばせ、自分の好みを説明してもらった。被験者たちは、上等な編み地、透明感、伸縮性など、自分が選んだ商品に関連する特性をあげ、それなりに筋の通った回答をした。とはいえ彼らの選択は、こうした特性とはまったく無関係だった。並べられた商品はじつは同じものだったのだ。被験者は、右側に置かれた商品を好んでいるだけだった。同じ二人組による同様の実験では、ペアにした単語を被験者に示し、その中に「大洋(ocean)―月(moon)」というペアを紛れ込ませておいた。その後で複数の洗濯用洗剤からひとつを選ばせると、「大洋―月」を見た被験者が「タイド(tide＝潮)」という名前の洗剤を選ぶ確率は他の製品を選ぶ確率より二倍近く高かった。しかし、被験者たちは自分の好みについて説明するとき、「タイドはいちばん有名だから」、「母がタイドを使っているから」、「容器を気に入ったから」などと回答した。

自分の行為の理由についてストーリーをつくりあげるこうした性向が顕著に表われる例は、自分の行動の意味を理解するのに苦労する神経疾患患者だ。たとえば、コルサコフ症候群の健忘症患者はしばしば自分の記憶障害を凝った物語で取り繕おうとする。話をするときはたいてい自信たっぷりで、つくり話をしているという自覚はない。神経科医はこれを「作話」と呼ぶ。ある研究では、エアコンのそばに座っている健忘症の患者に、いまどこにいるかわかりますかと尋ねると、エアコンの製造工場にいるという返事が返ってきた。そこで、あなたはパジャマを着ているではありませんか、と指摘すると、今度は「車で来たからパジャマのままだった。すぐに作業着に着替える」と答えた。「分離脳」患者にも似た症状が見られる。分離脳患者の左右の大脳半球は、てんかん発作の広がりを抑えるために外科手術によって切り離されている。左半球と右半球が分断されているため、健常者のように一方の半球に伝わった情報を他方に伝えることができない。ある研究では、患者の右半球に雪の景色を見せ、これにふさわしい絵を選んでくれというと、患者は左手(右半球が制御する手)でシャベルの絵を選んだ。同時に、患者の左半球(言語をつかさどる半球)にはニワトリのかぎ爪足の絵を見せていた。なぜ左手でシャベルを選んだのかと言葉で問われた患者は(すなわち、ニワトリのかぎ爪足を見ていて雪景色は見ていない患者の左半球は)こう答えた。「ニワトリの足が見えたから、シャベルを選んだ。ニワトリ小屋をシャベルで掃除しないと。」

作話は奇妙だが、認知神経科学者がそこから導いた知見はさらに奇妙だ。こうした脳損傷が、作話能力をつくりだしたり、解放したりするわけではない。結局のところ、脳に損傷を負うことで、脳にあらたな能力や動機が授かるとは思えない。正しくは、私たちはみな作話をする、ということがわかるのだ。健常な脳の持ち主は、より巧みに作話をするというだけの話だ。私たちはつねに自分の行動を解釈し、自分が行なっていることやその理由を、もっともらしい物語に仕立てている。作話を行なう神経疾患患者とそれ以外の人との決定的な違いは、神経疾患患者は、障害のせいで乏しい材料から物語をつくらなくてはならない点にある。健常者が作話を行なう現場をとらえるには、「橋」や「タイド」の実験のようなコントロールされた実験を準備しなくてはならない。

　道徳の場合、作話に相当するのが**合理化**だ。作話者は、自分が何かを行なっていると知覚すると、自分の行為とその理由について合理的に思われるストーリーをつくりあげる。道徳合理化者は、道徳問題について何かを感じると、その感情について、合理的に感じられる正当化理由をつくりあげる。ジョナサン・ハイトによれば、私たちはみな完璧な道徳合理化者だ。私たちの二重過程脳を考えれば、これはまったく理にかなっている。オートモードは私たちに、情動に強く訴える道徳的な解を与える。するとマニュアルモードが、これらの解に対するもっともらしい正当化理由をつくる作業に取り掛かる。自分が何をしているかを説明しようとしている健忘症患者のマニュアルモードとまったく変わりはない。たとえば、自慰が、最高の道徳律である定言命法になぜ違反するのかを説明するイマヌエル・カントを考えてみよう。カントは、「自慰について」と題する一節でこう述べている。

> 以上のような、人の性的特性の自然に反する利用（すなわち乱用）は、自分自身に対する義務の侵害であり、道徳に極度に反するものであることは、考えてみれば誰にでもすぐに思い至る……しかしながら、自分自身に対する義務の侵害として、その性的特性の……自然に反した利用の許し難さを合理的に証明することはそれほど容易ではない……その証明の根拠は間違いなく、人間が、動物的衝動の満足のたんなる手段として、自分自身を利用するとき、その人格を（軽々しく）捨て

去る事実にある。

人に「手段として危害を加える」場合と「副次的影響として危害を加える」場合を区別する「二重結果の原則」を思い出そう。カントは、アクィナス同様、ある種の行為は、人を手段として利用するために間違っているという考えを是認した。カントはここでこの考えを自己性愛の罪に適用して「自慰は間違っている。自分自身を手段として利用する行為を含んでいるからだ」と言っているのだ。

これはじつに巧みである。と同時に、滑稽でもある。私たちは、カントの性的に抑圧された道徳観を共有していないので、抽象的原理から自慰の不道徳性を演繹する大真面目な企てにクスクス笑うことができる。一九世紀のドイツの哲学者フリードリヒ・ニーチェも、カントの合理主義的道徳主義をやはり可笑しがっている。

> カントのジョーク――カントは、世間の人を啞然とさせる方法で、世間の人が正しいことを証明しようとした。それは、この人物なりのひそかなジョークだった。カントは、大衆の偏見を支持し、学者に反論するために筆を執ったのだが、それは庶民のためのものではなく、学者のためのものだった。

これは次のように言い換えられる。カントには、自分の周囲の部族民と同じオートモードがある。しかしカントは、周囲の人々と違って、「大衆の偏見」を難解な言葉で正当化する必要を感じた。カントは、白人の優位性と黒人の劣等性（カントは黒人を「生まれながらの奴隷」と見なしていた）を正当化する精緻な理論も展開した。

合理化は道徳的進歩の大敵であり、だとすれば、深遠な実用主義の大敵でもある。* 道徳部族の成員たちが、異なる直感をもつがために争うのであれば、自分たちの感覚を合理化するためにマニュアルモードを使っても埒が明かないだろう。私たちはマニュアルモードに切り替えなくてはいけない。しかし、マニュアルモードを賢明に使わなくてはならない。すでにその一部を見てきたが（「なぜ」だけでなく、「どうやって」も説明しながら）、私たちにはそれ以上のことができる。私たちは、合理化を認識することを学習できる。そして、自分を欺くことも、互いに欺き合うことも、より困難にする基本ルールを確立できる。

「表なら私の勝ち、裏ならあなたの負け」――正当化としての権利

深遠な実用主義者として、私たちは、現実世界で何がもっともうまくいくのかを見つけ出す、困難で実証的な作業に焦点を置こう。しかし、絶対に間違わない直感的反応を備えた部族主義者たちは、このクソ真面目な試みに抵抗する理由に事欠かない。死刑反対論者は、見つけられる最上の証拠を引き合いに出して、死刑は犯罪を減らさないと嬉々として告げるだろう。死刑支持者は嬉々としてその逆を行なうだろう。しかし、部族主義者にとって、こうした実用的・功利主義的な主張はたんなるまやかしだ。アムネスティのように、死刑は「究極の人権侵害」と主張するのなら、その政策論争は

「表が出れば私の勝ち、裏が出ればあなたの負け〔いずれにせよ私の勝ち〕」の格好となる。死刑に不利な事実があきらかになれば、アムネスティは喝采するだろう。しかし、そうならなくても、死刑は「原則」に照らしてやはり間違っているのだ。そしてもちろん、死刑支持者にも同じことが言える。実証的な主張であるべきものが修辞的な強弁になれば、死刑は、不当に傷つけられた人々の道徳的権利だと、ただ言い張るのだろう。

そうであるなら、「権利」に訴えることは知的フリーパスとして、すなわち証拠を無効にする切り札として機能する。あなたや仲間の部族民がどんな感情を抱くにせよ、あなたたちはつねに自分の感情に対応する権利の存在を想定できる。中絶が間違っていると感じるなら「生きる権利」を語ることができる。中絶の非合法化が間違っていると感じるなら「選択する権利」を語ることができる。イラン人なら「核を保有する権利」を、イスラエル人なら「自衛する権利」を語れる。「権利」はまったくすばらしい。余計なことをしなくても、私たちの直感を合理化できる。

権利と、その鏡像である義務は、近代の道徳的論争に用いられる最強の修辞的武器だ。これまでの章で見てきたように、私たちのオートモードは道徳的命令を発し、ある事柄はなされるべきでないと言い、別の事柄はなされるべきであると言う。これらの感情と権利や義務の概念はほぼ完璧に対応する。ある行為がなされるべきでないと感じるなら、その行為は人間の権利を侵害すると言うことでその感情を表現できる。同様に、ある行為がなされるべきであると感じれば、対応する義務に訴えることでその感情を表現できる。歩道橋から人を突き落とす行為は、とてつもなく悪い行為に感じられる。そこで私たちは、五人の命が救われるかどうかはさておき、突き落とされる男性の権利のはなはだしい侵害だと言う。ところがスイッチを押す行為はそれほど悪いとは感じられない。そこで、これは被害者の権利の侵害にあたらない、もしくは、五人の権利が被害者の権利を「上回る*」などと言う。同様に、私たちには近くで溺れかけている子供を救う義務がある。しかし、遠くの国の「統計上の」子供は、私たちの心の琴線をそれほど強く震わせないため、彼らを救う義務はない。権利と義務は情動の後についてくる*。

権利と義務という言い方は、私たちの道徳感情をふたつの意味でうまく表現している。まず、私たちの直感的反応が、私たちに何をすべきで何をすべきでないかを告げるとき、その命令は、オートモードの硬直性を反映して、交渉の余地のないものとして伝わる。前にも話したように、「男性を歩道橋から突き落としてはいけない」と私たちに告げる感情は、そこに〇人、五人、あるいは一〇〇万人の命がかかっているかどうかには「関心」がない。こうした感情を無視することはできるが、感情そのものは、いうなれば、交渉したがらない。実験心理学者の言葉を借りるなら、そこは「認知の入り込めない」領域なのだ。この交渉不可能性は、権利と義務の概念に組み込まれている。権利と義務を踏みにじることはできるが、そうするには何を重視するかを変える以上のことが含まれる。権利と義務は絶対だ――そうでないとき以外は。

さらに、道徳家として論争しているときの私たちは、主観的感情を客観的事実の認識として提示できるために、権利と義務の言い回しが大好きだ。私たちが、権利と義務の言い回しを好むのは、主観的感情が、「そこに」あるものの心像であるかのように(実際にはそうでなくても)しばしば感じられるからだ。たとえば、性的魅力の経験を考えてみよう。誰かをセクシーだと感じるとき、自分の心が、欲望の対象に向かって性的魅力のオーラを投影しているとは思わないだろう。ところが、現実に起きているのはそういうことだ。私たち人間は、他の(一部の)人間をセクシーと感じるが、(ほとんどの人は)ヒヒをセクシーとは思わない。そしてもちろん、ヒヒたちも同じように互いに性的関心をもつが、人間には興味を示さない。異種どうしの好みの相違が教えるように、性的魅力は見る側の心の内にある。*それにもかかわらず、性的魅力にとらえられているときは、そんな風には感じられない。セクシーな人の性的魅力は、主観的投影ではなく、個人の身長や体重のように「そこにある」もののように感じられる。そういうわけで、相手を「私のような人間の性的欲望をかきたてる」人ではなく「セクシーな」人と表現する方が自然なのだ。同じように、権利と義務の言い回しも、主観的な感情を、「そこにある」客観的事実のように(実際にそうかどうかとは関係なく)提示する。ある人にある権利があると言うとき、あなたは、その人に指が一〇本あるという事実のように、その人が所有するものについての客観的事実を述べているように見える。

私が正しいならば、権利と義務は、とらえどころのない感情を、理解し操作できる、より物体めいたものに変換する、マニュアルモードの企てなのだ。マニュアルモードはもっぱら、行為、出来事、そして、それらを結ぶ因果関係といった外界の物質的な事物を処理するために存在する。であるなら、マニュアルモードの本来の概念体系は、具体的な「名詞」と「動詞」の概念体系である。それでは、オートモードの出力である、どこからともなく湧きあがる謎の感情を、どう理解すればよいだろう?それさえなければ完全に理にかなっていそうな行動に異議を申し立てる(もしくは、それさえなければ選択の余地がありそうな行動を命じる)謎の感情のことだ。答えはこうだ。オートモードは、こうした感情を外部にあるものの心像として表象している。感情が名詞化されるのだ。なされるべきではないという不定形の感情が、「権利」と呼ばれる、抽象的であるにもかかわらず、獲得されたり、喪失されたり、放棄されたり、譲渡されたり、拡大されたり、制限されたり、重視されたり、保留されたり、脅かされたり、取り引きされたり、侵害されたり、擁護されたりする、現実のものの心像としてイメージされる。道徳的情動を権利と義務の心像として概念化することで、私たちは、具体的な物体や出来事について思考するために通常使っている認知装置を利用し、それらについて明示的に思考できる能力を自らに授ける。

こうしたすべての理由により、権利と義務は、近代の道徳家好みの武器となり、自分の感情を交渉不可能な事実*として提示することを可能にする。権利に訴えれば、自分たちが求めるもののために、本当の、循環論法ではない正当化を行なうという面倒な作業から免除される。私たちが、権利のカードをもてあそんでいるかぎり、証拠は二の次だ。「表なら私の勝ち、裏ならあなたの負け」なのだから。

ここまで読んで、みなさんは、私が権利に対して厳しすぎると思うかもしれない。本書は、権利に訴えることに反論しているのか？　それとも、根拠のない断言に反対しているだけなのか？　たしかに、私たちは権利に訴えることによって、自分たちの直感的反応を合理化することがある。しかし、私たちは功利主義的合理化をすることだってある。心の底で何をほしがっていようと、より大きな善のためなのだと言うことがある。だったら、何が違うのか？

違いは、先に述べたように、権利に関する主張と違って、何がより大きな善を促進し、何が促進しないかに関する主張は、証拠に対する説明責任を最終的に負うという点だ。ある政策が幸福を増すのか、それとも減らすのかは、結局、実証的な問題だ。国民健康保険がアメリカの医療をよくする、もしくは悪くすると言うことはできるが、そう発言するのであれば、そして自信たっぷりに発言するのであれば、何らかの証拠があった方がいい。まず、国民健康保険が実際にどう機能すると想定されているかを理解していた方がいい（前述参照）。次に、証拠を得ようとするなら、様々な医療制度の仕組みと、これらの制度が世界中の多様な国で実際どう機能しているかを理解しなくてはならない。どういった人が一番長生きしているか？　医療を受けた後の生活の質がもっとも高いのはどういった人か？　自分の国の医療制度に全体としてもっとも満足しているのはどの国の国民か？　これらは、もちろん、政策通が答えようとする類の問題であり、医療制度にかぎらず、すべての重要な社会問題にもあてはまる。死刑を廃止した国では、殺人率が上昇するか？　より広く富の再分配を行なう国は怠惰を促すのか？　こうした国の国民は全体としてより不幸なのか？　何が社会をより幸福にするか、答えを見つけるのは難しい。バイアスに陥ることも多い。しかし最終的には、一〇歩前進して九歩後退しながらでも、これらの問題には証拠で答えることができる。

権利に関する問題に、同じことはあてはまらない。第7章で説明したように、現時点では、どの人がどの権利をもつのかをあきらかにする方法のうち、循環論法でないものはない。いつの日か哲学者が、真理であることを証明できる権利の理論を打ち立てれば、いま話しているような問題はすべて用済みになるだろう。しかし、少なくともいまのところは、権利について議論すれば袋小路にはまり込むだけだ。権利に訴えるとき、あなたは問題解決に貢献していない。そのときあなたは、自分と仲間の部族民がとくべつに入ることのできる、どこかの抽象的な領域では、その問題がすでに解決済みであるかのようなふりをしているに過ぎない。

いまこの時点で、長年にわたり権利の信奉者であったあなたは、まだ葛藤しているかもしれない。権利をめぐる議論の大半が空虚な合理化であることには同意する。しかしそれでも、権利という概念は、非常に重要な何かを、功利主義的な利得表ではとらえきれない何かをとらえているように思われる。年端のいかない少女に売春させる行為はどうだろう？　自分の信念を表明する人を拷問にかける行為は？　これらの行為は人権の侵害ではないのか？　私たちに道徳の羅針盤はないのか？

よい知らせがある。深遠な実用主義者である私たちは、権利について考えることが、私たちの道徳生活にいまも、これからも果たし続ける、かけがえのない役割を正当に評価できる。権利について議論するのは無意味かもしれない。しかし、議論が無意味なときもある。あなたが必要とするものが議論ではなく、武器**という場合もある。そしてそのときこそ、権利のために立ち上がるべきだ。

武器や盾としての権利

法学教授アラン・ダーショウィッツがあるとき数名の学生にこんな話をしてくれた。あるホロコースト否定論者から、公開討論をしようとしつこく請われたが、断った。するとその男は、怒りのこもった手紙を何度も送りつけ、彼の知的誠実性に疑問を投げかけた。「あなたはご自分を言論の自由の擁護者と呼んでいるが、そのあなたが私を黙らせようというのですか。なぜ、公の場で意見を交換することに反対なのです？　私と討論するのをおそれているのでしょう。私が勝利すると知っているから！」ついにダーショウィッツは承諾した。「あなたと討論することにしました。ただしひとつ条件があります。討論は三部構成で行なうことにします。最初に地球が平らかどうか、次にサンタクロースがいるかどうかを討論しましょう。そして最後に、ホロコーストが実際にあったかどうかを討論するのです。」相手からは断りの返事が来た。

ダーショウィッツの巧妙な返事は、貴重な、実用主義的な教訓を示している。道徳的討論は、真理の探究だけの問題ではない。自分と反対の意見をもつ人と関わるかどうか、関わるならどのような形にするかは、他の問題同様、費用対効果の計算を含んだ実際的な意思決定だ。ダーショウィッツの場合は、公の場で意見を交換することの利益と、たちの悪い変人に時間と注意を割く代価*がかかっていた。問題の中には討論に値しないものもある。ダーショウィッツの場合、争点は歴史的事実の問題だったが、同じことは価値の問題にもあてはまる。

グーグルを少し検索すればわかるように、世間にはいまだに、黒人は奴隷でいるのがふさわしいとか、一部の女性はレイプされてもかまわないとか、ヒトラーがユダヤ人を殲滅《せんめつ》しなかったのは残念なことだったと考える人間がいる。こうした人間も討論に値しない。私たち、現代の羊飼いは、奴隷制度、レイプ、大虐殺は、断じて受け入れられないと合意している。その理由は様々だ。ある者は神の意志に、ある者は人権に訴える。私と似た考えの人たちは、圧倒的で不要な苦しみをそれらが引き起こすために反対している。そして、おそらくほとんどの人は、道徳的常識の問題として、心の中でとくに正当化することもなく、たんに反対している。しかし私たちはみな、これらのことはまったく受け入れられないという点で合意している。言い換えると、一部の道徳判断は、本当に共通感覚《コモンセンス》（常識）なのだ。共通とは普遍という意味ではない。実用的・政治的目的にとって十分共通という意味だ。これは解決済みの問題なのだ。

本当に解決済みの道徳問題を扱う場合には、権利を持ち出すことに意味がある。なぜか？　権利の言い回しは、私たちのもっとも堅固な道徳的傾倒を的確に表現しているからだ。いくつかの確固とした信念をもち、いくつかの考えを即座にはねつけるのはよいことだ。それは、こういったあらゆる事例に関して、私たちが正しいと保証されているからではない。間違っているリスクの方が、ぐらついているリスクより小さいからだ。私たちは自分の子供たちに、ある物事はまったく正気の沙汰でないと、頭だけでなく心で理解してほしいと思っている。そして、私たちの中にいる、クー・クラックス・クランの団員、ネオナチ、女嫌い《ミソジニスト》といった極端な考えの持ち主には、世間に歓迎されていないことをはっきり理解してほしいと願っている。

先に私は、奴隷制度に反対するのは、代価が利益を圧倒的に上回るからだと言った。しかし、私がそんな風に言うのを聞いて、あなたはちょっと不快に感じなかっただろうか？　私自身も不快に思った。さっきの言い方では、万が一誰かがきちんとした議論をすれば、私が奴隷制度に関する考えを改めることを検討するかのように思われるだろう。この問題については、私の考えは固まっていると安心してほしい。「場合によって奴隷制度が正当化されるかもしれない事由」という件名のEメールが送られてきたら、私は即座にデリートキーを押すだろう。ご愁傷さま。それでも私は、先にも述べたように、循環論法ではない奴隷制度への反論は、はるか昔、ベンサムとミルによって提出された功利主義的主張だけだと信じている。しかしあらたな千年紀を迎えたいま、奴隷制度問題は私にとって「かわす」に越したことのない問題だ。私の見積もりでは、奴隷制度を、入手可能な証拠で解決すべき未決問題であるかのように取り上げる代価は利益を上回る。よって、深遠な実用主義者である私は、喜んで唱和に加わろう。「奴隷制度は基本的人権の侵害である！」

「しかし」とあなたは反論するだろう。「本気でそう思っているわけではないでしょう！」いや、本気だ。深遠な実用主義者にとって、人権に関する宣言は、適切に用いられるのであれば、結婚の誓いに似ている。愛する人に「死が二人を分かつまで」と誓うとき、正常なマニュアルモードを備えた分別あるおとなであれば、「この先離婚したくなるような状況は絶対にない」とか、「この結婚が破綻する確率は〇・〇〇〇〇〇パーセント」とは言わないだろう。あなたは感情を、深い傾倒を表明しているのだ。祭壇の前で「愛する人よ、私たちが添い遂げる確率は、私の見積もりによれば、きわめて高い」と宣言したのでは、この感情や傾倒をうまく伝えられないだろう。奴隷制度に反対するときも、「私の見積もりによれば、奴隷制度が幸福の最大化を損なうのはじつにあきらかであります」と言うのはうまくない。「奴隷制度は基本的人権を侵害すると信じていますか？」と尋ねられたら、ひとこと「信じています」と答えるのが正しいのだ。

深遠な実用主義者である私たちは、解決済みの道徳問題については権利に訴えられる。別の言い方をすると、権利へのアピールは、残存する脅威から道徳の進歩を守る盾の役目を果たすのかもしれない。同じように「権利」を武器として、すなわち議論がうまくいかないとき、道徳を進歩させる修辞的道具として利用することに意味がある場合もある。たとえば、アメリカの公民権運動における道徳的闘争を考えてみよう。黒人が投票したり、レストランで白人と肩を並べて食事をしたりすることを認める功利主義的主張が存在する。これらは真っ当な主張だ。しかし、こうした主張は、すべての功利主義的主張と同様、公平性を、すなわち「すべての人の幸福の価値は本質的に等しい」という黄金律を前提としている。まさにこの前提を公民権運動の反対者は退けていた。であるなら、あからさまな人種差別に関する議論は、税率の高低、死刑制度、医師の自殺幇助に関する議論とは違う。公平という道徳的観点に立てば、議論の余地はないのだ。ジム・クロウ〔アメリカで行なわれていた人種隔離政策〕は、ある部族が別の部族を支配するという単純な問題だった。そして、一九五〇年代までには、道徳的な論理的思考だけで人種差別撤廃を成し遂げることができないことはあきらかになっていた。必要とされたのは力と、力を行使することへの第三者側の情動的傾倒だった。従って、この重大な道徳的・政治的闘争の最中には、情動に強く訴える権利の言い回しが、用いるべき言葉だった。この問題は解決されなかったかもしれない。だが、同時に、合理的議論の余地もなかった。

このように、深遠な実用主義者が遠慮なく権利を語ってかまわないときが、そして法的権利だけでなく、道徳的権利について語ってかまわないときがある。とはいえ、こうした機会は、私たちが考えている以上に少ない。理性を備えた相手を本気で説得したいのなら、権利の言い回しを持ち出すべきではない。何度もいうように、どの権利が本当に存在し、どの権利が他の権利に優先するかをあきらかにする方法のうち、循環論法でない（そして非功利主義的な）ものはないのだから。しかし、問題が解決済みであったり、議論の相手が理屈の通じない人だったりで、議論をする価値のないときは、議論をやめて、援軍を呼び集めるときだ。真面目くさった確率の推定値ではなく、心を揺さぶる言葉で、私たちの道徳的傾倒を主張するときだ。

しかし、くれぐれもお願いしたい。このことを、私が「権利」について述べてきた他のあらゆることを無視する許可と受け取らないでいただきたい。道徳的論争の大半は、ある部族が別の部族を支配するという単純な問題ではない。ほとんどすべての道徳的論争には、どちらの側にも真に道徳的な意見*がある。自分の面倒は自分でみるべきだと主張する個人主義的なシステムにも、すべての人が必要な援助を受けられる集団主義のシステムにもそれぞれ一理ある。胎児を殺すべきでないという意見にも、難しい生命倫理上の選択は本人に任せるべきだという意見にも一理ある。こうした場合、どれほどその誘惑に駆られても、権利について自分たちが心から信じる主張を振りかざし、互いに攻撃したところで何の解決にもならない。何度もいうように、こういうときは、自分たちのオートモードを脇に置いてマニュアルモードに切り替えるのが解決策だ。共通通貨を媒介にして交渉しよう。

中絶――ケーススタディ

中絶の是非をめぐっては、長年激しい論争がくり広げられてきた。そのため、深遠な実用主義的思考のすぐれたテストケースになる。深遠な実用主義者の取り組みがここで役に立つなら、他の問題にも役に立つだろう。(ここで強調しておかなくてはならないが、この取り組みを行なうのは、けっして私が最初ではない。この節と次節で紹介する考えの多くは、ピーター・シンガーの考えをなぞったものだ。)

道徳の調停者は、みんなもっと理性的に、柔軟になって、偏見をなくすべきだという。しかし、それは何を意味するのだろう？　中絶は殺人だ、罪のない人間を殺しているのだ、と考えているとき、「理性的に」なって、人が殺人を犯すのを容認すべきなのか？　中絶の非合法化は、女性の基本的権利を侵害すると考えているとき、「理性的に」なって、女性の選択する権利を放棄すべきなのか？　理性的になれとむやみに勧めるだけでは、何の解決にもならない。どの人も、自分はとっくに理性的だと思っているからだ。本当に前進するには、自分たちの直感的反応を脇に置いて、マニュアルモードに切り替える必要がある。結局のところ、右派にせよ左派にせよ、中絶について一貫した道徳的立場を、マニュアルモードの精査に十分耐えうる立場を、取っている人はいない。

それでは、中絶容認派から考えていこう。よく知られているように、リベラルは、中絶を「権利」の問題、とりわけ女性の権利の問題として考える傾向がある。しかし、ほとんどの人が、臨月の胎児を中絶する権利が女性にあるとは考えない。なぜだろう？　胎児はまだ母体の中にいる。女性には自分の体を思いのままにする権利がないのだろうか？　保守的なアメリカ南部出身の、キリスト教原理主義を信奉する年輩の下院議員が、サンフランシスコの若い女性たちに、中絶という選択は許されないと説く権利はあるのか？　ある段階になると、そうなるらしい。

首尾一貫した中絶容認派になるには、妊娠初期の中絶は道徳的に容認されるが、後期では容認されない*理由を説明する必要がある。三か月までの妊娠初期の胎児も七か月以降の妊娠後期の胎児も、完全に発達した人間になる可能性をもっている。であるなら、道徳的違いは、可能性の問題ではありえない。初期の中絶も後期の中絶も、ひとりの人間がこの世に生を享《う》けるのを阻止する。*可能性の問題でなければ、決定的な違いは、現状、すなわち妊娠初期、もしくは妊娠後期の胎児が何であるかという問題であるはずだ。違いの候補はたくさんある。

もっとも影響力のある区別は、「ロー対ウェイド」事件でアメリカの最高裁に引用されたことで有名な、胎児の母体外での生存可能性で、これは初期と後期の胎児を分ける区別のひとつだ。しかし、生存可能性が本当に重要だろうか？　生存可能性は、胎児自身だけでなく、医療技術にも左右される。[*] こんにちでは、妊娠二二週で誕生した赤ちゃんも生きられる。そして二二週というこの数字が、医療技術の進歩とともに変化するのはほぼ確実だろう。ある時点で、おそらく私たちが生きている間に、妊娠初期の段階で、そのままでは育つのが困難な胎児を母体から人工子宮に移して育てることも可能になるだろう。そうなったら中絶容認派は、あらたな医療技術のおかげで、妊娠初期の中絶は不道徳になったと言うのだろうか？[*]　それでは、母体の外では生きていけない妊娠後期の胎児の場合はどうだろう？　出産予定日まで残りわずかの胎児が、その段階で子宮の外で生きられない珍しい状況に置かれているとしよう。そして、出産の直前にこの状況が解決されるとする。子宮の外で(まだ)生きられないという理由で、臨月間近の胎児を中絶することは容認されるだろうか？

子宮外の生存可能性は、本当に重要なもの(それが何であるにせよ)の便利な代用品に思われる。それでは、本当に重要なものは何だろう？　後期の胎児だけに備わっていて、彼らに生存権を授けるとくべつな何かとは？　とくべつな何かを見つけるのは難しいだろう。それが何であれ、私たち(の大半)が食べている動物にも備わっていることはほぼ間違いないからだ。痛みを感じる能力だろうか？　ブタは痛みを感じる。(少なくともおとなのブタは妊娠後期の胎児と同じくらい痛みを感じると私たちは確信している。)同様に、あらゆる人間の胎児と比較して、ブタは少なくとも胎児と同程度の意識、ゆるぎない自意識、複雑な感情を備えているように思える。そして、仲間との絆は胎児以上と思われる。妊娠後期の胎児に備わっているが初期の胎児にはない、道徳的に重要な特性が、私たちが食べるために殺しているおとなのブタやその他の動物にも備わっているのはほぼ確実だろう。

中絶容認派の立場は絶体絶命ではないが、選択肢は尽きかけている。選択肢のひとつは、妊娠後期の胎児に備わっているある特性(たとえば、原始的な意識)のために、妊娠後期の中絶は間違っているし、同じ理由によって、ある種の動物を食べることも間違っていると言うことだ。しかし、これは生半可な道ではない。その姿勢を貫くには、道徳的菜食主義者である以上のこと、*すなわち戦闘的菜食主義者になることが求められる。菜食主義者の多くは、道徳的動機の人を含め、自分では肉を食べないという選択をしていても、肉を食べる人の選択は容認している。彼らは、肉を食べる友人を殺人者と見なさないし、肉食を法律で禁じるべきだとも考えていない(そう考える人もいるが、ほとんどの人はそう考えない)。しかしあなたが後期の胎児には、原始的な意識(とか、そういったもの)が備わっているため、妊娠後期の中絶は容認できないと考えるのであれば、ブタを食べることも容認すべきではない。この立場はひとつの選択肢だが、中絶容認派の圧倒的多数はここまでしたいとは思わない。*

中絶容認派には別の選択肢もある。妊娠後期の胎児には、生存権を授ける魔法の組み合わせが備わっているという意見だ。ブタと同じく、彼らには原始的な意識(とか、そういったもの)が備わっている。しかし、ブタと違って、彼らは人間だ。そして、妊娠初期の胎児と同じく人間だが、妊娠初期の胎児と違って、妊娠後期の胎児は原始的な意識を備えている。これら二つはいずれも単独では生存権を認められないが、組み合わせると――あら不思議！――権利をもった生きものになる。この理論について、まず気づくのは、まったく場当たり的だということだ。とくに場当たり的なのは、人間性そのものが決定的要因になっている点だ。ホモ・サピエンスの一員であることが、生存権をもつ要件だという人は、リベラル派の中にはまずいないだろう。たとえば、ほとんどのリベラル派は、チンパンジーのような人間以外の動物にも生存権があり、人間の利益のためであれチンパンジーを殺してはいけないと信じている。この点をもっとはっきりさせるために、私たちとまったく同じように考えたり感じたりするエイリアンの道徳的権利を考えてみよう。たとえば、『新スタートレック』の登場人物、美しいディアナ・トロイについて考えてみよう。たしかに、人間でない*という理由だけで、トロイを殺すのは許されない。大勢の『スタートレック』ファンには残念なことに、トロイは現実ではないが、その人物設定から次の点はよく理解できる。「私たちに権利を授けているのは、私たちが人間であることそれ自体ではない。他の種の成員も備えているかもしれない、あるいは現に備えている特性があるからだ。」

「人間の意識」といった何かが本当に重要であるという考えは、もっとなじみの深い魂の考えを想起させる。魂については、すぐ後で、中絶反対派の苦境を考えるときに詳しく説明しよう。だが、最初に、中絶容認派が魂に訴えるとどのようになるかを考えてみよう。人間には魂があり、そしてブタのような他の動物には魂はない、または、あるとしても質的にまったく異なる魂(ブタの魂とか)であるとしよう。そして、人間の魂をもつこと(もしくは人間の魂であること)によって、無条件の生きる権利が認められるとしよう。もしあなたが、魂を認める中絶容認派であるなら、妊娠後期の胎児には魂があるが、初期の胎児にはないと言うだろう。この主張の問題点は、これが真実だと信じる根拠がまったくないということだ。妊娠初期の胎児も自分の体を動かせる。生気に満ちているのだ。そして初期の胎児に生気を吹き込んでいるものが人間の魂でないのなら、何なのか？　一時的な胎児の魂だろうか？　いずれにせよ、妊娠三か月を過ぎた後のいずれかの時点で「魂込め」が生じていると（仮にそうしたことが起きているとしても）確信できないのはたしかだ。人間に魂があると考えるなら、そして妊娠初期の胎児にも魂があるのかもしれないと考えるなら、中絶容認派の主張の根拠にはできそうにない。

要するに、中絶に関して、容認派の立場を一貫して正当化することは、実際には非常に難しい。不可能だと言ってはいない。可能だとしても、それには複雑な、マニュアルモードによるかなり難解な哲学的操作が必要になるだろう。道徳について世間一般にかわされる会話では、「私は女性の選ぶ権利を信じます」という発言は、それ以上説明しなくても、何の問題もなく受け入れられる。しかし、詳しい説明をせずに、この「権利」に訴えることは、たんなるはったりであり、どこかその辺に、首尾一貫したリプロダクティブライツ〔性と生殖に関する自己決定権〕の中絶容認論がありますよといったようなことを、あからさまに言っているのだ。

中絶反対派はどうだろう？　もっとましだろうか？　中絶反対派の主張のひとつに、中絶のために生を享けることのできない人間の生命に焦点を置くものがある。この主張の問題点は、この意見を唱える人たちの思惑よりも適用範囲が広すぎる点にある。中絶は人間に存在することを許さない。しかし、それは避妊にもあてはまる。そしてほとんどの中絶反対派は（少なくともアメリカでは）、避妊を非合法化することには乗り気でない。もちろん、中絶反対派の多くは、とくに敬虔なカトリック教徒のほとんどは避妊に反対しているが、問題はそこで終わりではない。中絶・避妊は生命の否定であるという主張は禁欲にも適用される。子供をもつことを選択しない、実際にもてる数より少ない数の子供しかもたない夫婦も、人間の生命がこの世に生を享けることを阻んでいる。経済的な理由でこれ以上子供を育てられないという夫婦にも、養子に引き取りたいと願う人がいるかぎり同じことがいえる。道徳が、できるだけ多くの幸福な赤ちゃんをつくることを要求していると考えるのでないかぎり、人間が生を授かるのを阻んでいるという理由で、中絶は間違いだとは主張できない。

とはいえ、ほとんどの中絶反対派がしたいと思っているのはこういった主張ではない。彼らは、可能性に過ぎない生命と、何らかの意味ですでに進行中である生命との間には一線を引きたいと考えている。ほとんどの中絶反対派にとって、決定的瞬間は受胎である。(私は「受胎」という言葉を、精子と卵子の結合を指す「受精」と同じ意味で使う。)「生命」は受胎の瞬間にはじまるとよくいわれるが、文字通りの真実ではない。受精卵(胎児が発達をはじめる一個の細胞)を形成する精子と卵子も、間違いなく生きている。つまり、この考えは、受胎の瞬間に生命がはじまるのではなく、誰かの生命がはじまると言っているのだ。それは正しいのだろうか?

ここでまた、私たちは魂の問題に引き戻される。しかしその前に、もっと形而上学的に穏当な形でこの考えを理解できないか考えてみよう。あなたは、受胎がとくべつなのは、精子が卵子に到達するときに個人のアイデンティティが決定されるからだと言うかもしれない。ここには「誰の命がかかっているのか?」という疑問への答えがある。とはいえ、この疑問に答えるには、精子と卵子の物理的結合はかならずしも必要でない。体外受精を行なう不妊治療クリニックで起きていることを考えてみよう。一般に、受精用容器（いわゆる「試験管」ではなく、通常はシャーレが使われる）の中には数個の卵子と多数の精子が入っていて、その中で運のいいものが受精に成功する。しかし、不妊治療医がひとつの精子とひとつの卵子を選んで、受精させることもできる。精子と卵子は出会う前は別々の容器に入れられているかもしれない。その瞬間、運のいい精子が「出番を待っている」とき、どの人間が誕生するかが（誰かが誕生するならば）*決定される。未来の受精卵の遺伝的アイデンティティが決定されたのである。しかしその瞬間、生存権をもつひとりの人間がいて、この二つの容器に分かれているのだろうか？　卵子の提供者である女性が、精子がまだ出番を待っている間に、治療をやめたら、それは殺人なのだろうか？　その女性は、何の罪もない人間から生命を奪ったのだろうか？**

中絶反対派の大半は、体外受精を取りやめる女性を殺人者とは呼ばないだろう。たとえ、その運のいい（悪い）精子と卵子がすでに選ばれ、未来の子供のアイデンティティが決まっていたとしても。つまり、本当に重要なのは、未来の子供の遺伝的アイデンティティの決定ではなかったことになる。むしろ、精子と卵子が物理的に結合するとき、道徳的に重大な何かが起きている、「生命」は受胎の瞬間にはじまるという考えなのだ。ここからきわめて重要な疑問が生じる。「受胎の瞬間に何が起きているのか？」

なるほど、たくさんの興味深いことが起きている。ここで生物学の正式な講義をするのはやめよう。いずれにしろ私にそんな資格はない。私たちにとって重要なのは、受精とその周辺の過程については機構的・分子的レベルでかなり理解が進んでいるという点だ。私たちは、精子の移動を可能にする化学的過程を理解している。精子の中片部に集合したミトコンドリアが、精子の尾(鞭毛)の動力源として利用される燃料、ATP(アデノシン三リン酸)をつくる。鞭毛のダイニンというたんぱく質が、ATPの化学的エネルギーを運動に変え、最終的に精子の尾を動かして精子を前進させる。精子が卵子を見つける仕組みもわかっている。精子は、卵子から放出される化学信号と温度信号の組み合わせを敏感にキャッチする。運のいい精子が卵子の表面に到達すると何が起きるかもわかっている。卵子は透明帯と呼ばれる糖たんぱく質の膜で覆われていて、この膜には精子の頭部にある化学受容体と適合する化学受容体がある。この化学的相互作用がきっかけとなって、精子が消化酵素を放出し透明帯を突き破って卵細胞膜に向かって突き進む。精子の膜が卵子の膜と融合する。これが一連の化学反応を誘発し、他の精子が卵子に侵入できなくなる。精子の遺伝物質が卵の内部に放出され、男性の遺伝物質のまわりにあらたな膜が形成され、雄性前核をつくる。一方、精子と卵子の融合によって、母親の遺伝物質は分裂を終え、雌性前核が形成される。微小管と呼ばれる薄い高分子構造が、二つの前核を引き寄せる。二つの前核は融合し、二セットの遺伝物質が、ひとつの核、すなわち受精卵の核の中におさまる。こうして受精は完了する。受精卵はその後、二個の細胞、四個の細胞、八個の細胞へと分裂をくり返し、桑実胚と呼ばれる球状の細胞を形づくる。その後、内部が空洞化した胞胚となる。胞胚はさらに三つの異なる細胞層(外胚葉、中胚葉、内胚葉)から成る原腸胚に発達し、これらの細胞層はそれぞれ異なる身体組織を形成するようになる。たとえば、外胚葉は神経系(脳や脊髄)、歯のエナメル質、皮膚の外層(表皮)になる。

こんなことをくどくど説明したのは、発生生物学の知識でみなさんを感心させるためではなくて

（ほとんど調べなくては書けなかった）、発生のごく初期段階における生命の仕組みについて、ここまで理解が進んでいることに感心してほしかったのだ。実際のところ、私のささやかな要約では、生物学者たちが現在手にしている、分子と分子が段階を追ってどう相互作用するかに関する知識を正確に伝えることはできない。たしかに、この知識にも空白部分はある。しかし、ぽっかりと口を開けた巨大な謎も存在しない。一連の長い化学反応の中に、次のたんぱく質を記載するあらたな研究論文に埋めてもらうのを待っている、小さな穴がいくつかあるだけだ。

人間の発生に関する機械論的理解は、ほとんどの中絶反対派にとって深刻な問題だ。彼らは、受精が、一瞬にして生存権をもつあらたな人格をつくりだすと言いたいのだ。受精はあらたな人間の発生の核となる驚異の瞬間だ。しかし私たちが知るかぎり、受精は魔法ではない。さらにつけ加えるなら、魔法のようではないという意味では、人間の卵の受精も、ネズミやカエルの卵の受精も変わりはない。受精の瞬間、いや、発生の他のどの段階でも「魂込め」が起きていることを示す証拠は存在しない。私たちが知るかぎり、物理学の法則に従って、有機分子が働いているだけの話だ。

中絶反対派はどうすればいいだろう？　受胎のときに魔法のような何かが起きているに違いない、そして科学者たちがまだそれを発見できていないのなら、それは科学者の無知か、さらに悪ければ、神を認めない、物質主義的な偏見の表われに過ぎないと主張することもできる。とはいえ、これはたんなる希望的な、裏づけとなる証拠のない、あからさまな断定に過ぎない。このように主張する中絶反対派は、やはり微塵の証拠もないのに、道徳的魔法は受胎の瞬間ではなく、もっと後になって、妊娠後期に起きると言い切る中絶容認派と変わりない。

より穏健な中絶反対派は、いつ「魂込め」が起きるのかわからないと認めながらも、自分たちの無知を踏まえて慎重になるべきだと主張するかもしれない。いつ起きるのかわからないのなら、どんな種類の中絶も容認すべきではない、と。しかし、その意見が正しいなら、なぜ受精にこだわるのか？なぜ、神が、すべての未受精卵に魂を授けていて、精子は何か有用な分子を供給するに過ぎないとは考えないのだろうか？　いや、なぜ神が精子に魂を授けている（「モンティ・パイソン」の歌にあるように）とは考えないのだろう？　なぜ、私たちは、避妊が魂の抹殺でないと確信できるのだろう？　慎重になって、避妊を非合法化すべきではないか？　禁欲は魂の抹殺ではないとどうしてわかるのだろう？本当に慎重を期すなら、子宮の事情が許すかぎり、できるだけたくさん（魂が宿っているかもしれない）精子を引き受けることを女性に要求すべきではないのか？

中絶反対派にとって事態がさらにややこしくなるのは、中絶の禁止に対して何が例外として認められるかという問題が浮上したときだ。二〇一二年、共和党上院議員候補リチャード・マードックは、なぜレイプのケースに対しても中絶に反対するのかと聞かれ、次のように回答して大騒動を巻き起こした。

私は、レイプというおそろしい状況からはじまったものであれ、生命は、神のご意思によるものと考えています。

この発言で、マードックの選挙活動は幕引きとなった。「マードックは、女性がレイプされることを神がお望みだと言っている！」マードックがうっかりつまずいた問題は、実際は中絶を超えた、はるかに大きな問題で、昔から何世紀にもわたり神学者たちを悩ませてきた「悪の問題」である。神が全知全能であるのなら、なぜ、レイプ(や児童虐待、学校での乱射事件、大地震)のような出来事が起きるのをお許しになるのか？　これはマードックの問題にとどまらない。全知全能の慈悲深い神性を信じるすべての人にとっての問題だ。マードックの発言は有権者、とくに女性有権者に受け入れられず、彼は落選した。しかし、私は、マードックが女性を、とりわけレイプの被害者を嫌っているとは思わない。彼は、首尾一貫した中絶反対派になろうとしたに過ぎないのだ。それは当時のこんな発言からも窺える。

私は、生命は受胎の瞬間にはじまると信じています。唯一の例外として……中絶を認めるのは、母体の生命が危険にさらされているときです。この問題について私は長年葛藤してきましたが、生命は神からの贈り物であると認識するようになりました……。

「生命」は受胎の瞬間にはじまるのだと、神がその瞬間、生物学的物質に魂を吹き込むのだと本気で信じているのなら、神の形而上学的注入を反故《ほご》にするとは何と大それたことだろう。中絶反対派の視点に立てば、マードックの意見の唯一の問題点は、母親の命を救うためなら中絶を容認しようという点でなければならない。何らかの理由で母親の命を救う方法が他にないなら、三歳の子供を殺してもかまわないとでもいうのだろうか？

最終的には、中絶反対派が正しいのかもしれない。私たちには魂があるのかもしれない。神は受精の瞬間に生物学的物質に人間の魂を吹き込んでいるのかもしれない。しかし、これが真実であるという証拠は何ひとつない。妊娠後期か受精前に魂込めが行なわれているとする説を含め、魂込めのその他の理論を裏づける証拠が存在しないように。中絶反対派は、胎児には「生きる権利」があると胸を張って宣言するとき、中絶容認派同様、はったりを言っているに過ぎない。実際には強い感情と根拠のない前提しかないのに、首尾一貫した主張を行なっているふりをしているのだ。

――

中絶に関する考えの中には人々の深い共感を呼ぶものと、呼ばないものがある。中には、容認派・反対派どちらの立場の人の共感を呼ぶ考えもある。ほとんどの人の中絶に関する態度が、首尾一貫した哲学に裏づけられているのでないなら、こうした態度はどこから生まれてくるのだろう？　例によって、心理学的知見が威力を発揮する。

第2章の実験を思い出そう。赤ちゃんは、目玉をつけた丸が丘をのぼるのを助けてくれた、目玉をつけた親切な三角と遊ぶことを選んだ。この選好は、丸の目玉を外したり、丸が自分で丘を登ろうとしているように見えなくしたりすると、消えた。(「心の窓」とよくいわれる)目がなくなると、また、自発的に動いている様子が消えると、丸はただの図形になった。目の絵があるだけで、扁桃体の警報ベルのスイッチが入ったり(図5－1)、より気前よくなれたり(図2－3)することも思い出そう。目は、私たちの社会脳のスイッチを入れるのだ。

目の役割は大きいが、動きだけでも、顔のない物体を心と知性を備えた生きものに変えるのに十分であることがわかっている。一九四〇年代、先駆的な社会心理学者フリッツ・ハイダーとマリアンヌ・ジンメルが有名な映像を作成した。それは、三つの図形が登場する音のないドラマで、大きくて意地の悪い三角が、逃げようとする小さな二つの図形を追いかけていじめるというものだ。映像には、動く図形以外何も出てこないが、人は自動的にそれらに意図(「大きい三角はつかまえようとしている」「小さい図形は逃げようとしている」)や、情動(「大きな三角は、逃げられて腹を立てている」「小さな図形は、逃げ切れてうれしい」)、さらに道徳的な性格特性(「大きな三角はいじめっ子だ」)を読み取る。こうした属性の読み取りは、きわめて自動的に起きるため、読み取らないようにすることはできない。私たちは色や形を見るように、自動的に社会的ドラマを見る。

胎児は動く。そして胎児には目がある。画像診断が出現する前は、中絶倫理を考える多くの人が、道徳的転換点は「胎動初感」(胎児が感知できる動きを行なうようになったとき)であると定めていた。画像診断によって、胎児の動きだけでなく、目などの顔の造作が、胎動初感より早い段階で見られるようになった。これにより、多くの人にとって魔法の瞬間がさらに早い時期にずれることになった。

動きと目には強い影響力があるが、それですべての説明がつくわけではない。ほとんどの人が何のためらいも感じずに食べている動物も動くし、目がついている。[*] しかし胎児は、私たちが食べている動物と違って、ある段階で人間の姿を取りはじめる。小さな人間の手、小さな人間の足、小さな人間の顔をもち、人間そのものの動きをする。中絶反対派がじつに熱心に、胎児の画像を、とりわけ手や足や顔をクローズアップした画像を見せようとするのは、そういう理由からに違いない。一九八四年に中絶反対派が制作した映画『沈黙の叫び(サイレント・スクリーム)』が驚くべき成功を収めたのもこのためだ。この映画は、ハイダーとジンメルの映像と不気味なほどよく似ている。ただしこちらに記録されているのは超音波画像による中絶の記録だ。画面に子宮の中を動き回る胎児が映し出される。ナレーターは、胎児が中絶器具から「意図的に」逃げようとしていると説明し、動きを「動揺している」、「荒々しい」と形容する。映画の決定的瞬間、吸引器具が接近すると、胎児は口を開ける。その後、胎児の頭が押し潰される。子宮頸部を通過させるためだ。中絶反対派であろうと中絶容認派であろうと、この映画は見るのがひどく辛い。そしてまさにそこがねらい目なのだ。『沈黙の叫び』は人間のオートモードに作用し、どんな現実の(マニュアルモード)の主張より強力な、中絶反対の「論拠」を提供する。

『沈黙の叫び』が衝撃的なのは、胎児がかなり人間に似ているからだ。もしこの映画が、妊娠初期の、発生途上にある人間がただの細胞の集まりである段階で行なわれた中絶を記録したものだったら、事件でもなんでもない。細胞の集まりを破壊するのは、おぞましい行為に感じられない。そこに直観的道徳家のジレンマがある。胎児が人間のような外見を取りはじめるまで、中絶が間違っているとは感じられない。そして胎児が赤ちゃんそっくりになるまで、中絶がおそろしく間違っているとは感じられない。しかし、胎児が赤ちゃんのように見えるときと、人間もどきとしか見えないときの明確な境界線は存在しない。また、人間もどきの段階と、発生途上の人間が発生途上のネズミやカエルと(訓練を受けていない者の目には)区別のつかない初期の段階との明確な境界線もない。発生の全過程で、前後とはっきり区別できる唯一の出来事が受精だ。しかしその時点では、すなわち受精卵の段階では、発生途上にある人間は、私たちのオートモードに働きかける特性を何ひとつ備えていない。受精卵が有機分子が入った袋であるのはあきらかだ。中絶に何ひとつ制限を設けなければ、赤ちゃんそっくりの何か（誰か！）を殺すことが認められる。しかし、すべての中絶を非合法化すれば、その他の点では自由な人の人生を、有機分子が入った袋のためにめちゃめちゃにすることになる。しかしながら、この両極の間で気が休まる安息地点はない。

それでは、私たちはどうすればいいだろう？　大体のところ、人は、自分が属する部族の他の成員たちが行なっていることを行なう。ほとんどの部族は魂を信じている。理由は様々だが、ごく自然な信仰だ。あなたが、人間には魂があるという考えに傾倒しているなら、どこかの時点で魂込めが起きると信じる必要がある。そして、受胎は、もっともそれらしい瞬間のように思える。たった一個の細胞が魂をもった生きもののようにあまり見えないのはたしかだが、他に選択肢があるだろうか？　受胎の前には二つの別個の塊があり、受胎の後には不連続な出来事はない。受胎は魂込めには、もっとも有望そうな瞬間だ。そして、もし自分の部族の長老たちが、これこそが「命」のはじまりであると説き、自分でもっとうまい理屈を思いつけなければ、これに従うだろう。おまけに、逆らえば、《彼ら》のひとりであるかのように思われることになる。

逆に、あなたの部族が魂を信じていなかったら、もしくはこれについては各自で結論を出していいことになっているなら、あなたはどうするだろう？　魂込めのタイミングに関する誰かの憶測を基に中絶問題への態度を決めるのは魅力的ではない。あなたの部族が、中絶問題にかぎらず、なにごとにも個人の選択を尊重する場合はなおさらだ。それでも、すべてが許されるわけではない。あなたの部族は、魂込めに関する公式見解はもたないかもしれないが、少なくとも、これだけはたしかだ。嬰児殺しはぜったいに許されない。だから、大事をとって、赤ちゃんのように見えるもの、すぐにでも赤ちゃんになりうるもの、すなわち子宮外で生存可能であるものは何であれ、殺すことは許されない。残念ながら、赤ちゃんのように見えるかどうかは程度問題だ。発生の初期の段階から、胎児は自発的に動き、人間そっくりの手、足、顔をもっている。どうしたらいいのだろう？

　中絶容認の立場には、ややこしい、感情的な折り合いをつける行為が求められる。中絶容認派であっても、人間のような姿をしたものを殺すことにまったく葛藤を感じない人はまずいないし、多くの人は動物に似たものを殺すことにも不快感を覚える。しかし、中絶容認派は、何をすべきかを他人に、とりわけ女性に命令することも不快に感じる。であるなら、中絶容認派は、「何をすべきかを他人に命令してはいけない！」と「そのような姿をしたものを殺してはいけない！」の間で折り合いをつけなくてはならない。これは不快ではあるが、避けられないのは明白だ。

　こうしたすべては、中絶論争にとって何を意味しているのか？　ほぼすべての人がはったりを言っていることを意味しているのだ。「生きる権利」と「選択する権利」をめぐる私たちの自信に満ちた物言いは、マニュアルモードの作話に過ぎない。自分がほとんど理解していない認知装置に突き動かされて、生半可な直観的理論に理性の上っ面をつけようとしているのだ。権利についての高尚な物言いのうわべをはぎ取れば、実際にはたいしたものは残らない。誠実な中絶反対派の意見は次のように聞こえる。

私は、人間とは、肉体に宿る魂だと信じています。これを裏づける客観的な証拠はありません。しかし、私には正しいと思われます。私が信頼する人たちもみなそうだと信じています。魂がどうやって肉体に宿るのか、私は知りません。しかし、私が信頼している人たちは、精子が卵子に到達した瞬間にあらたな魂がやってくるのだと言います。それが正確にどういう仕組みなのかはわかりませんが、私自身にそれよりいい考えもありません。そこで私は、人間の魂は受胎のときにそこではじまるというのが、いちばんいい考えだと思います。罪のない人間の魂を殺すことができないのは当然です。これはいくらか信仰の問題でもあるでしょう。互いの信仰を尊重すべきであることも理解しています。しかし、たとえ小さくても、そこに人間の魂が宿っているかもしれない以上、その何かを殺させていいとは思えません。妊娠を望まない多くの人には厳しいことだとわかっています。しかし、こうした人たちはセックスすることを選択したのであり（レイプの場合は除きます。それは話が違いますから）、おそらく人間の魂を備えている何かを殺すことは、その選択をなかったことにするための妥当な手段ではありません。私はそのように感じます。

そして、誠実な中絶容認派の意見は次のように聞こえる。

私は、人間は、自分自身のために自由に考え、自分自身の選択を行なうべきであると信じています。中絶についても同じように感じています。少なくとも、妊娠の初期の間は。妊娠初期の胎児は、人間のようにも見えますが、カエルのようにも見えます。そして、カエルのような小さな人間を殺す、という考えを好みはしませんが、女性に望まない妊娠を成し遂げるように強制することはもっと悪いと思っています。赤ちゃんを引き取りたいと考えている人がいることは知っています。しかし赤ちゃんを産み、その子を手放すことはつらいに違いありません。女性にそうするよう無理強いするのは、カエルのような小さな人間を殺すより悪いことに思えます。ただし、妊娠後期の胎児は、カエルには見えません。赤ちゃんに見えます。そして赤ちゃんを殺すのが間違っているのはあきらかです。つまり、お腹の胎児がカエルのようなものに見えるのなら、殺してもかまわないと思います。それがあなたの選択であるのなら。しかし、あなたの胎児が、小さなカエルのようなものでなく、本物の赤ちゃんのように見えるのなら、あなたが望んでいなくても、生かさなくてはならないと考えます。私はそのように感じます。

これが、中絶論争が本当に行き着くところだ。正当化することも無視することもできない、強く、複雑な感情なのである。それでは、現代の道徳的羊飼いはどうしたらいいのだろう？

中絶――実用主義のアプローチ

両陣営の「権利」をはったりと呼んだところで、深遠な実用主義者のように考える準備は整った。いつ「命」がはじまるのかをあきらかにしようとするのではなく、違う問題から考えていくとしよう。合法的な中絶を制限したら何が起きるだろう？　制限しなければ何が起きるだろう？　こうした政策は私たちの生活にどのような影響を与えるだろうか？　これらは複雑な実証的問題だ。答えを出すのは難しいが、知識に基づいた推測からはじめられる。

中絶が非合法化されると、人は、自分たちの行動を次に挙げる一般的な三つの方法のどれかで修正するだろう。その一、性行動を変える。セックスを完全に、少なくとも当面は控える人もいるだろうし、セックスの回数を減らす人もいるだろう。妊娠の可能性を減らすために、さらなる手段を講じる人もいるだろう。その二、違う方法で中絶する。たとえば非合法的に中絶するか、海外で中絶する。その三、中絶が非合法化されていなかったら、生まれていなかったはずの赤ちゃんを産む。そして養子に出すか、自分たちで育てる。

これらはそれぞれどのような結果になるだろうか？　性行動を変える場合から考えてみよう。ほとんどの成人にとって、生殖を目的としないセックスは、人生の中でひときわ大きな喜びと充足感を与えてくれる部分だ。生殖を目的としないセックスは幸福の大きな源であり、それは若者や落ち着きのない人たちの特権ではなく、安定した一対一の関係を維持するカップルにもあてはまる。生殖能力のあるカップルにとって、生殖を目的としないセックスは避妊によって可能になるが、よく知られるように避妊は、きちんと使ったとしても絶対確実ではない。従って、性的に活発な多数の成人にとって中絶という選択肢は、望まない妊娠に対する重要な防衛手段となる。

その一方、セックスには有害なものもある。そして、中絶が非合法化されれば有害なセックスは減るかもしれない。有害なセックスには、合意した成人どうしの情動に悪影響のあるセックス、セックスをするには情動的に未熟な未成年どうしのセックス、近親相姦、レイプなどがある。妊娠をおそれてセックスが敬遠されるようになれば、性感染症拡大の抑止という有益な副次的効果ももたらされるかもしれない。中絶の非合法化によって有害なセックスが大幅に減るかどうかはあまり明白ではない。被害者が中絶できないと知って、強姦魔がレイプを思いとどまるとは思えない。たしかに、中絶を非合法化すれば、一部の未成年者がセックスするのを防げるだろう。しかし、それが、結局いいか悪いかはあきらかでない。未成年者の中で、自分の選択の結果にきわめて意識的な者たちが、おそらく性的に活発になる準備ができているであろうから。

要するに、性行動を変える場合、中絶の非合法化は、幸福という観点から見れば、埋め合わせるあきらかな利益もないまま、性的に活発な大勢の成人に多大な犠牲を強いることになるだろう。

次に、違う方法で中絶する場合を考えてみよう。富裕な人々にとって、中絶の非合法化は、中絶費用が高くなって不便になる程度の意味しかないだろう。それほど恵まれていない女性は、非合法の中絶を切実に必要としている人たちをターゲットにした国内市場に頼るだろう。非合法の中絶のおそろしさをここでくどくどと話すつもりはない。功利主義的観点からすると、違う中絶方法を探すことを強いると、人は「ひどい」選択肢から「ものすごくひどい」選択肢の範囲で選ばなくてはならなくなる。

最後に、生まれてくる赤ちゃんが増える場合を考えてみよう。女性に望まない妊娠を強いるのは非常に酷なことだ。妊娠は最良の状況でも、情動に大きな負担がかかる。そして望まない胎児を身ごもっている女性の場合、意識的にせよ無意識にせよ、胎児に対する気づかいが減るかもしれない。出産まで胎児／赤ちゃんを身ごもっていることは、情動に大きな負担になるだけでなく、女性の人生を大きく狂わせる可能性もある。要するに、女性に意思に反した出産を強いるのは、言語道断である。

　それにもかかわらず、女性に望まない妊娠を強いる利益の方が大きいと主張する人がいるかもしれない。出産によって、女性はあらたな人間に生を授けられる。女性が赤ちゃんの養育を望まないのなら養子に出すこともできる。最良の場合には、赤ちゃんは、裕福な、愛情深い家庭に引き取られるだろう。この場合、生みの母親が払った代価がどれほど大きくても、実の子供の全存在を上回るほど大きいとは言い難い。もちろん、そして残念ながら、養子縁組を望むすべての子供に養家が見つかるわけではない。それに中絶が非合法化されれば、条件のいい養家はさらに見つかりづらくなるだろう。それでも、養子に出された子供の状況が理想と程遠い状況であっても、母親の精神的・肉体的苦痛が優先されるべきだと主張することは難しい。養子に出された子供の人生が全体として生きるに値するものであるかぎり、生物学上の母親の苦しみが生物学上の子供の全人生より重要だとは言い難い。

　母親が、そして場合によっては父親も（もしくは父親が母親に代わって）、子供の養育を選択することもあるだろう。多くの場合、もしかしたらほとんどの場合は、それでうまくいくだろう。多くの幸せな家族には、計画外で生まれた子、もともと望んでいなかった妊娠の結果生まれた子供がいる。望まれていなかった子供の人生が、そうであってほしいと願うほどにはうまくいかない場合もあるだろう。しかし、中絶が望ましいとされるのは、その子供の人生が全体として生きるに値しない、もしくは、その子の存在が世界を全体としてより悪いものにすると決まっている場合にかぎられるだろう。もう少し現実的に考えれば、その子供の存在が、もっと幸せな人生を送ることになっているか、世界を全体としてもっと幸福にする、別の子供の存在を締め出す場合でなくてはならない。

このこじつけがましい功利主義的説明に対して、中絶反対派が激しく持論を展開する。中絶が非合法化されれば、この世にいなかったはずの人が存在するようになる。その中には、その存在が幸福の最終的な損失をもたらす人もいるだろう。しかし全体として考えれば、中絶非合法化によってこの世に生を享けた人たちが、最終的に、不幸であるとか、世界の幸福を減らしたなどと多少なりとも自信をもって主張するのは難しい。これはもちろん、複雑な実証的問題だ。多くは、よい養家が現われるかどうかにかかっている。よい養家が現われるのであれば、問題の胎児／赤ちゃんは中絶された方が幸せだとか、中絶されていれば世界はもっとよくなるなどと主張することは難しい。

それではどんな結論が導けるだろう？　私の非公式の計算によると次のようになる。中絶の非合法化によって、数百万の人の足元から重要なセーフティネットが外される。すると、富裕な人たちの中には、高いお金を払って中絶しようとする人が現われるだろう。また、切羽詰まった女性や少女たちの中には、危険の大きい非合法の中絶を求める人が現われるだろう。中絶の非合法化によって、まだ子供を育てる準備ができていない人、もしくは子供をもつことにまったく興味がない人も、子供を産むことになるため、多くの人の人生設計が大幅に狂いもするだろう。これらはきわめて大きな代償だ。一方、中絶の非合法化によって、存在していなかったはずの多くの人がこの世に生を享ける。そして、何といってもよい養家が見つかるかにかかってはいるが、生まれてくる子供の存在はよいことだろう。それでは、ここからどんな結論が導けるだろう？　私たちはふたたび袋小路に陥ってしまったのだろうか？

私はそうは思わない。人命を救おうとする中絶反対派の功利主義的主張は、よい。問題は、それがよすぎることだ。少し前に取り上げた、中絶の制限だけでなく、避妊や禁欲の制限によっても命が救えるという考察を思い出された方もいるだろう。中絶は人間の存在否定だからという理由で中絶に反対するのなら、避妊や禁欲にも反対すべきである。どちらも同じ結果をもたらすのだから。とはいえ、ほとんどの中絶反対派は、こうした主張をしたがらない。

この、中絶反対を突き詰めた主張は、じつは、自分を幸福のポンプに変えるという極端な利他主義をよしとする功利主義的主張とよく似ている。幸福を汲み出すひとつの方法は、持てる者を犠牲にして持たざる者を助け、より効率的に資源を分配するというものだ。さらにもうひとつの方法は、より幸せな人々を生み出すことである。（さらによいのは、他者の幸福のために進んで勤勉に働く幸福な小さな功利主義者たちを養育することだ。）この主張がナンセンス、というのではない。平凡な人間に多くを求め過ぎているというだけだ。私が神で、幸福な仲間をできるだけ多くつくろうとする種《しゅ》と、それについて消極的な種のどちらか一方を創造するとしたら、他の条件がすべて等しければ、幸せが大きい方を選ぶだろう。より多くの幸せな人をつくることへの抵抗は、道徳的なものではないと思う。むしろ、私たち生きている人間は、誰よりも声なき人々、声なき大多数の人に対する陰謀に手を染めている。その無力な仮想上の多数者とは、私たちの利己的な選択のおかげで、自分たちの非存在に対して抗議する機会も与えられない人々だ。

まあ、ともかく、彼らにはじつに酷ではあるが、いずれにせよ、私たちは人命を救おうとする中絶反対派の功利主義的主張を真面目に受け止めることはできない。とはいえ中絶容認派の功利主義的主張もよすぎるわけではない。普通によいだけだ。人の性生活や人生設計を狂わせ、外国や非合法の中絶に向かうことを無理強いするのは、どれも非常に悪いことであり、そのせいで多くの人の人生がはるかにひどいものとなり、中には寿命が大幅に縮まる人もあるだろう。そういうわけで、結局、深遠な実用主義者は中絶容認派であるべきと私は考える。私は「権利」には訴えない。ただ、結果の現実的考察に訴えるだけだ。

あなたが誠実な中絶反対派で、「権利」ではったりをきかせることを望まないのなら、二つの選択肢がある。まず、あなたの部族の形而上学的信仰に正直になり、すました顔で、世間の他の人々はこれに従って生きていると主張できる。そんなあなたに対して、中絶容認派は次のような質問をしてくるだろう。「神は、精子の頭部が透明帯に接触するとき、魂を吹き込むのか？　それとも、精子が細胞膜に到達するときに魂込めが起きるのか？　精子の遺伝物質がすべて卵細胞に入るだけでいいのか？　それとも、神は雄性前核と雌性前核が融合するまで待っているのか？　融合が完了するまで？その途中まで？」これに対して、中絶反対派は、こうした質問に対する証拠に基づく答えはないと認めるしかないだろう。それでも、自分たちの信仰に基づいた答えが国の法律を規定すると主張するのだ。

これに対して中絶容認派は、根拠のない形而上学的主張や、徹底して適用されたら真剣に取り組むことができなくなるような主張に、頼る必要はない。実際は、中絶容認派にも、原則に基づいた線引きの場所は見つかっていない。しかし、それは仕方がないのかもしれない。人を道徳的考慮に値するものとするものが何であれ、こうしたものは、ある魔法の瞬間に現われたりはしない。信じるべき魔法の瞬間がないのなら、中絶容認派は、どこかに線を、自分たちが引く線がいくらか恣意的であることを認めつつも引くしかない。中絶の可否を定める線を引く場所として、現在私たちが引いている以上に適当な場所はないかもしれない。しかし、どこか他の場所に線を引くために、共通通貨に基づいた妥当な議論が行なわれるなら、深遠な実用主義者は耳を傾けるべきだ。

ゴドーを待ちながら

中絶問題に対するこの実用主義的・功利主義的「解答」にご不満かもしれない。実際、正しい答えが見つかったようには感じられない。中絶容認派を支持する煮え切らない結論は、一方に強く肩入れする言い方をしているが、勝利というより無期停戦のように感じられる。こんな風に不満を感じて、あなたはこれからも真の道徳的勝利を追求するかもしれない。合理的に擁護できて、なおかつ正しいと感じられる中絶理論をあくまで探すかもしれない。これこそ、私たちが道徳的探求を行なうとき、つねに求めているものだ。あきらめるには早すぎたのではないだろうか？

多数の道徳思想家が、そうだと言うだろう。多くの生命倫理学者が、私が先ほどなしえなかったことを試みている。すなわち、生死に関して何が正しくて何が間違っているのか、直観的に満足できる、非功利主義的な主張を行なおうとしている。中絶や生命倫理という枠を超えて、道徳哲学者たちは、古臭い一九世紀の功利主義よりもうまくいくと称する、洗練された道徳理論を考え出そうと大忙しだ。彼らはみな見当違いの努力をしているのだろうか？　私はそうだと思う。彼らが見当違いなことをしていると証明することはできないし、するつもりもない。その代わりにここでは、なぜ私が洗練された道徳理論がうまくいく見込みについて、他の人たちほど楽観的になれない*のかを説明しよう。（洗練された道徳理論にはなぜ成功の見込みがないのかに興味がない方は、この節は飛ばしてくださってかまわない。）

それには二重過程の道徳脳にさかのぼる必要がある。私たちが求めているのは、マニュアルモードの道徳理論、すなわち言葉で書き表わせる明示的な理論であり、つねに（もしくはできるだけ）オートモードと同じ答えを出してくれる道徳理論だ。オートモードが私たちに、妊娠後期の胎児を殺すのは間違っているが妊娠初期の胎芽を殺すのは問題ないと言うときに、こうした直観が正しいことを、そしてなぜ正しいかを教えてくれる道徳理論がほしいのだ。要するに、私たちは、自分たちの直感的反応を系統立て、正当化する道徳理論を求めている。ロールズの言葉を借りるなら、自分たちの道徳理論が「熟考された判断*」と合致する「反省的均衡」を見つけようとしている。

しかし、私たちの直感的反応は、系統立てられるようには設計されなかった。さらに、かならずしも真に道徳的な目的に資するようには設計されなかった。オートモードはヒューリスティクスだ。すなわち、たいていの場合は「正しい」答えを出す効率的なアルゴリズムだが、つねに正しい答えを出すわけではない。「正しい」に「　」をつけたのは、オートモードは設計された通りに働いているときでさえ、真に道徳的な意味で「正しい」とはかぎらないからだ。直感的反応の中には、自分の遺伝子を広めるという生物学上の命令を反映しているに過ぎないものもあるかもしれない。たとえば、そのために私たちは、自分自身や自分の部族を他の者よりひいきする。そうと知れば、私たちは余計なものを取り除こうとするのではないか。自分たちの道徳的直観を系統立てる前に、まず、バイアスのかかった直観をすべて捨て去ろうとするのではないか。科学的自己認識を使って、自分たちのバイアスのかかった直観を暴いたら、どこへ行き着くだろう？

私は、最終的には、功利主義に似たものに行き着くと信じている。なぜか？　まず、第8章で説明したように、功利主義はじつに理にかなっている——私とあなただけでなく、サイコパス以外の、マニュアルモードを備えたすべての人にとって。功利主義に対して、唯一本当に説得力のある反論は「功利主義は、ある場合、とくに仮想的な場合において、直観的に間違った答えを出す」というものだ。私たちは、第9章と第10章で、これらの場合をいくつも検証し、自分たちの反功利主義的な道徳的直観に疑念を抱くようになった。こうした反功利主義的直観は「人の手で突き落とすのか、スイッチを押すのか」といった、道徳とは無関係な区別に敏感であるらしい。こうした例はさらに見つかるだろう。

次にこんな疑問を考えてみよう。私たちの反功利主義的な道徳的直観が、道徳に関係のある事柄に敏感であることに、どんな意味があるのだろう？　ひとつの可能性として、直観的な判断力は、よい結果を促進する上で役に立つのかもしれない。私たちは、悪い結果を生む傾向のあるもの（暴力など）に対してネガティブな直感的反応を、善を行なう傾向のあるもの（人助けなど）に対するポジティブな反応をもつ。（別の言い方をすると、誤りであると証明できない私たちの道徳的直観は「規則功利主義者」だ。）これが私たちの見つけたものであるなら、オートモードが不完全な功利主義的装置に過ぎないことを示しているのであるから、功利主義を支持する主張を強固にするだけだ。それでは、オートモードが、よい結果を生むことには関係ないのに、道徳に関係している事柄に敏感であることに、どんな意味があるのだろう？　直感的反応は権利のようなものの跡を追うというのが自然な考えだ。たとえば、歩道橋から人を突き落とすのは間違っているという私たちの感覚は、人を突き落とすのは人権を侵害するという事実を反映しているのかもしれない。しかし、権利についての、独立した非功利主義的理論(自明の道徳的公理から導かれた理論)がないのに、これが真理であるとなぜわかるのか？　直感的反応が人権を追跡しているかどうか、「権利」が直感的反応の妄想に過ぎないかどうか、どうしてわかるのか？　権利の完全な(非功利主義的な)擁護とはいったいどんなものなのだろう？

いずれ、あなたにもわかってくる。道徳は、哲学者や神学者たちが何世代もかけて考えてきたようなものではない、と。道徳は、私たち人間のかぎりある知性を使って何らかの形で知ることのできる、一連の独立した抽象的真理ではない。道徳心理学は、道徳哲学という抽象的な領域にときおり侵入してくるものではない。道徳哲学は道徳心理学の現われなのだ。先にも述べたように、道徳哲学は、もっと大きくてもっと根深い、心理学と生物学の氷山の知的一角に過ぎない。ひとたびこれを理解すれば、道徳の全貌は一変する。図と地が入れ替わり、競合する道徳哲学が、抽象的な哲学空間に散らばった点というだけでなく、私たちの二重過程脳の予見可能な産物に見えてくる。

西洋道徳哲学には三つの大きな学派が存在する。功利主義／帰結主義(ベンサム＝ミル流)、義務論(カント流)、そして徳倫理学(アリストテレス流)だ。この三つの学派は、本質的には、マニュアルモードが、自分と一緒に組み込まれているオートモードの意味を理解する三通りの方法だ。私たちは、マニュアルモード思考を使って、オートモードを明示的に記述できる(アリストテレス)。マニュアルモード思考を使ってオートモードを正当化できる(カント)。そして、マニュアルモード思考を使ってオートモードの限界を超越できる（ベンサムとミル）。以上を踏まえて、西洋道徳哲学を心理学の観点からさっと見ていこう。

もしあなたが、ある部族で最高位にある哲学者だとしたらどうだろう？　部族の中でも道徳の対立はあるが、それらはもっぱら《私》対《私たち》（もしくは《私》対《あなた》）をめぐる、いわゆる「コモンズの悲劇」だ。部族内では、本格的な道徳的論争、すなわち《私たち》と《彼ら》の価値観をめぐる衝突は存在しない。ひとつの部族の中には《私たち》しかいないからだ。従って、競合する道徳的世界観の対立を解決するのは、部族の首席哲学者であるあなたの仕事ではない。部族の常識に疑問を投げかけるのも、あなたの仕事ではない。常識を成文化し、部族の蓄えられた知恵の宝庫とすることが、あなたの仕事だ。すでに知られているものの、ときに忘れられてしまうものを、あなたの部族に映し出すのだ。

西洋哲学者の中で、アリストテレスは常識の偉大な擁護者だ。師であるプラトンと違い、アリストテレスは過激な道徳思想は提示しない。定式も提示していない。アリストテレスにとって善であることは（道徳的にも、もっと広い意味でも）、複雑な綱渡りを意味する。これを記述するのにまさにうってつけの言葉が**徳**、すなわち繁栄を実現するための継続的な習慣とスキルである。たとえば、アリストテレスはこんなことを言う。危険に直面したときは、無謀でも臆病でもいけない、勇敢でなくてはならない。不道徳な両極端の間で有徳のバランスを示すのだ、と。愛情、友情、仕事、遊び、衝突、リーダーシップなどと関係した徳は、それぞれ固有の、バランスのとれた行動を求める。アリストテレスには、うまいバランスのとり方を教える、明示的な一連の原理は存在しない。それは実践の問題でしかない。

倫理学者としてのアリストテレスは本質的に部族の哲学者だ。アリストテレスの著書を読むと、古代マケドニアとアテネで、賢明で節度ある貴族男性であるとは何を意味するのかがわかる。そしてよりよい人間になるにはどうすればいいのかを学ぶこともできる。古代マケドニアとアテネの貴族男性に対する教訓の中には、もっと広い範囲で応用できるものもあるからだ。しかし、中絶が間違いかどうか、遠くの国の赤の他人に自分のお金をもっと送るべきかどうか、先進国は単一支払者保険制度を導入すべきかどうかといった問題の解決には、アリストテレスは役に立たないだろう。祖父の助言のような趣のあるアリストテレスの徳に基づく哲学は、こういった類の質問に答えるようにはできていない。徳では部族の対立は解決できない。ある部族の美徳は別の部族の悪徳だからだ。一般的にそうだとはいえないにしても、少なくとも部族どうしが対立するときにはそうなる。

現代の道徳哲学者たちの間で、アリストテレスの徳の理論が見直されている。*なぜか？　啓蒙主義においては、哲学者たちが体系立った普遍的な道徳理論を、すなわちメタ道徳を構築できるだろうというおおいなる希望があった。しかしこれまで見てきたように、哲学者たちは、正しいと感じられるメタ道徳を見つけられなかった。(私たちの二重過程脳に阻まれたのだ。) この失敗を前にして三つの選択肢がある。その一、努力し続ける(前述参照)。その二、あきらめる。それは、メタ道徳を見つけることをではなく、正しいと感じられるメタ道徳を見つけることをあきらめるのだ(私のお勧め)。その三、啓蒙主義の計画を完全に断念する。つまりこう言うのだ。道徳は複雑である、明示的な一連の原理に成文化することはできない、せいぜいできることは、よい行ないをしているように見える他者を手本にしながら、道徳感性に磨きをかけるぐらいだ。人間の価値観の泥沼に直面している現代のアリストテレス学徒は、このめちゃくちゃな状況を呪うしかない。

要するに、アリストテレスとその亜流は、特定の部族のすぐれた成員であるとはどういうことかを記述するという、たいへん立派な仕事を行なっている。その中にはすべての部族の民にあてはまる教訓もある。しかし、部族間の対立に特徴づけられる現代の道徳問題となると、アリストテレス学徒にはお手上げだ。先に述べたように、ある部族の美徳は別の部族の悪徳だからだ。(啓蒙主義の計画に見切りをつけるもうひとつの方法に「相対主義者」か「虚無主義者」になる手もある。ある特定の部族の常識を受け入れるのではなく、物事を正しくやっている部族などないとしながらも何とかやっていくのだ。)

あなたがアリストテレス(もしくは現代の「相対主義者」)より野心的なら、マニュアルモードを、自分の部族の道徳を記述するだけでなく、正当化するために利用できる。自分の部族の道徳原理が、数学の定理のように普遍的真理であることを証明しようとするかもしれない。それではイマヌエル・カントに移ろう。

数学者は定理を証明しようとする。しかし、あらゆる定理をやみくもに証明しようとするのではない。彼らが取り上げるのは、真理と思われる、もしくは真理である可能性のある、興味深い数学的言明であり、これらの言明を、第一原理すなわち公理から導こうとする。これについてはピタゴラスの定理からアンドルー・ワイルズによるフェルマーの最終定理の証明まで、数学者たちは幅広い成功をおさめてきた。ならばなぜこれが倫理学にあてはまらないのか？　なぜ哲学者たちは興味深い道徳的真理を第一原理から導くことができないのか？　いや、できるはずだ。

これが、カントの希望であり、カント以降の多くの野心的哲学者たちの希望でもある。ニーチェは、前に紹介したように、自分の部族の道徳が正しいことを証明しようとしたこの野望を、カントの魂の「ひそかなジョーク」と呼んだ。しかし、これはカントにとって不面目なことだろうか？　自分にとって真理と思われることを証明しようとすることは、数学者にとって恥ではない。それでは、なぜ、これが高潔な野心ではなく、ひそかなジョークなのか？

カントの問題は、その野心ではなく、失敗を認めようとしない点にある。数学者は、証明を使って、無数の数学的論争をみごとに解決してきた。しかし、第一原理からはじまる証明を使って解決された道徳的論争はひとつとして存在しない。カントは、自分の道徳的見解の正しさを証明しようと切望するあまり、自分の議論の欠陥が見えなくなっている。要するに、カントは一線を越えて、論理的思考から合理化へと踏み出している。ニーチェが忍び笑いをもらしているのはそういうわけなのだ。

カントの結論に共感できなければ、カントの議論が破綻していると見破るのは簡単だ。たとえば、自慰は、自分自身を手段として利用する行為を含むため間違っているという主張はどうだろう。（本当だろうか？　自分で自分の腕をマッサージしたら、気持ちよく感じられるからという理由だけで、それも間違いだろうか？）自慰に反対する議論は、カントの最高傑作とは見なされていないが、もっと有名な主張も、私が知るかぎり、それほどうまくいってはいない。たとえば、カントが、嘘、約束違反、盗み、殺人の「格率」は普遍化できない、よって、嘘、約束違反、盗み、殺人は間違っていると主張したのは有名だ。これは、「誰もが嘘をつく（もしくは約束を破る）ようになれば、真実を言う（もしくは約束を守る）という制度は蝕まれ、嘘や約束違反は不可能になるだろう。同じく、誰もが盗みを働くようになれば、私有財産制度が蝕まれ、盗みは不可能になる。そして、誰もが殺人を犯すようになれば、殺される人はいなくなるだろう」という主張である。

こうした議論は非常に巧妙ではあるが、証明とは程遠い。まず、ある行為が、カントのいう意味で普遍化できないのであれば許されないとは、論理的にも直観的にもいえない。たとえば、おしゃれであることについて考えてみよう。みんながおしゃれなら、おしゃれな人はいなくなる。普遍的なおしゃれというのは、おしゃれの概念そのものを損なうのだ。とはいえ、私たちはおしゃれが不道徳だとは考えない。同じく、人を殴るという卑劣な行為があるが、これはそれ自身を蝕むものではない。際限なく殴り合えない理由はないのだ。これは悪いことだろう。しかし不可能ではない。そしてカントの議論は不可能性を必要とする。*

カントの信奉者たちは、カントの議論の欠陥を重々承知している。それに対する答えもある。しかし少なくともこれだけは言える。二世紀半近くが過ぎたいまになっても、カントの欠陥のある議論を厳密な道徳的証明に変えることのできた人はいない。それは努力が足りないからではない。また、実質のある道徳的主張が真理であると証明できた人もいない。つまり、先にも述べたように、証明によって解決された道徳的論争は存在しないということだ。もちろん、多くの非常に賢い人たちがこれを試みてきた、その代表がジョン・ロールズだ。著書『正義論』の中で、最小限の前提から、彼の支持する、平等主義的リベラルの政治理論の類を導けることを証明しようとしている。ロールズの議論が、彼の結論の正真正銘の証明として認められると信じている人がいるかどうかは知らないが、多くの人が、ロールズは、非功利主義的な道徳哲学と政治哲学をみごとに擁護していると信じている。そうだろうか。じつは私は、『正義論』におけるロールズの中心的な議論は、先人のカントと同様、本質的には合理化だと考えている。

私たちは、自分の部族のオートモードを記述できる（アリストテレス）。自分の部族のオートモードが正しいと証明を試みることもできる（カント）。とはいえ、こうした哲学的アプローチはいずれも、現代の道徳問題を解決する上であまり役に立たない。というのは、部族の直観がもめごとのそもそもの原因だからだ。そうであるなら、前進するには、問題を（ほぼ完全に）マニュアルモードに委ねることで、オートモードの限界を超越するしかない。自分たちの部族の道徳的感性を信頼したり、道徳的感性を合理化したりするのではなく、共通通貨のシステムを利用して、共有された価値に基づく合意を求めることができる。

もしかしたら、アリストテレスか、アリストテレスに似た誰かが、正しいのかもしれない。もしかしたら、誰もが希求すべき、ひとそろいの道徳的美徳が存在するのかもしれない。もしくは、カントか、カントに似た誰かが、正しいのかもしれない。第一原理から導かれるのを待っている真の道徳理論が存在するかもしれない。もしくは、もっと控えめな希望として、私たちは人間の価値観の泥沼を、もっと首尾一貫したものへ、私たちの直観的な善悪の感覚をもっと巧みにとらえる洗練された道徳理論へと系統立てることができるのかもしれない。もしかしたら。しかしこうしてゴドーを待っている間に、私はもっと実用的なアプローチをお勧めする。私たちは、この世界ができるだけ幸福になるように努力すべきなのだ。この哲学は、私たちが求めるすべてを与えはしないが、いまのところ現代の羊飼いに実践できる最善のアプローチだ。

なぜ私はリベラルなのか、そして私の心を変えさせるには何が必要か

私は大学教授だ。マサチューセッツ州ケンブリッジに住んでいる。社会学的に探らなくても、私がリベラルだと推測はつく。(「リベラル」という言葉で私が意味しているのは、アメリカ的な意味のリベラルだ。中道左派のことであり、リバタリアンや一部の「古典的リベラル」ほど、積極的政府に対する反感は強くない。)私がリベラルであることは十分予見可能であるとはいえ、それは正当化されるだろうか? 私が属するリベラルの部族もまた、独自の直感的反応をもち、周到に準備された合理化を行なう、部族のひとつに過ぎないのか?

ある程度はそうだ。先の中絶をめぐる議論で見てきたように、リベラルも、裏づけのない主張をしたり、矛盾した意見を述べたりすることはある。しかし、私の考えでは、リベラルという部族は、どこにでもいる部族のひとつではない。世界には、多数の「伝統部族的」部族がある。成員たちがひとつの歴史を共有し、ひとそろいの「固有名詞」(神、指導者、文書、聖地など)によって結束している部族だ。その一方、こんにち二つのグローバルなメタ部族、すなわち「ポスト部族的」部族が存在する。彼らは共通の歴史や固有名詞ではなく、ひとそろいの抽象的な理念によって結びつけられている。この二つのメタ部族のひとつが、私が属するリベラル部族だ。私は、ずっとリベラルだったわけではないし*、この先またリベラルでなくなる可能性もある。現在リベラルなのは、現実の世界で、私の部族の政策が、世界をより幸福にする可能性が高いと信じているからだ。しかし骨の髄までリベラルとい

うわけではない。私はまず深遠な実用主義者であり、次にリベラルである。きちんとした証拠を添えて説得されれば、リベラリズムから足を洗うかもしれない。

なぜ、リベラル部族が特別なのか？　これを理解するには、私の道徳と政治の理解を、ジョナサン・ハイトのそれと比べるといいだろう。本書では、終始、ハイトの研究を議論してきた。そしてハイトは、私自身の考えに大きな影響を与えている。ハイトと私は、本書の第1章から第3章に示した、道徳の進化的・心理的な全体像については合意している。核となる考えを次に示そう。

道徳は、協力を促進するために、生物進化・文化進化によって設計された、一連の心理的能力だ。（第1章）

心理的レベルでは、道徳は、おもに情動的な道徳的直観、すなわち私たちに（一部の）他者の利害を尊重し、他者にも同じことをするように促す直感的反応を通して実現される。（第2章）

異なる人間集団は異なる道徳的直観をもつ。これが大きな衝突の源となる。衝突は、異なる集団どうしが異なる価値を強調することで生じる場合もあれば、無意識のバイアスを含む手前勝手なバイアスから生じる場合もある。意見が合わないとき、人は、自分たちの直観的判断を合理化するために論理的思考力を利用する。（第3章）

こうした科学的な記述に加えて、ハイトと私は、少なくともひとつの規範となる処方について合意している。この処方が、ハイトの名著『正義の心』〔邦題『社会はなぜ左と右にわかれるのか——対立を超えるための道徳心理学』〕の主要なメッセージだ。以下に要約しよう。

もっと仲良くやっていくには、私たち一人ひとりが、独善性を減らさなくてはいけない。私たちは、ほとんどすべての人がよい人間であり、自分たちの衝突は、異なる道徳的直観をもつ、異なる文化集団に属していることが原因で生じていることを認識する必要がある。私たちは、敵の道徳的合理化を見破るのはうまい。しかし、自分たちの道徳的合理化ももっとうまく見抜けるようにならなくてはいけない。もっと具体的にいうと、リベラル派と保守派は、互いに理解しようと努力すべきである。偽善的であることを慎み、もっと積極的に歩み寄るべきである。

これらは重要な教訓だ。しかし残念ながら、教訓はそこで終わっている。もっと寛容になり、独善性を減らすことが、道徳問題の解決を容易にするのは間違いない。しかし、それ自体は解ではない。私とハイトで大きく意見の異なる最初の点は、道徳心理における理性、すなわちマニュアルモードの役割に関するものだ。私は、マニュアルモード思考は、道徳生活できわめて重要な役割を、すなわち、何度もくり返すように、第二の道徳の羅針盤の役目を果たしていると信じている。ハイトはそうではない。彼の有名な論文「情動的な犬と合理的な尻尾」というタイトルが巧みに表現しているように、論理的思考は、道徳生活においてささやかな役割しか果たしていないと考えている。（申し添えておくと、ハイトは、自分の考えがこのように特徴づけられること[**]に納得していない。）道徳に関わる論理的思考の話はまた後で取り上げるとして、先に、独善と偽善を減らすだけでは、なぜ道徳問題の解決に十分でないのかを考えよう（これについては、ハイトも同じ意見だ）。

もう一度、中絶の問題を考えよう。リベラルの中には、中絶反対派は、女性の体を支配したがる女嫌いだと言う人もいる。社会保守派の中には、中絶容認派は、人命を尊重しない、無責任な道徳的虚無主義者、「死の文化」の片棒担ぎと思い込んでいる人たちもいる。こうしたギャーギャーうるさい部族道徳家たち（よくいるんだが）に対して、ハイトの処方はぴったりだ。しかしその先はどうなるだろう？　たとえばあなたがリベラルだとしよう。ただし、成熟したリベラルだとする。あなたは、中絶反対派が純粋な道徳的懸念に動機づけられていること、悪意があるわけでも、頭がおかしいわけでもないことを理解している。あなたはいま、歩み寄りの精神にのっとり、中絶に制限を設けることに合意すべきだろうか？　成熟したリベラルは、同じように歩み寄りの精神にのっとり、同性愛のカップルに対する完全な公民権ではなく、今より多くの公民権を求めることに甘んじるか？　心の広いリベラルは、強力な環境規制のために、ただし地球温暖化を食い止めるほどには強力でない環境規制のために戦うべきだろうか？　成熟した社会保守派は、もちろん、これと同様の問題に直面する。「理性的」になって、妊娠初期の中絶に対する態度を軟化させるべきか？　たとえ、自分たちが、それは殺人だと考えているとしても？

自分と反対の意見をもつ人たちに悪意がないと認識することと、彼らが正しい、いや半分正しい、いや、自分も彼らも自分の信念や価値観の中で正当化されることに変わりはないと譲歩することは別問題だ。独善を減らすことに同意することは大事な一歩だが、きわめて重要な問題への答えになっていない。私たちは何を信じるべきなのか？　そして何をすべきなのか？

ハイトには、なぜ、リベラル派と保守派が対立するのかという問題について、もっと具体的な理論がある。道徳基盤理論と呼ばれるこの理論によれば、リベラルは、道徳的な感受性が乏しいのだそうだ。ハイトは六つの「道徳基盤」を特定し、それらを肯定的または否定的な言葉で次のように分類する。「気づかい／危害」、「公正／ごまかし」、「忠誠／裏切り」、「権威／転覆」、「神聖／堕落」、そして最近つけ加えられた「自由／抑圧」。それぞれの基盤には対応する道徳的情動がある。たとえば、気づかいという価値には思いやりの感情が、神聖という価値には畏怖(神聖なものに対して)と嫌悪(汚らわしいもの、すなわち神聖の反対のものに対して)の感情が結びついている。ハイトは、こうした道徳的情動傾向を、舌にある五つの化学的な味覚受容体になぞらえている。人間の舌に、甘味、塩味、酸味、苦味、うま味を感知する別個の受容体があるように、私たちの道徳心には六つの別個の道徳受容体、すなわち六つの道徳基盤に関係した行為や出来事に情動的に反応する能力がある。たとえば、苦しんでいる子供は、道徳心の「気づかい／危害」受容体に働きかけて、思いやりの感情を生み出す。重要なのは、異なる文化的集団(私が部族と呼んでいるもの)が、異なる道徳の味を重視する、異なる道徳的味覚をもつということだ。そして、ハイトによれば、リベラルは、とびぬけてひどい舌をもっている。気づかい、公正、自由の「味」はよくわかるが、忠誠、権威、神聖の味はほとんどわからない。

六つに分類された道徳基盤理論を私は疑問視しているが、ハイトの理論には、真実味があり、証拠にしっかりと裏づけられた重要な側面もある。** 道徳的価値の中には、リベラル派と保守派に程度の差はあれ等しく共有されているものもあれば、共有されていないものもある。ハイトは調査の参加者に次のような質問をしている。「お金を得るために、消毒された注射針を子供の腕に刺しますか？（気づかい／危害）」「盗品のテレビを贈り物として受け取りますか？（公正／ごまかし）」保守派もリベラル派も、こうした類の質問*には間違いなく「しない」と答える。しかし、次のような質問に対しては、違いの出る傾向がある。「外国のラジオ番組に匿名で電話をかけて、自国の批判をしますか？（忠誠／裏切り）」「コントの中でなら（父親の許可があれば）父親の顔を叩けますか？（権威／転覆）」「役者が動物のようにふるまい、裸で這い回り、チンパンジーのような鳴き声をあげる短い前衛演劇に参加しますか？（神聖／堕落）」こうした質問では、社会保守派が「しない」（もしくは「ぜったいにしない!!」）と回答する確率はリベラル派をはるかに上回る。なぜだろう？

ハイトの答えはこうだ。リベラルの道徳舌はお粗末で、道徳味覚受容体の半分がほとんど機能していないからだ。なぜそんなことになったのか？　ハイトによれば、元凶は、西洋の道徳哲学者とその他の啓蒙主義の申し子たちである。自閉症的傾向をもつきわめて賢い人たち、とくにベンサムとカント*が、危害を避けることと公正であることだけが重要だと決めたのだ。そうした考えは人気を博し、やがて、あらたな文化的種族が誕生した。衰えた道徳味覚をもつ、WEIRD《おかしな》*（Western（西洋の）、Educated（教育ある）、Industrialized（産業化された）、Rich（裕福な）、Democratic（民主的な））現代リベラルだ。ハイトの理論が予測するように、社会保守派（六つの道徳味覚受容体がすべて機能する）は、リベラル派が道徳的な質問に何と答えるかを予測するのが、リベラル派が保守派の答えを予測するより、うまい。

それでは、リベラル派の少ない道徳的味覚をどう考えるべきだろう？　これは、リベラル派が直さなくてはならない欠陥なのか？　ある意味では、そうだ。あなたがリベラルの社会科学者なら、お粗末な味覚のせいで不利になる。道徳は、危害を避け、公正であるかどうかにしか関わらないと考えるのなら、多くの人間行動を見逃したり、誤解したりすることになるだろう。あなたが、浮動票を動かそうとしている政治工作員なら、あなたの広告がひとつの道徳味覚受容体にしか働きかけないのに対して、政敵の広告はすべての道徳味覚受容体に働きかけるために票を奪われるだろう。最後に、先に述べたように、あなたが、保守派を理解したいと願っているリベラル派なら、彼らにもっと豊かな道徳的味覚が備わっていると知ることは役に立つ。だが、これらはいずれも、一番肝心な質問に答えていない。リベラル派には道徳的な欠陥があるのか？　その答えはノーだと私は思う。実際は、その正反対だ。

私は近代道徳史について異なる見方をしている。私の見方は、あらたな牧草地の寓話によって説明される。近代社会には、異なる道徳的価値観と伝統をもつ、異なる部族が集まっている。啓蒙主義の偉大な哲学者たちが著作に励んでいた時代、世界は急速に縮んでいった。そのため自分たちの法律、伝統、そして神が、他者のそれよりすぐれているのか疑問を抱かないわけにはいかなかった。その時代には、科学技術（たとえば帆船）とそれが可能にした経済活動（たとえば世界貿易）によって、台頭しつつあった知識階級に富と力がもたらされ、これが王や教会といった伝統的権威を疑問視するきっかけとなった。最後に、この時代には、自然科学によって、世界が世俗的な言葉で理解できるようになっていった。自然科学は普遍的な自然法則をあきらかにし、古来の宗教教義を覆した。哲学者たちは、普遍的な道徳法則もあるのだろうかと考えた。自分たちが知る知らないに関わりなく、ニュートンの重力の法則のように、すべての部族の成員にあてはめられるような法則のことだ。そうであるなら、啓蒙主義の哲学者たちは勝手気ままに道徳の味蕾を減らしていったのではなかった。哲学者たちは、より深遠で普遍的な道徳的真理を探していた。それももっともな理由のために。特定の宗教の教えや世俗の王の意志を超える道徳的真理を探していた。私がメタ道徳と呼んでいるものを探していた。あらたな牧草地の生活を統べる、汎部族的な、いやポスト部族的な哲学を。

人は、ハイトのようにこう言うかもしれない。リベラルの道徳的味覚は少ない、と。しかし、道徳基盤に関しては、少ないことは豊かであることかもしれない。リベラルの道徳的味覚は少ないというより、むしろより洗練されているのかもしれない。

アメリカの社会保守派は、大半が、ある特定の部族に属している。いまだ嘆かわしいほど部族的な、ヨーロッパ系アメリカ人で、白人で、キリスト教徒の部族だ。この部族は、科学から得られた知識も、部族の教えと衝突するのであれば退ける。そのうえ、自分たちの仲間こそ、「真の」アメリカ人だと(口に出さなくても心の中で)考えており、自分たちの部族の信念を脅かす住民を、異質な侵入者と見なす。ハイトによれば、アメリカの社会保守派は権威への敬意に大きな価値を置く。それは一面では真実だ。社会保守派は、自分の父親を(冗談であっても)平手打ちすることを不快に感じるといったことだ。しかし、社会保守派は、権威全般に敬意を払うわけではない。彼らは自分たちの部族によって認められている権威(キリスト教の神から、様々な宗教的・政治的指導者、両親まで)に大きな敬意を払う。アメリカの社会保守派は、バラク・フセイン・オバマに特段の敬意を払わない。オバマが生粋のアメリカ人で、それゆえ正当な大統領であるにもかかわらず、オバマが大統領であることにずっと異議を申し立てている。こうした陰謀説を一部の極右が信じているならまだしも、二〇一一年、CBSとニューヨークタイムズが行なった世論調査によれば、共和党支持者の四五パーセントがオバマ大統領は自分の出自について嘘をついていると回答した。国連の権威についても、共和党支持者は、民主党支持者や無党派層に比べてほとんど敬意を払っていない。また、大多数の共和党員は、アメリカ政府の要職に就いているイスラム教徒のアメリカ人は信用すべきでないと言う。言い換えると、アメリカの社会保守派の権威に対する敬意は根本的に部族的なのだ。神聖への配慮についても同様だ。(「預言者ムハンマドを信仰している者は、権力ある地位に就くべきではない。」)最後に、アメリカの社会保守派の忠誠に対する配慮が部族的であるのも見え見えだ。彼らは、誰もが自分の祖国に対して忠実であるべきとは考えていない。たとえば、イラン人が自分たちの政府に抗議したいと願えば、そのことは奨励されるべきなのだ。

要するに、アメリカの社会保守派を、権威、神聖、忠誠にとくべつな価値を置く人々と呼ぶのは適切ではない。むしろ部族に忠誠を尽くす人々、すなわち自分たちの権威、自分たちの宗教、自分自身に忠実な人々と呼ぶべきだ。だからといって悪人になるわけではないが、偏狭で部族的にはなる。この点で、アメリカの社会保守派は、世界の他の社会保守派、たとえばアフガニスタンのタリバンやヨーロッパの国粋主義者によく似ている。ハイトによれば、リベラルは、社会保守派と歩み寄るためにもっと広い心をもつべきだそうだ。これには同意できない。短期的に歩み寄りは必要かもしれないが、長期的には、私たちは、部族主義的道徳家と妥協する戦略ではなく、部族主義色を和らげるよう彼らを説得する戦略を取るべきだ。

私は社会保守派ではない。部族主義は、本質的に集団レベルでの利己性であり、より大きな善に資するものではないと考えるからだ。私の主張を裏づける証拠はある。リベラル派がアメリカ社会の道徳構造を蝕んでいるのなら、国民の少数しか神を信じていると回答しない、デンマーク、ノルウェー、スウェーデンといったあきらかにリベラルな国は、地獄に向かってまっしぐらのはずだ。ところが、これらの国は、犯罪率は低く、学生は優秀で、生活の質や幸福度は世界最高水準を誇っている。ハイトによると、アメリカの政治は、保守派の「陽」とリベラル派の「陰」のバランスをとる必要があるらしい。それが本当なら、同じ教訓が、スカンジナビアの国々にもあてはまるのだろうか？　デンマーク人は、偏った政治のバランスを正すために、アメリカの片田舎からキリスト教原理主義者を輸入すべきなのだろうか？　私の住む「ケンブリッジ人民共和国」には、選出公職に就いている共和党員はひとりもいない。しかしケンブリッジは、三つの大手信用格づけ機関すべてから地方債券が最上級のトリプルAと評価されている、全米で数少ない地方自治体のひとつだ。

これは、リベラルには、社会保守派から学ぶことは何もないという意味ではない。ハイトが指摘するように、社会保守派は、互いを幸せにすることに非常に長けている。よき隣人であり、平均的なリベラルより、自分が所属する共同体に時間もお金も進んで投資する。彼らは社会資本をどう築くか、信頼を育み、協力的な行動を可能にする社会的ネットワークや制度をどうつくるかを心得ている。言い方を変えれば、社会保守派は、もともとの「コモンズの悲劇」を回避するのがじつにうまい。ところが、現代の悲劇、「常識的道徳の悲劇」を回避するのはからきし下手だ。リベラル派として、私は、地元の教会に投資される社会的資本を称賛し、リベラルにも同じように、密で、頼りになる社会的ネットワークがあればと願うこともある。しかし、それと、中絶、同性愛、そして世界の創造に関する教会の教えに黙従することとはまったく別問題だ。

部族に忠実なのは身近な保守派ばかりではない。個人主義を掲げる北の羊飼いたちは国際化し、世界のもうひとつのメタ部族を形成している。彼らは、リバタリアン、自由市場主義者、「古典的リベラル」であり、社会問題についても経済問題についても、政府の最小限の介入をよしとする。税率はより低く、社会政策、規制、富の分配はより少なくなることを望む。しかし同時に、中絶する権利、マリファナを吸う権利、誰とでも自分が望む相手と結婚できる権利も求めている。リバタリアン(と呼ぶことにしよう)は、もっとも部族主義色の薄い人々であり、対をなす現代リベラル派の穏やかな集団主義を避ける。

それではなぜ、深遠な実用主義者はリバタリアンになるべきではないのか？　かなりの部分、リバタリアンになるべきである。拘束されない自由市場資本主義から共産主義まで、あらゆる政治的選択肢を考えた場合、私のようなリベラルは、古の共産主義よりも現代のリバタリアンに近い(右派からの中傷にもかかわらず)。南の羊飼いたちの本格的集団主義は終わった。こんにちの問題は、自由市場資本主義を支持するかどうかではなく、貧困層に対する支援、無償公教育、国民健康保険、累進課税などの集団主義的な制度で自由市場資本主義を修正すべきかどうか、するとしたらどこまでするかだ。

一部のリバタリアンにとって、政治は基本的権利の問題だ。人が苦労して稼いだ金を取り上げて、他人に与えるのはぜったいに間違っていると彼らは言う。政府には、国民に何をしていいとか、していけないとか命令する権利はないのだ、などなど。私は、こうした意見には反対だ。その理由はすでにあげた。どの人がどの権利をもつのかを知る方法のうち、循環論法でないものはないのだ。経済問題に関して、リバタリアンの考え方は、世界が公正であることを前提としている。政府が市場に介入するのが不正であるなら、その理由は市場そのものが公正だからでなくてはならない。獲得したものすべてを手にするのがふさわしい勝者と、損失すべてを引き受けるのがふさわしい敗者がいる市場だ。私は世界が公正だとは思わない。私を含め、多くの人は、圧倒的に有利な場所から人生のスタートを切る。ひどいハンディを背負いながら成功する人もいるが、だからといって、不利な状況が問題でないことにはならない。ロン・ポールは、政府は、健康保険にも加入しないほど愚かな人間の面倒をみるべきではないと言う。しかしその人の子供はどうなるのだろう？　あまりに貧しくて健康保険に入ることもできない家庭の子供は？　政府はこの子供たちを見殺しにすべきなのか？　これらは、おなじみのリベラルの論点であり、ここでくり返すつもりはない。しかし、世界は公正である、ちょっとしたやる気さえあれば、どんな社会経済的ハンディも乗り越えられると信じているのでないかぎり、権利を拠り所にした原理主義者たちの、リバタリアン流政策では駄目だ。

リバタリアンの政策を支持する実用主義的論拠は、それらがより大きな善に資するというものだ。賢く勤勉な者を罰し、愚かな怠け者に報いるのは、北の羊飼いたちが主張するように、長い目で見れば誰の得にもならない。一部の人が愚かな選択をするのは大変残念だ、とロン・ポールは言う。しかし、自分の面倒をみようとしない人の面倒をみると約束する社会は、いずれかならず破滅する。「私の富ではなく、私の労働倫理を拡散せよ。」これが保守系の抗議の合言葉だ。

リバタリアンはおそらく正しいだろう。ある面では、多くのリベラルより正しいと思う。公立学校にもっと競争を導入することはよい考えに思われる。私は、第一義として、人間の臓器の合法的市場ができることに反対しているわけではない。しかし、搾取や、臓器がらみの暴力事件の代償が、臓器が入手しやすくなる利益を上回るのではないかと懸念している。一部のリベラルの反対にもかかわらず、私は、売春を合法化した上で規制したらどうかと考えている。海外の労働搾取工場で製造された製品の不買行為は、貧しい国の労働者にとって、善より害をもたらすかもしれない。ヨーロッパの共通通貨としてユーロが導入されたことは、勇気ある、輝かしい一歩かもしれない、あるいは度の過ぎた集団主義への勇み足かもしれない。いずれ時があきらかにするだろう。個人主義と集団主義の間のどこに理想的な釣り合いがあるのか、私は知らない。知っているふりをするつもりもない。しかし私は道徳心理学に少々心得があり、そのために右より左に傾く。「大きな政府」に反対する功利主義的主張といわれるものの多くは、じつは合理化ではないかと疑っている。とはいうものの、リベラルが自分たちでも合理化していないと言うのではない(前述参照)。誠実に、自覚をもって最小限の政府を擁護する者はいないと言っているのでもない。私は、反政府的感情の多くは、それが主張しているようなものではないと言って(仮定して)いる。これらの感情には二つの種類がある。

まず、なぜ社会保守派は、「大きな政府」に反対するのだろう？　同じ立場のリバタリアンのように、ごりごりの個人主義者だから、というわけではない。私は、社会保守派がアメリカ政府を警戒するのは、国連を警戒するのと同じ理由だと考える。どちらも、部族を超えた権力構造であり、《私たち》から取り上げ、《彼ら》に与える(もしくは《彼ら》の価値観を《私たち》に押しつける)ことに意欲的で、その力もある。社会保守派は、自分たちの同胞である部族民に奉仕する教会などのローカルな機関に寄付するのはやぶさかでない。しかし、政府に自分たちのお金を取り上げられるとなると、そのお金が、助けを本当に必要とする勤勉な人たちではなく、不正受給する「福祉の女王」、すなわち《彼ら》に届けられるのだと考える。かつて奴隷制度があった州が共和党の(アメリカ東部では)もっとも堅い地盤であるのは偶然ではないだろう。多くの人にとって、「大きな政府」に対する冷静な反対意見と思われているものは、ほとんどが部族主義に過ぎないのではないだろうか。メディケア〔高齢者向け公的医療保険制度〕のように、《私たち》をわかりやすく、直接助けてくれる政府の施策は、社会保守派の間で容認されているだけでなく、神聖不可侵とされている。(頭に血ののぼった保守派がタウンミーティングで「政府に、俺のメディケアにちょっかいを出させるな!」と言ったりすることもあるのだ。)

「大きな政府」の強硬な反対勢力には、より低い税率、より少ない規制、最低限の社会政策をよしとする富裕層もいる。彼らはいわゆる「一パーセント」で、有権者に占める割合は少ないが、非常に大きな力をもっている。非「一パーセント」の代弁者ウォーレン・バフェットがかつて、億万長者のおさめる税率が、秘書の税率より低いというのは何かが間違っていると言ったことは有名だ。とはいえ、こうした政策は、世界でもっとも富裕な人々は、賢明で勤勉であることに対してとくべつな報いを受ける資格があると考えるのであれば、正当化されるだろう。こうした信念が利己的だというリベラルは、私が最初でも最後でもないだろう。しかしじつは、こうした信念は、むしろ、驚くほど純粋なのだ。ミット・ロムニーが、政治資金パーティで、アメリカ国民の四七パーセントを無責任なたかり屋呼ばわりし、会場の富裕な献金者たちから喝采を浴びたのは有名な話だ。しかし、喝采したのが会場いっぱいの献金者だったということは、それほど注目されていない。ロムニーのお気に入りの聴衆たちは文字通りの利己主義者ではない。サイコパスは政治資金パーティに五万ドルも払ったりしないだろう。もっと確実な見返りのある、*楽しい使い道があるはずだ。ロムニーと金持ちの友人たちは、自分たちが望んでいることが、より大きな善のためになると純粋に信じているのだろう。それは単純な利己主義ではない。バイアスのかかった公正だ。

アメリカには一年で三〇〇万ドル稼ぐ人もいるが、平均的な労働者の年収は三万ドルだ。これが自由市場というものなのだ。一般に、数百万ドルも稼ぐ人は、平均的な労働者より勤勉であり、その報いを受けて当然だということは認めよう。しかし、彼らが一〇〇倍熱心に働いているとは思えない。大富豪の一週間の仕事量が、平均的な労働者の一年間の仕事量より多いとは思えない。金持ちには金持ちになってしかるべき理由があるのかもしれない。しかし彼らは運にも恵まれているのだ。私には、世界でもっとも幸運に恵まれている人たちが、なぜその幸運をそっくり自分のために取っておかなくてはならないのかがわからない。公立学校が教師に仕事に見合うだけの給料を支払うことができず、世界中の数十億という子供が罪もないのに貧困に生まれついているのならばなおさらだ。持てる者たちから、ほんの少しお金を取り上げたところで、彼らがどれほど痛みを感じるだろう。一方、持たざる者へ資源と機会を提供して、それらが賢明に活用されるのであれば、おおいに役に立つ。これは社会主義ではない。深遠な実用主義だ。

私は、自分の政治心理学の理解をジョナサン・ハイトの理解と比べるところからはじめた。ここまで読まれて、ハイトはごりごりの保守派なのだと考えた方もいるだろう。しかしそうではない。彼は中道派であり、ときに煮え切らないリベラル派であるが、つまるところ、何より功利主義を支持している。[*] ハイトが結局は功利主義を認めていることは、矛盾していると同時に示唆に富んでもいる。

ハイトによれば、リベラル派の道徳的味覚は少なく、中でも功利主義者の味覚はもっとも少ない。彼は、ジェレミー・ベンサムがアスペルガー症候群(対人関係に障害をもつ軽度の自閉症)であったと死後に診断した研究を引用する。ベンサムがアスペルガー症候群であることは、すべての道徳をひとつの価値に体系的に還元する彼の哲学からあきらかだとハイトは主張する。ハイトは、料理のたとえを使って「功利主義の食堂」を想像する。砂糖しか出さないレストランのように、ベンサムがつくる料理はたったひとつの道徳味覚受容体しか刺激しない。なんともお寒い哲学である。しかし、著書の後半でハイトはこう述べている。

個人の私生活にとって、何が最良の規範倫理の理論なのか、私にはわからない。しかし、民族的・道徳的多様性をある程度抱えた欧米の民主主義国家で、法律を制定したり、公共政策を実施したりすることを考える場合には、功利主義以上に説得力のある選択肢はないと思う。

どうなっているのだろう？　「私たちは何をすべきなのか？」という究極の質問に対して、自閉症の哲学者が最初から正しかったらしい。何が起きているのか。ハイトは、このときまさに、自分のもうひとつの道徳羅針盤を使っているように思われる。

私たち、現代の羊飼いは強い道徳感情をもっている。こうした感情が、まったく異なる場合もある。残念ながら、みんなが自分のやりたいようにできるわけではない。どうすべきだろう？　ハイトが言うように、最初の一歩として、互いをよく理解すべきである。すなわち、自分たちが異なる道徳部族の出身であり、それぞれのやり方で誠実であることを理解するのだ。しかしそれでは十分でない。仲良くやっていくうえで役に立つ共通の道徳基準、メタ道徳が必要だ。最大多数の幸福を目指すべきであるという考えは、道徳の中のひとつの味を恣意的に賛美するものでもないし、ある部族の価値観を他の部族の価値観より持ち上げることでもない。それは共通通貨という、他の価値を測定できる価値の測定規準の実現だ。それによって、たんなる歩み寄りではなく、原則に基づいた歩み寄りができるようになる。ハイトによると、「人間の九〇パーセントはチンパンジーで、一〇パーセントはミツバチ」なのだそうだ。つまり、私たちは大体において利己的だが、同時に少しだけ部族的な部分もあり、自分たちの巣を守るというわけだ。人間性の説明としてこれでは不完全ではないだろうか。私たちのどちらの部分が、全体の幸福を最大化すべきだと信じているのだろう？　チンパンジーの部分でもミツバチの部分でもない。このメタ道徳の理想はまぎれもなく人間の発明であり、抽象的な論理的思考の産物だ。私たちに利己的な本能と部族的な本能しかなかったら、そこから先へは進めない。しかし幸いなことに、私たちにはみなマニュアルモードに切り替える能力が（意志ではないとしても）備わっている。

短期的には、道徳に関わる論理的思考は、まったくとは言わないまでもかなり効率が悪い。おそらく、そのせいでハイトはその重要性を軽んじているのだろう。何かが正しい、または間違っている、と羊飼いが心の中で感じているのなら、説得力のある議論を述べたところで、羊飼いの心をすぐにその場で変えさせることはほぼ不可能だ。しかし、雨風が長い歳月をかけて大地を侵食するように、説得力のある議論には物事の形を変える力がある。** それは、部族の信念に疑いの目を向けようとする意志からはじまる。そしてそんなときには、少々自閉症傾向のあることが役に立つのかもしれない。一七八五年頃、同性愛者のセックスが死刑に処せられていた時代に、ベンサムは次のように記している。

私は、現在、ヨーロッパのすべての国々で行なわれているような、〔同性愛者に対する〕過酷な処遇について、できることなら満足のいく根拠を見つけようと何年も悩んできたが、効用の原理では、何も見つからない。

マニュアルモードの道徳は勇気と粘り強さを要求する。次に紹介するのはミルの言葉だ。これは、女性の権利を擁護したミルの名著『女性の隷従』〔邦題は『女性の解放』〕の序文の中の文章だ。一八六九年に公刊され、妻であるハリエット・テイラー・ミルとの共作の可能性もある。

しかし、この問題の難しさが、私の確信の根拠が不十分であるとか不明瞭であることによると考えるのは間違いだろう。その困難は、闘うべき強い感情があるすべての場合に存在する類のものだ……そして、そうした感情が消えないかぎり、古くからあるものにできたほころびを繕うあらたな論陣がつねに張られつづける。

こんにち、私たちは、いや私たちの一部は、同性愛者や女性の権利を確信をもって擁護する。しかし、私たちが感情をこめてこうしたことが行なえるようになる前に、私たちの感情が「権利」のように感じられるようになる前に、誰かがこれを思考で行なわなくてはならなかった。私は深遠な実用主義者であり、リベラルである。こうした進歩を信じ、私たちの仕事はまだ道半ばであると信じているのだから。

第12章 オートフォーカスの道徳を超えて

——現代を生きる羊飼いのための六つのルール

はじめに原始スープがあった。協力的な分子どうしがより大きな分子を形成した。その中には自分の複製をつくり、みずからを保護膜で覆うことができたものもあった。協力的な細胞どうしは融合して複雑な細胞となり、その後、協力的な細胞の集合体を形成した。生命は、個を犠牲にして集団の成功を得るマジックコーナーを何度も発見しながら、しだいに複雑さを増していった。ミツバチになったものもあれば、ボノボになったものもあった。しかし、生物学上の設計により、協力的な有機体は、普遍的に協力的というわけではない。協力は、競争の武器として、他者を打ち負かす戦略として進化したからだ。であるなら、もっとも高度な協力が、《彼ら》よりも《私たち》を優先する力に阻まれて、緊張を伴うものになるのは避けられない。

動物の中には脳を進化させたものもあった。脳は、情報を吸収し、その情報を利用して行動を導く計算制御センターだ。大半の動物の脳は、インプットをアウトプットに自動的に対応づける反射装置で、自分たちが何をしているかをよく考えたり、あらたな行動を思いついたりする能力はない。しかし私たち人間は、根本的にあたらしい種類の知性を進化させた。それは、複雑で新奇な問題、反射では解けない問題を解決できる汎用の論理的思考能力だった。速い知性と遅い知性は最強の組み合わせだが、危険でもある。巨大な脳のおかげで、私たちは自然界のほとんどの敵を打ち負かしてきた。必要なだけ食べ物をつくり、自然の力から身を守る住みかを建てることもできる。ライオンから細菌にいたる、大半の捕食者の裏をかいてきた。こんにち、人類のもっともおそるべき自然の敵は人類自身だ。人類が直面している最大の問題は、ほぼすべてが人間の選択によって引き起こされたものか、少なくとも選択によっては避けられたものだ。

近年、私たちは敵意を減らすという点において著しい進歩を遂げた。戦争を礼儀正しい交易に置き換え、独裁政治を民主政治に置き換え、迷信を科学に置き換えた。しかしまだ改善の余地は残されている。古くからある地球規模の問題(貧困、疾病、戦争、搾取、個人に向けられた暴力)、迫り来る地球規模の問題(気候変動、大量破壊兵器を用いるテロ行為)、そして現代社会特有の道徳問題(生命倫理、大きな政府と小さな政府、公共生活における宗教の役割)。どうすれば私たちはよりよくできるだろう?

私たちの脳は、他の器官と同様、自分たちの遺伝子を広めるために進化した。よく知られる理由により、脳は私たちに利己的な衝動を、すなわち生き延び、子供を産み育てるために必要なものを手に入れずにはいられない自動プログラムを授けた。そして、それほどあきらかでない理由から、他者を気づかい、他者が同じように気づかっているかどうかを気に掛けるように、脳は私たちを駆り立てる。人間には、共感、愛情、友情、怒り、社会的嫌悪、感謝、復讐心、名誉心、罪悪感、忠誠心、謙遜、畏怖、手厳しさ、ゴシップ好き、羞恥心、義憤が備わっている。こうした人間心理に普遍的な特性のおかげで、《私たち》は《私》を圧倒し、私たちはマジックコーナーにおさまって、コモンズの悲劇を回避できる。

こうした認知装置は、すべての健康な人間の脳で利用されているが、使い方は様々だ。部族には、それぞれ固有の協力の条件がある。互いにどんな義務を負うのか、立派な人は脅威にどう対応するかについて異なる考えと感情をもっている。異なる「固有名詞」、ローカルな道徳的権威に献身を捧げる。そしてそもそもの設計により、《彼ら》より《私たち》をひいきする。自分たちは公正にふるまっていると考えているときでさえ、《私たち》にもっともしっくりくるタイプの公正さを無意識に好んでいる。このようにして、私たちは、「常識的道徳の悲劇」に直面する。何が正しく、何が間違っているのかについて一致できない道徳部族《モラル・トライブズ》だ。

問題を解決するとは、多くの場合、その問題を正しいやり方で枠にはめることである。本書で、私は、人間が抱える最大の道徳問題を考える枠組みを与えようとした。何度もくり返してきたように、私たちは、根本的に異なる二種類の道徳問題に直面している。《私》対《私たち》の問題(コモンズの悲劇)と、《私たち》対《彼ら》の問題(常識的道徳の悲劇)だ。そして私たちには、根本的に異なる二種類の道徳的思考が備わっている。速い思考(情動的なオートモードを使用するもの)と、遅い思考(マニュアルモードの論理的思考を使用するもの)だ。そして、前にも述べたように、鍵となるのは問題と思考の種類を正しく組み合わせることだ。《私》対《私たち》の問題なら素早く考えよ。《私たち》対《彼ら》の問題ならゆっくり考えよ。

現代の羊飼いたちは、もっとゆっくり、もっと懸命に考えなくてはならない。ただし、正しい方法で考えなくてはいけない。マニュアルモードの論理的思考を、自分たちの道徳感情を記述したり合理化したりするために利用すれば、袋小路に陥るだろう。必要なのは、オートモードの産物を系統立てたり、正当化したりすることではない。それを超越することだ。このように言えば、私たちの問題解決法はあきらかに思える。対立を生む部族の感情は脇に置いて、全体として最善の結果をもたらすことを何であれ行なうべきである。とはいえ、何が「最善」なのか？

私たちが価値を置くものはほぼすべて、私たちの経験に与える影響のために価値がある。であるなら、最善のものとは、すべての人の人生の質に等しい価値を認めながら、私たちの経験を最大限よくするものと言えるだろう。ベンサムとミルはこのすばらしいアイデアを体系的な哲学に変え、ひどい命名をした。それ以来、彼らの考えは誤解され、過小評価されてきた。とはいえ、問題はマーケティング戦略の失敗より根深い。私たちの直感的反応は首尾一貫した道徳哲学をつくるようには設計されていない。そこで、本当に首尾一貫した哲学は何であれかならず、私たちの感情を害する。これは、現実世界でもときどき起きるが、激しい感情とより大きな善を人為的に対決させる哲学の思考実験で顕著である。私たちが功利主義を過小評価するのは、自分の知性を過大評価しているからだ。私たちは、自分たちの直感的反応が、道徳的真理へ導いてくれる頼もしい案内人だと誤解している。チェーホフが言ったように、よりよくなるには、自分がどのようなものであるかを知らなくてはならない。

長く複雑なこの本の冒頭で、私は明晰さを約束した。この本を読みはじめたときよりも、みなさんが道徳問題を明晰に理解しておられますように。身近に起きている「常識的道徳の悲劇」を、その根本的原因である情動を、そして私たちの前進を可能にする理性を理解しておられますように。本書では、数多の抽象的な考え方を、数多の「主義」を取り上げた。私は、社会科学者で、かつ実用主義者でもあるため、理論と実践の間に溝があることは重々承知している。長期的に有効なものにするには、理想を主義の中だけでなく、習慣の中に組み込まなくてはならない。以上を心に留めて、あらたな牧草地での生活に関するシンプルで実践的な提案を伝えて本書を締めくくるとしよう。

現代を生きる羊飼いのための六つのルール

ルール一　道徳的論争に直面したら、自分の道徳的本能に助言を求めるとしても、それを信頼してはならない*

あなたの道徳的直観は、数百万年におよぶ生物進化、数千年におよぶ文化進化、そして長年にわたる個人的体験によって研ぎ澄まされた、夢のような認知装置だ。個人の生活では、道徳的直観を信頼し、マニュアルモードを警戒すべきだ。マニュアルモードは、《私たち》より《私》をいかに優先させるかを考え出すのがうますぎる。しかし、道徳的論争に直面したら、すなわち《私たち》対《彼ら》の問題を考えるときは、マニュアルモードに切り替えなくてはいけない。情動的な道徳の羅針盤の針が反対の方角を向いているとき、どちらも正しいことはありえないのだから。

ルール二　権利は議論を行なうためでなく、議論を終わらせるためにある

どの人がどの権利をもつのか、どの権利が他の権利に優先するかをあきらかにしようとする方法のうち、循環論法でないものはない。私たちは、権利が（そして権利の野暮な姉である義務が）大好きだ。それは権利と義務が、私たちの主観的感情を抽象的な道徳的対象の心像として提示することを可能にする、便利な合理化装置だからだ。こうした対象が存在するにせよしないにせよ、それについて議論するメリットはほとんどない。私たちは「権利」を盾として利用できる。それで自分たちが成し遂げた道徳的進歩を守るのだ。合理的な議論をすべき時が過ぎた後は、修辞上の武器として「権利」を利用できる。しかし、こうしたことは、できるかぎり慎むべきである。そして実行するときは、自分たちが何を行なっているのかを自覚すべきだ。権利に訴えるときは、議論を行なっているのではなく、議論は終わったと宣言しているのだ。

ルール三　事実に焦点を置く。相手にも同じことをさせよう

深遠な実用主義者にとって、ある提案の是非は、その提案がどんな仕組みを想定しているか、その影響がどのようなものになりそうか、知らないまま決めることはできない。それにもかかわらず、ほとんどの人が、環境規制から医療制度にいたる様々な政策について、ほとんど理解しないまま躊躇なく意見を述べる。道徳をめぐる公開討論はもっとくそ真面目にすべきだ。自分たちがどの政策を支持し、どの政策に反対するかだけでなく、これらの政策がどう機能するかを知るべく心がけなくてはいけないし、他人にも心がけさせなくてはいけない。私たちは、何がうまくいき、何ではうまくいかな

いか証拠を提出しなくてはいけないし、証拠を要求しなくてはいけない。そして物事がどう機能するかが理論の上で、もしくは実践において、わからないときはソクラテスの叡智にならって自分たちの無知を認めるべきだ。

ルール四　バイアスのかかった公正を警戒しよう

公正にするとしてもいろいろなやり方がある。そして私たちには、しばしば無意識に、自分にもっとも都合のいいタイプの公正さを支持する性向がある。バイアスのかかった公正も、ある種の公正ではあるため、バイアスがかかっているとは、とくに自分に関しては気づきにくい。こういったことは、個人のレベルでも、個々の部族の忠実な成員のレベルでも起こる。人は、自分の部族のバイアスのかかった公正を押し通すために個人的な犠牲を払うこともある。一種のバイアスのかかった無私だ。

ルール五　共通通貨を利用しよう

私たちは、権利と正義について永久に議論を続けられるが、もっと基本的な二つのものによって結びつけられている。まず、私たちはみな、人としての経験の良し悪しによって結びついている。人はみな幸せになりたいと願う。苦しみたいと思う人はいない。次に、私たちはみな黄金律とその背後にある公平性の理想を理解している。この二つの考えを合わせると、共通通貨という、原則に基づいた歩み寄りを可能にするシステムができる。私たちは、部族の本能の反対を乗り越えて、もっともうまくいくことなら、すなわち私たちを全体としてもっとも幸福にすることなら何でもすることに合意できる。

何がもっともうまくいくかをあきらかにするには、価値の共通通貨が必要だが、事実の共通通貨も必要だ。知識には多数の源があるが、もっとも広い範囲で、群を抜いて信頼されているのは科学だ。それには正当な理由もある。科学は絶対確実ではないし、人は、それが自分たちの部族の信念と対立すれば言下に退ける。とはいえ、ほとんどの人が、自分たちに都合のいいものであれば、科学的証拠に訴える。（明日、信頼できる科学者たちが、地球は誕生してからわずか数千年にしかならないと発表したら、創造論者は小躍りして喜ぶのではないか？）知識の源としてこのような特質をもつものは他にない。私たちは、自分たちの部族の集落や心の中では、何であれ自分が好きなものを信じてよい。しかしあらたな牧草地では、真実は、目に見える証拠という共通通貨を使って決定されるべきだ。

ルール六　与えよう

私たちは、個人として、自分たちの生活の指針となるルールをつくろうとはしない。しかし、一人ひとりが、いくつかの重大な、生死に関わる決断を下している。物質的に恵まれた世界に住む私たちは、ささやかな犠牲を払うことによって、他者の生活を飛躍的に向上させる力をもっている。私たちは、部族の生活向けに配線された生きものなので、遠くの国の「統計上の」他者に対してあまり同情を感じない。そうはいっても、自分の贅沢三昧の暮らしの方が、他者の人生を救うより、すなわち医療や教育を受けられない誰かに、よりあかるい未来を届けるよりも重要だ*と正直に言う人はほとんどいない。自分の寄付など実際には役に立たない、と事実に関して自分を欺くことはできる。もしくは、もっと哲学的野心があれば、自分たちの自己本位な選択を合理化できる。しかし、誠実な反応、見識のある反応とは、自分たちの習慣の冷酷な現実を認め、それを変えるよう最善を尽くすことだ。ささやかでも実を結ぶ誠実な努力は、完全に知らんふりを決め込むよりよいと知っているのだから。

イマヌエル・カントは、「わが上なる星の輝く空」と「わが内なる道徳律」に驚嘆した。美しい言葉ではあるが、私には心から共感することはできない。人類には驚嘆すべき点がたくさんある。しかし私たちの内なる道徳律にはよい面と悪い面がある。私にとって、もっと驚嘆すべきと思われるのは、自分たちの心に記された掟に疑問をもち、それをもっとよいものに置き換えられる能力だ。自然界は、小さな細胞からオオカミの群れにいたるまで、協力に満ちている。こうしたチームワークは、どれほど感動的ではあっても、競争に勝利するという、道徳とは関係ない目的のために進化した。しかしながらどういうわけか、大きくなりすぎた霊長類の脳をもつ私たちは、自然のつくった機械の背後にある抽象的原理を理解して、わがものとした。そんな牧草地で、あらたな何かが太陽の下で育っている。それは、他者に対して優位に立つためでなく、ただそれがよいことだからという理由で仲間の面倒をみる、グローバルな部族《トライブ》だ。

著者より

ギブウェルは、実績と費用対効果と追加資金の必要性に基づいて慈善活動団体を推薦している。最新の情報は www.givewell.org をご覧いただきたい。

オックスファム・インターナショナルは、貧困と不正の長期的解決策を考案している。身近なオックスファムの支部を探すには www.oxfam.org をご覧いただきたい。

謝辞

私がこんにちあるのは、誰よりもまず両親、ローリー・グリーンとジョナサン・グリーンのおかげである。二人は、私がごく幼いころから自分で考えるように促してくれた。そして二人が一生懸命働いて愛情を注いでくれたおかげで、私は思想に自分の職業生活を捧げるという特権に恵まれた。二人に厚く感謝する。きょうだいであるダン・グリーンとリズ・グリーンにも、これまでの愛情と援助を感謝する。友人であり義理の姉でもあるサラ・スタンバーグ・グリーンと、つい最近義理の兄弟になったアーロン・ファルクックにも感謝申し上げる。

この特権の一部は、すばらしい師と同僚たちから学んだことだった。彼らは私を鼓舞し、私の未熟な考えを真剣に受け止め、考える方法を教えてくれた。大学時代の恩師ジョナサン・バロン、ポール・ロジン、アマルティア・セン、アリソン・シモンズ、デレク・パーフィットは、私をスタート地点に立たせてくれた。みなさんの恩は一生忘れないだろう。大学院時代の指導教員デヴィッド・ルイスとギルバート・ハーマン、ピーター・シンガーにも感謝申し上げる。シンガーは、私の論文審査委員会に参加してくれ、それ以来貴重な助言と励ましを与え続けてくれている。プリンストン大学の哲学コミュニティからは有益な議論と時間を与えていただいた。ポスドク時代の（そして非公式の博士課程の）指導教員であったジョナサン・コーエンにはいくら感謝してもし足りない。チャンスを与えてくれ、科学の技法を教えてくれ、脳がどのように心になるか理解するのを助けてくれた。また、第二の故郷を与えてくれ、自分の道を探すのを助けてくれたリー・ナイストロム、ジョン・ダーリー、スーザン・フィスクをはじめプリンストン大学心理学科の方々にも感謝している。大学院以降、私を受け入れ育んでくれたもうひとつの故郷が道徳心理学研究グループ（MPRG）だ。私の心を広げ、魂を鼓舞し続けてくれる哲学者と科学者たちの陽気な集団だ。とくにこの数年間は、MPRG部族の長老、スティーヴン・スティッチ、ジョン・ドリス、ショーン・ニコルズ、ウォルター・シノット＝アームストロングの指導と支援に助けられている。最後に、ハーバード大学の心理学科のスタッフにお礼申し上げる。改心した哲学者に（もういちど）チャンスを与えてくれたことに、そのひらめきと導きに、そして、年若い私にこの本を執筆するように勧めてくれたことに、感謝したい。マーザリン・バナジ、ジョシュ・バックホルツ、ランディ・バックナー、スーザン・ケアリー、ダン・ギルバート、クリスティン・フッカー、スティーヴン・コスリン、ウェンディ・メンデス、ジェイソン・ミッチェル、マット・ノック、スティーヴン・ピンカー、ジム・シダニウス、ジェシー・スネデカー、フェリックス・ワーネケン、そしてダン・ウェグナーの支えと助言に心から感謝申し上げる。そして、マックス・ベイザーマンに深く感謝する。万事が驚くほど順調にいくようにしてくださる心理学科のすばらしい事務スタッフにも感謝する。

ロバート・サポルスキーは、ブロックマン社のカティンカ・マットソンに私を推薦してくれた。カティンカはその後私のエージェントとなり、ときに守護天使の役目も果たしてくれている。カティンカが(もういちど)チャンスをくれたこと、出版の世界について教えてくれたこと、その忍耐強さと賢明さ、この本がかならず世に出ると信じていてくれたことに感謝申し上げる。

ギリシャ神話に登場するテセウスの船のように、この本の部品も何度も交換されるうちに、最初にあった部品は何もなくなってしまった。この本を何度も何度も推敲するのを助けてくれ、親切にも貴重な時間と注意を数百時間も割いてくださったみなさんに生涯感謝する。全章分の草稿に目を通して、コメントしてくださったのは次の方々である。ジョナサン・バロン、マックス・ベイザーマン、ポール・ブルーム、トマソ・ブルーニ、アレック・チャクロフ、モシェ・コーエン＝エリヤ、ファイアリー・カッシュマン、ジョン・ドリス、ダン・ギルバート、ジョナサン・ハイト、ブレット・ハルシー、アンドレア・ヘバライン、アナ・ジェンキンス、アレックス・ジョーダン、リチャード・ジョイス、サイモン・ケラー、ジョシュア・ノーブ、ビクター・クマル、ショーン・ニコルズ、ジョー・パクストン、スティーヴン・ピンカー、ロバート・サポルスキー、ピーター・シンガー、ウォルター・シノット＝アームストロング、タムラー・ソマース、ダン・ウェグナー、リアーヌ・ヤング。また、次の方々からは、一章もしくは複数の章について有益なコメントをいただいた。ダン・エームズ、カート・グレイ、ギルバート・ハーマン、ダン・ケリー、マット・キリングワース、カトリーナ・コズロフ、リンゼイ・パウエル、ジェシー・プリンツ、トリ・マックギア、エドワール・マシュリー、ロン・マロン、マリア・メリット、アレックス・プラキアス、エリカ・ローダー、アディナ・ロスキーズ、ティム・シュレーダー、スザンナ・シーゲル、チャンドラ・スリーパーダ、スティーヴン・スティッチ、ヴァレリー・ティベリウス。(二度にわたって全章分の草稿に目を通してくださったダン・ギルバート、スティーヴン・ピンカー、ピーター・シンガーにはとくに厚くお礼申し上げる。）トウガラシとの関係を見つけてくださったデヴィッド・ルバーロフにも感謝申し上げる。お世話になったにもかかわらず、ここに名前を載せきれなかったみなさんには心からお詫び申し上げる。こうした方々から寄せられた知恵の集積を考えるとき、私は深く頭を垂れ、その投資に報いることができていたらと願うばかりである。こうした偉大な知性が、折にふれ疑問を投げかけてくれたおかげで、（もっとひどい）恥をかかなくてすんだことが幾度となくある。

　ペンギン・プレス社の有能なみなさんにも多大な感謝を申し上げる。ニック・トラウトウェインの初稿に対する編集上の分析が方向性と励ましを与えてくれた。ウィル・パーマーの思慮深い原稿整理によって、この作品におおいに必要とされていた磨きがかかった。エイモン・ドランに担当していただいたのは短い期間だったが、有益なコメントと貴重な時間を与えてくださったことに感謝する。トラウトウェインとドランが去った後、この本は、ベンジャミン・プラットの机の上に着地した。プラットの新鮮な視点が、実りと報いの多い共同作業に役立った。プラットは、この作品の中で私に見えていなかった欠点と長所を指摘してくれた。そして、この本は私が中間部と考えていたところからはじまることに気づいてくれた。この洞察にはとりわけ感謝している。しかしながら、ペンギン・プレス社で誰よりもお世話になったのはスコット・モイヤースだ。彼は、私に（もういちど）チャンスをくれた。無名のポスドクに、一冊の本を出版する契約を申し出てくれ、責任ある地位にあったにもかかわらず、去年一年間、親切にもこの本の共同編集にあたってくれた。スコットは、多くの意味で、私以上に私の本を理解していた。これにはめげたが、奮い立たされもした。スコットが、桁外れの才能を貸し与えてくれたこと、そのシニカルなウィットと知恵を提供してくれたこと、最初から最後まで私のこの仕事を信じてくれたことに感謝している。

この七年間、道徳認知研究室の優秀で熱心な若き科学者のチームは、大学院生やポスドクとして、私と運命を共にしてくれた。私も学生たちも、この本にまさかこれほどの犠牲を強いられるとは考えていなかった。少なくとも私は、著者として名前が出るわけだが、学生たちは、遅れ、不在、疲れ切ったうつろなまなざし、詫びの言葉以外、何も得られるものはなかった。しかし若手研究者たちはじつに忍耐強く、支えてくれた。その親切に報いることはぜったいに不可能だろう。(「まったくだよ!」という学生たちの声が聞こえてくる。)ありがとう、阿部修士、エリノア・アミット、リーガン・バーンハード、ドナル・カヒル、アレック・チャクロフ、ファイアリー・カッシュマン、スティーヴン・フランククランド、ショーナ・ゴードン＝マッケオン、サラ・ゴットリーブ、クリスティーヌ・マ＝ケラムス、ジョー・パクストン、デヴィッド・ランド、そしてアミタイ・シャンハブ。みんなのおかげで、私は毎日楽しく出勤できる。とくに、脳画像撮影を担当してくれたスティーヴン・フランククランド、図版、注、書誌を準備してくれたサラ・ゴッドリーブの英雄的な頑張りに感謝する。

私が最後まで正気を保っていられたのは、温かさとすばらしいユーモアで執筆中支えてくれた友人たちのおかげだ。ニコール・ラミー、マイケル・パッティ、ポーラ・フックス、ジョシュ・バックホルツ、アシュリー・バックホルツ、ブレット・ハルシー、ヴァレリー・レビッテ・ハルシー、どうもありがとう。

子供たち、サムとフリーダは、二人がこの世に誕生するまで知らなかった喜びをもたらしてくれた。

二人の父親であること以外に望むことなどない。そして、二人の子供時代の何千時間を――カボチャ採りや海水浴、おやすみ前の絵本の読み聞かせを――この本のために逃してしまったことほど悔やまれることはない。パパは、これからはもっとずっと家にいるようにするね。そして最後に、妻であり、親友であり、人生最愛の人である、アンドレア・ヘバラインに全身全霊を込めて感謝する。本書を妻に一〇〇〇回でも捧げよう。アンドレアの才能とすぐれたセンスのおかげでこの本はずっとすばらしいものになった。しかし、妻の献身がなければ、改善されるべき本自体も存在しなかっただろう。私が、家族を何に巻き込んでしまったのかもわからないままはじめたことを最後までやり遂げられるように、アンドレアは生活を整えてくれた。その配慮に、そしてもっと多くのことに対して、永遠に感謝する。

解説

阿部修士

これまでの本とは一線を画する、新たな道徳哲学の本がついに翻訳・出版された。著者のジョシュア・グリーン氏は、若くしてハーバード大学心理学科の教授となった新進気鋭の研究者である。彼は二一世紀初頭に、「少数の命を犠牲にしてでも多数の命を救うべきか?」といった人間の道徳判断に関わる脳のメカニズムを、世界に先駆けて報告し、一躍時の人となった。彼の研究は心理学と神経科学、そして道徳哲学を独創的に融合させたものであり、今なお世界中の多くの研究者に多大な影響を与え続けている。本書は彼のこれまでの研究の集大成であり、極めて野心的かつユニークに、科学的な知見——とりわけ心理学や神経科学といった、人間のこころと脳のはたらきに関する最新の知見を織り交ぜながら、道徳哲学を議論する珠玉の一冊である。

本書において彼は、社会生活を営む我々人間を取り巻く二種類の問題と、人間に備わった二種類の脳のモードについて説明しながら、自身の道徳哲学の議論を進めていく。二種類の問題とは「コモンズの悲劇」と「常識的道徳の悲劇」である。コモンズの悲劇とは、ある特定の集団内における、自身と他の人間との葛藤や対立——すなわち、《私》と《私たち》との間に生じる問題を指している。ある集団の中で、全員が自身の利益を貪欲に追求すれば、共有すべき資源は枯渇し、その集団はたちゆかなくなる。この問題を回避するには、他者と協力すること、すなわち《私たち》を《私》に優先させることが必要だ。

一方、常識的道徳の悲劇とは、文化や宗教、そして道徳的価値観に違いのある集団間の葛藤や対立——すなわち、《私たち》と《彼ら》との間に生じる問題を指す。道徳を異にする集団はそれぞれ、《彼ら》なりの正当な価値観を持っているため、その対立は容易には解消されない。この問題を乗り越えるには、様々な集団間でも共有可能な新たな価値観を見つけ出し、《私たち》と《彼ら》との溝を埋めることが必要だという。中東におけるイスラム国の台頭など、現在の日本でも目をそむけることのできない多くの問題が生じているが、つまるところ、こうした対立の多くは道徳的価値観の違いに起因しており、集団間の問題である。

コモンズの悲劇と常識的道徳の悲劇という言葉で表現される、集団内と集団間の対立を解消するために、グリーン氏は脳の二種類のモードを使い分けることが必要だと主張する。彼は脳をカメラにたとえ、それら二種類のモードを「オートモード」と「マニュアルモード」と呼ぶ。「オートモード」は直感的反応や情動的反応に関わるものであり、自動的で素早いこころのはたらきのことである。「五人の命を救いたいからといって、一人の命をわざわざ犠牲にするなんて、そんな恐ろしいことはできない！」というのがオートモードのはたらきだ。一方、「マニュアルモード」は熟慮を要するような、論理的思考や合理的判断を担うこころのはたらきである。マニュアルモードの思考は、「五人の命を救えるのなら、一人の命を犠牲にすることも、全体の利益を考えればやむを得ない」といった具合である。

グリーン氏は、脳のオートモードは我々の道徳的直観の担い手であり、コモンズの悲劇、すなわち集団内での対立を回避するうえで有効だと主張する。彼の理論では、道徳とは協力を促進するために、生物進化や文化進化によって結実した、一連の心理的能力とされている。つまり、我々人間は少なくともある集団内では、自然と協力的になりうる。思わず反論したくなった読者の方もおられるだろう。人間は所詮、自分の利益こそが最優先であり、他者のことなど二の次ではないのか、と。ところが、様々な心理実験の結果が、人間に本質的に備わっている集団内での協力性の存在を示唆している。したがって、集団内でうまくやっていくには、つまりコモンズの悲劇を回避するには、オートモードに任せておけばよい。

では、常識的道徳の悲劇、すなわち集団間での対立を回避するにはどうすればよいのだろうか？ グリーン氏は、ここで脳のマニュアルモードを使うことが重要だと主張する。オートモードは集団内の協力を促進させるため、ともすれば《彼ら》よりも《私たち》をひいきする。しかも、わたしたち人間は、このオートモードのはたらきに無自覚である。したがって、オートモードに任せていては、《私たち》と《彼ら》との対立は避けられない。「《私たち》対《彼ら》の問題ならゆっくり考えよ。」というのが彼のメッセージだ。対立を生む集団間の感情は、いったん脇に置き、マニュアルモードを使って考えるということだ。

ただし、少しばかり冷静に、そして論理的になったからといって、簡単に解決できるほど、常識的道徳の悲劇は生易しいものではない。彼は、集団間の対立を回避する具体的な方策として、マニュアルモードを使ってできることを提唱している。それは「共通通貨」を見つけることだ。全員が共有できる、道徳の真の共通基盤のことである。彼は「幸福を公平に最大化する」功利主義の背後にある価値観こそが、現代社会に必要とされている道徳の共通基盤ではないかと考える。これは合理的に考え妥協する、という単純な話ではない。彼の主張によれば、功利主義は誤解されている。幸福を求め、苦痛を回避したいとする人間の価値の核心を、公平に評価すること、つまり自身と他者とで幸福や苦痛の価値に違いはない、というエッセンスを盛り込むことで、共有可能な道徳哲学が生まれると彼は主張する。正しく理解され、賢明に適用された功利主義を、彼は「深遠な実用主義」と名付けている。これこそが、常識的道徳の悲劇の回避を可能にする、グリーン氏の提唱する新たな道徳哲学である。

そもそも、道徳とは人間が持つ善悪の規範であり、法律のように明文化されてはいない、人間の内面的原理である。それゆえ、簡単な「答え」など存在するはずもない。道徳にも明文化されたルールが存在したら、どれほど気楽なことか。明確なルールがない状況では畢竟、道徳哲学は私たちに、マニュアルモードを使って考え続けることを強いるのかもしれない。だがグリーン氏はこの点について、比較的明るい見通しを抱いているようだ。私たちのマニュアルモードは人間に備わった特別な機能であり、それによって集団間における異なる道徳的直観を超越できると彼は信じている。懐疑的な読者の方もおられるかもしれないが、彼は決して非現実的な理想を語っているわけではない。本書の最後では、実践的かつ実現可能な「道徳脳」の使い方が提唱されている。

本書には道徳哲学のみならず、最新の心理学や神経科学の話題も満載である。近年では「社会神経科学」という学問分野が著しい発展を遂げており、人間の社会性と脳のはたらきとの関係について、非常に多くのことが明らかとなっている。本書のテーマである道徳も、近年の研究の重要な話題の一つである。ただし、上述した通り、本書は人間の道徳を司る脳のシステムが明らかになった、という単純な主張に終始するものではない。道徳哲学から生まれた問題意識にもとづいて科学的にアプローチし、さらにその知見をもとに哲学的思考を展開させるという、従来には見られなかった学問の姿がそこにある。本書においてグリーン氏は、ベンサムとミルのことを空理空論をこねくり回す哲学者ではなく、勇猛果敢な社会改革者であると評しているが、私に言わせれば、グリーン氏も同様の勇猛果敢さを持ち合わせている。ただしベンサムやミルのそれとは一味違う。彼は従来の功利主義思想をベースとしながらも、時に的確にその思想を深化させ、時に柔軟に現実世界とのバランスをとりながら、現代社会の問題にアプローチ可能な深遠なる実用主義の議論を展開していく。彼の独創的な試みは、道徳と科学のかつてない融合を実現させた、二一世紀の新たな学問の開拓と呼ぶにふさわしい。

私自身は二〇一〇年から二〇一二年の二年間、グリーン氏の研究室に研究員として所属し、道徳とも密接な関連のある人間の正直さについての研究を進めてきた。彼との会話の中で、今なお非常に印象に残っているエピソードが一つある。彼が主に、心理学や神経科学の分野で影響力のある研究成果を発信し、心理学科で教鞭をとっているにもかかわらず、「自分は哲学者である」と語っていたことだ。本書で展開されているのは、まさに科学に裏打ちされた哲学的議論であり、彼のこれまでの「哲学者」としてのキャリアのエッセンスが詰まっている。「二一世紀の科学を利用すれば、二〇世紀の批判をはねかえして、一九世紀の道徳哲学の正しさを立証できる、私はそう信じている。」という彼の主張も、本書を読めば納得だ。

重厚な本書を読み進めていくには、脳のマニュアルモードをフル稼働させる必要があるだろう。しかし、本書は読者のその努力に、必ずや報いてくれる。多くの先端的な学術的知見に触れ、思考実験を通じて知的好奇心がとめどなく刺激され続けた結果、充実した読後感を得られることを保証したい。二人の小さな子供を育てながら、大学での研究・教育を行いつつ、必死に本書を執筆していた彼の姿を目の当たりにしてきた者としては、本書がこうして日本の読書界に届けられたことは、望外の喜びである。

（あべ　のぶひと・京都大学こころの未来研究センター上廣こころ学研究部門）

ジョシュア・グリーン(Joshua Greene)
ハーバード大学心理学科教授．1997年ハーバード大学哲学科卒業．2002年プリンストン大学より博士号(哲学)を取得．プリンストン大学「認知制御の神経科学」研究室の博士研究員，ハーバード大学心理学科助教，准教授を経て2014年より現職．

竹田 円
翻訳家．東京大学大学院人文社会系研究科修士課程修了．専攻スラヴ文学．訳書に，ブルーム『ジャスト・ベイビー——赤ちゃんが教えてくれる善悪の起源』(NTT出版)，アレン『ハーブの歴史』(原書房)，エリオット『女の子脳 男の子脳——神経科学から見る子どもの育て方』(NHK出版)など．

モラル・トライブズ——共存の道徳哲学へ(下)
ジョシュア・グリーン

2015年8月27日　第1刷発行

訳　者　竹田《たけだ》 円《まどか》

発行者　岡本 厚

発行所　株式会社 岩波書店
〒101-8002 東京都千代田区一ツ橋2-5-5
電話案内 03-5210-4000
http://www.iwanami.co.jp/

印刷・三秀舎　製本・牧製本

ISBN 978-4-00-006322-7　　Printed in Japan
JASRAC 出1507310-501

索　引

本文は 279 ページ以降が下巻
*1, *2, …は上巻原注，**1, **2, …は下巻原注のページ番号

か行

さ行

た行

な行

は行

ま行

や行

ら行

原　注

第四部　道徳の断罪

第９章　警戒心を呼び覚ます行為

281　**組み入れと改革**　これらの用語のここでの用法はBrink (2011)による．功利主義への組み入れについてはBazerman and Greene (2010)も参照されたい．

281　**長期的には……より大きな善を**　それでもまだ，原理的には，こうした行為を是認するという問題が残されている．私が真剣に考えている問題だ．これについては後で詳しく取り上げる．

282　**女性が知的に劣っているように思われる**　Mill (1869/1895)．

282　**善悪の究極の判定者としてはあまりに柔軟性に欠ける**　こうした議論は先にJonathan Baron (1994), Cass Sunstein (2005), Peter Singer (2005), Walter Sinnott-Armstrong (2004), Stephen Stich (2006)などにより行なわれたものに類似しており，彼らの議論を土台にしている．Greene(1997, 2002, 2007, 査読中)も参照されたい．

282　**被告の人種**　Baldus, Woodworth, et al. (1998); Eberhardt, Davies, et al. (2006)．US General Accounting Office (1990)も参照．

285　**現実世界に対する被験者の予測について統制した**　これらの実験(Greene, Cushman, et al., 2009)で，私たちは被験者に次の類の三つの質問をした．「現実世界で，五人を救うこの試みが計画通りうまくいく可能性はどのくらいか？」「計画よりうまくいかない可能性はどのくらいか？」「計画よりうまくいく可能性はどのくらいか？」その後，この三つの質問への被験者の答えを利用して，現実世界に対する予測について統計的に統制を行なった．つまり，被験者の現実世界に対する予測を知るだけで，被験者の判断を予測できるのかどうかを問題にしたのである．その結果わかったのは，少々は予測できる，しかし，たいして予測できない，ということだった．これらのジレンマで，五人の命と引き換えにひとりを犠牲にすることに人が「ノー」というとき，それは，現実世界に対する予測のためではないようだ．それは，おもに，これから説明するジレンマの特性のためなのだ．

285　**加害行為の「人身性」**　Greene, Cushman, et al. (2009)．こうした，より最近の研究から出てきた「人身性」の意味は，以前暫定的に提案されたもの(Greene, Sommerville, et al., 2001)と異なる．

286　**効いているのは接触のようだ**　Cushman, Young, et al. (2006), Moore, Clark, et al. (2008), Royzman and Baron (2002)も参照．

286　**接触はない**　もちろん，ある種の接触は含まれている．つまり，棒で接触している．

287　**大幅に減少**　Greene, Cushman, et al. (2009).
287　**組み入れ**　すなわち，功利主義は次の事実(私はこれを事実であると考えている)を組み入れることができる．人身的なやり方で危害を加えるような功利主義的行為をする意欲は，人に危害を加えようとする，より一般的な反社会的な意欲の指標となりそうだ．マキャベリ的功利主義については，Bartels and Pizarro (2011)を参照．ただし，Conway and Gawronski (2012)は，マキャベリ主義者は，実は功利主義者ではなく，非義務論者であることをあきらかにしている．
290　**国際的ルールで禁止されている**　McMahan (2009).
290　**米国医師会**　American Medical Association (1991).
291　**「歩道橋」ケースには「ノー」と答える**　Greene, Cushman, et al. (2009).
292　**「ループ」ケース**　Thomson (1985).
292　**スイッチを押す意味はない**　これによって五人の作業員は時間が稼げるのではないか，と思われるなら，主線を反対側にふくらませてもいい．
293　**八一パーセントが……支持した**　この結果は，トムソン(Thomson, 1985)の直観や Waldmann and Dieterich (2007)とも一致するが，Hauser, Cushman, et al. (2007)とは一致しない．説明については，Greene, Cushman, et al. (2009)を参照されたい．
293　**「三重結果の原則」**　Kamm (2000).
294　**支持した八七パーセント**　この本を執筆している段階で，これらのデータは公表されていない．この実験は，Greene, Cushman, et al. (2009)で報告されている実験と同時に，同じ手法を用いて行なわれた．検査材料とデータは，お求めに応じて提供する．
295　**魔法の組み合わせ**　本当に注意深く見てみると，このパターンにも差があることに気づかれるだろう．「衝突警報」は 86 パーセントが支持したのに対し，「遠隔操作の歩道橋」を支持したのは 63 パーセント．しかしこれらはどちらも，人身的な力を利用しない，手段のケースだ．なぜこの違いが生じるのか？　手段／副次的影響の区別と相互作用する別の要因があるようだ．それは，犠牲者が歩道橋から落とされたかどうかの違いだ．「衝突警報」の落下ありバージョンで実験すると，支持の割合は，「遠隔操作の歩道橋」と同程度まで下がる．しかし，「スイッチ」ケースの落下ありバージョンの場合，落下はほとんど，あるいはまったく影響しない．より一般的には，いくつもの「力」の要因(筋肉の力，重力)が，手段／副次的影響の要因と相互作用しているようだ．さらに一般的には，手段／副次的影響の効果は，人身的な力の存在に全面的に左右されるわけではない．しかし，「衝突警報」ケースと「ループ」ケースによって示されるように，その他の要因の存在には確かに影響されている．
295　**人身的な力……に関係している**　ただし，完全にそれで決まるわけではない．前注参照．
296　**「二重結果の原則」を知らないまま**　Cushman, Young, et al. (2006); Hauser, Cushman, et al. (2007).
296　**直観が原理を正当化している**　Cushman and Greene (2011).

297　**私たちが他者に危害を加えることを企図すると**　この考えは，暴力抑制メカニズムに関する，ブレアの初期の考えに似ている(Blair, 1995)．カッシュマン(Cushman, 印刷中)が提唱するモデルによれば，意図的な人身的加害行為に対する情動反応は，専用の警報システムではなく，より一般的な情動学習システム(「モデルなしの」学習システム)内部にコード化された，学習されたネガティブな情動反応によって引き起こされる．カッシュマンのモデルには，私がここで近視モジュールと呼んでいるものの重要な特徴がある．ひとつは，情動反応が副次的影響に盲目であり(近視)，ここで述べた理由により，行動計画の分析に関係しているという点．ふたつめは，このシステムの内部の働きに内観が及ばない点だ．すなわち，「情報がカプセルに包まれている」(モジュール性)．しかし，カッシュマンが正しければ(私は，彼が正しいのではないかと思う)，このシステムは，ここで果たしている機能に特化されているわけではないことになる．とはいえ，この学習されたつながりを，一種の獲得されたモジュールと考えることは可能だ．

299　**ホッブズが気づいたように**　Hobbes (1651/1994).

299　**頭を石で叩き割る**　チンパンジーのような他の種が，こうした，計画的な暴力を行なえるのかどうかはあきらかでない．チンパンジーは，襲撃を仕掛けて隣の集団の成員を殺す．しかし，こうした殺しが，意識的な目標をもって行なわれるものかどうかははっきりしない．それは，動物の渡りのようなもので，機能的で，複雑で，社会的な協調がとられているが，目的をもって意識的に実行されているのではないかもしれない．

299　**攻撃する側にも……危険**　DeScioli and Kurzban (2009).

300　**他者への接し方**　Dreber, Rand, et al. (2008).

300　**暴力行為をしようと考えると**　Blair (1995).

301　**少なくともいくぶん「モジュール的」**　Fodor (1983).

303　**ミハイル……ゴールドマン……ブラットマン**　Mikhail (2000, 2011); Goldman (1970); and Bratman (1987).

306　**危害が副次的影響……多くが支持され**　Schaich Borg, Hynes, et al. (2006); Cushman, Young, et al. (2006).

309　**警報を発する**　すなわち，ジレンマ間のばらつきは，自動反応の強さによって決定される．しかし，実際は，実験的証拠が示唆するところによると，ジレンマ内のばらつきの大部分は，マニュアルモードへの依存度に関する個人差によって決定される．Paxton, Ungar, and Greene (2011), Bartels (2008)参照．

309　**「ループ」ケースに何らかの突き落とす動作を加えれば**　とはいえ「ループ」ケースに突き落とす動作を加えると多少は影響が出るようだ．これは，モジュール近視説をややこしくする．「スイッチ」ケースでは，突き落とす動作を加えても，ほとんど，もしくはまったく影響がない．そのため，理想的には，「ループ」ケースに突き落とす動作を加えてもそうなるはずだ．実際，私たちは「落とす」(歩道橋から，落とし戸を通して，線路上に落とす)を加えた場合も，モジュール近視仮説と完全に一致する結果を確認している．すなわち，「スイッチ」ケースに「落とす」を加えても，ほとんど，もしくはまったく影響がない．そして「ル

ープ」ケースに「落とす」を加えても，ほとんど，もしくはまったく影響がない．しかし，「衝突警報」ケースに「落とす」を加えると，これを支持する人の割合が有意に減少する．これはすべて現在進行中の研究であり，何が起きているのか，私にはまだ完全にわかっていない．いまの段階で重要な点は，人身的な力と「落とすこと」だけでは，「歩道橋」ケースと「ループ」ケースの差を説明するには十分でないということだ．ここでは，こうした未解決の曖昧な点は棚上げしておくことにする．というのも，この節の目的は，モジュール近視仮説を，すべてを難なく説明する理論としてではなく，仮説として述べることだからだ．

312　**なぜ，危害のある因果連鎖が，二次因果連鎖なんかに……？**　二次因果連鎖が二次的であるのは，一次因果連鎖に寄生しているからだ．トロッコの進路を，五人がいる方から切り替えるのは，目的に向かう行為としてそれ自体で筋が通っており，二次因果連鎖，すなわち，トロッコの進路を切り替えた後に何が起きるかを参照する必要はない．しかし，二次因果連鎖は単独では成立しない．二次因果連鎖が，完結した行動として意味を成すには，スイッチを押すという身体動作まで延々とさかのぼる必要があるからだ．しかし，スイッチを押す行為は，一次因果連鎖，すなわち，手をこまねいていれば，トロッコは，進路を変更しないまま主線を突き進み，五人を轢き殺すという事実を参照してはじめて意味を成す．

313　**副次的影響に似た構造をした手段**　Kamm (2000)は，この種の構造を「三重結果」のケースと呼んでいる．目的達成のために因果的に不可欠と認められる，予見される出来事が存在するが，道徳に関してはある意味，その出来事は意図されていないというケースだ．

314　**費用対効果……十分説得力があれば**　Nichols and Mallon (2006); Paxton, Ungar, and Greene (2011).

317　**入れ子式のマルチタスク**　Koechlin, Ody, et al. (2003).

319　**「作為と容認の原則」**　Howard-Snyder (May 14, 2002).

320　**ふたつの物体の一方を選択する**　Feiman et al. (準備中).

321　**乳児の脳は，実験者が……表象していた**　この結果は，最初に Woodward and Somerville (2000)によって示された．

323　**被験者に積極的な加害行為と消極的な加害行為の両方を評価してもらい……**　Cushman, Murray, et al. (2011).

323　**無視する，……マニュアルモードをつかさどる DLPFC の活動増加が必要となる**　これ以前の研究は，もっと曖昧な証拠を提出している．Cushman, Young, et al. (2006)は，被験者に加害行為と，危害の生じる不作為を評価させ，自分たちの評価を説明させた．ほぼ 80 パーセントの確率で，評価する際に行為と不作為を区別した人は，行為と不作為の区別に明確に訴えることで，自分たちの判断を正当化できた．ただし，これは，ほぼ 20 パーセントの被験者が，自分たちが何を行なっているのか知らずに判断したことを意味する．こうした被験者たちが，マニュアルモードで，行為／不作為の原理を意識的に適用していなかったのはあきらかだ．80 パーセントのうち，一部もしくはすべての人が意識的適用を行なっていたのか，もしくは，行為／不作為を直観的に区別した後ではじめて，行為

／不作為の原理を意識するようになったのかは定かでない．脳イメージングのデータは後者を示唆している．

324　**舌，指，脚**　Hauk, Johnsrude, et al. (2004).

324　**抗がん剤価格の値上げは……あまり悪いとは感じられない**　Paharia, Kassam, et al. (2009).

326　**とくに意図された**　これらの危害をいずれも「とくに意図された」と呼ぶことには，技術的問題がある．たとえば，「歩道橋」ジレンマの場合，とくに意図されているのは，人の体を，トロッコを止めるために利用することであり，そこには，その人に対するいかなる危害も論理的必然としては含まれていないといえるかもしれない．(スーパーマンだったら，どうか？）この解釈によれば，その人の死と，その人が経験する苦痛は，たんなる偶発的な副次的影響であり，トロッコを止めるためにその人の体を利用することの不幸な副産物だ．この解釈は，原理的にはありうるが，私たちの脳がこれらの事象を表象するやり方でないのはあきらかだ．従って，ここには，こうした文脈で事象を解析するメカニズムを理解するという，興味深い心理学の問題がある．

328　**行為と不作為の区別に対する私たちの敏感さに関する……説明**　Cushman, Young, et al. (2006)は消極的危害に対する「手段 対 副次的影響」の影響を見出している．しかし，これらは，不作為が並外れて意図的な場合，すなわち，より多くの命を救うために，人が通常行なうであろうことを，特別に行なわない場合であるようだ．このように，行動計画の一部として不作為をもつことも，レシピ(「こんがりと焼き色がつくまで，オーブンからフリッターを取り出さないでください」)のように，ありうるかもしれないが，普通ではない．さらに，不作為の場合では，「手段 対 副次的影響」の影響がはるかに弱いことも注目に値する．

328　**力の観点で原因を表象している**　Talmy (1988); Wolff (2007); Pinker (2007).

328　**叩く，ひっぱたく，殴る**　これは，銃による暴力など，他の種類の暴力に反応することを警報装置が学習できないという意味ではない．銃は十分に身近であるため，私たちが，人身的に制御する力として銃の爆発力を概念化し，それを身体図式に組み込むこともありうるだろう．同じことが重力についても生じるかもしれない．これらは興味深い経験科学的問題だ．私たちがある種の危害にしり込みすることをどう学習するかに関する，魅力的で，私が予想するに非常に重要な理論として，Cushman(印刷中)をお勧めする．

328　**暴力的に感じられない行為を想像するのは困難**　私がもっとも有力な候補だと思うのは手術だが，手術は暴力的に感じられる．外科医はこうした感情を克服することを学び(サイコパス的でなければ)，私たちは外科医の行為が，患者の利益のためと知っているので，そのことで彼らを非難したりはしないというだけのことだ．

329　**突き落とすことによって数百万の命を救うことができる**　Paxton, Ungar, and Greene (2011). Nichols and Mallon (2006)も参照されたい．70パーセントという数字は，Greene, Cushman, et al. (2009)と同じ手法を用いた未発表デー

タによる.

330　**もっとサイコパスじみていただろう**　Bartels and Pizarro (2011); Glenn, Raine, et al. (2009); Koenigs, Kruepke, et al. (2012).

331　**道徳的性格を推断**　Pizarro and Tannenbaum (2011).

335　**中絶と二重結果の原則**　Foot (1967).

336　**環境汚染が……突き落とすことと同じように感じられるなら**　Gilbert (July 2, 2006)も参照されたい.

第10章　正義と公正

340　**正しく使う一ドル**　Givewell.org (公表年の記載なし); Sachs (2006); Singer (2009).

340　**これまで以上に……説明責任も果たしている**　www.givewell.org.

341　**「自分が偽善者であると認めるだけの良識を持ち合わせております!」**　サイモン・ケラー(Simon Keller)の記載したやりとり.

344　**周りの人たちはもうやっていますよ**　Cialdini (2003).

344–345　**ピーター・シンガーによって最初に提起された道徳問題**　Singer (1972). シンガーの思考実験に若干の修正を加えている.

347　**「遠くで飢え死にしかけている子への対応の違いを正当化するのは驚くほど難しい」**　Jamieson (1999).

347　**ピーター・シンガーの問題の「トロッコ学」**　Musen (2010)に基づき原稿準備中. これらの実験でしたことのほとんどは, Peter Singer (1972)と Peter Unger (1996)が行なった思考実験に基づいている.

349　**たんなる物理的距離かそれに類する要因に大きく影響される**　Nagel and Waldmann (2012)は, たんなる物理的距離は問題ではなく, 関係している要因は, 情報の直接性であると主張している. しかしながら, 私がミューゼンと行なった実験は, 情報の直接性とは関係のない, たんなる距離の効果を示している. いずれにせよ, 情報の直接性そのものが, 規範的に重要な要因であると主張するのは難しいだろう. そのため, Nagel and Waldmann の結論が正しいとしても, ここで得られた主要な結論は変わらないだろう.

349　**遠くで飢え死にしかけている子供は道徳ボタンを押さない**　トロッコの世界では空間的距離がそれほど重要に思われなかったことに留意しよう. 一方, こちらでは重要である. これはおそらく, 私たちが別のオートモードを扱っているためで, それは危害を引き起こす行為ではなく回避可能な危害に反応するオートモードなのだろう. この二種類のケースの距離が, 少なくとも二桁は違うという理由もあるかもしれない.

350　**文化進化から**　Pinker (2011); Henrich, Ensminger, et al. (2010).

350　**どの子かわからない「統計上の」人間だ**　支援組織の中には, 寄付の経験をより個人的なものとするために, 個々の寄付者と個々の受け取り手を意図的にペアにしているところもある.

350　**経済学者トーマス・シェリングは**　Schelling (1968).

350　**「ジェシカちゃん」**　Small and Loewenstein (2003); Variety (1989).
351　**「統計的な死」**　Schelling (1968); Small and Loewenstein (2003).
351　**顔の見える被害者……「統計上の」被害者**　同上.
353　**病気の子供ひとり……もしくは同様の子供八人**　Kogut and Ritov (2005).
353　**二のような小さな数**　Slovic (2007). 私の提言は，世界の困窮者への私たちの働きかけをどう改めうるかに関する，スロヴィックの具体的な提案をそっくり真似したものである.
354　**正当な道徳的義務と選択肢を与える**　Smart and Williams (1973).
355　**関係によって規定された生活……考慮しなくてはならない**　Sidgwick (1907), p. 434 参照.
355　**慈善家をあざ笑うのは逆効果**　Sidgwick (1907), pp. 221, 428, 493 参照.
358　**他の人たちも……知ってさえいれば**　A. Marsh, 私信，2013 年 1 月 31 日.
358　**ウェスリー・オートリー**　Buckley (January 3, 2007).
359　**ただの人間**　Parfit (1984), p. 32 の「非難するところのない悪行」を参照.
359　**人に罰を与えることについては……功利主義的理由がある**　Bentham (1830).
359　**多く……に支持されている**　Kant (1785/2002).
359　**島を立ち去る前に，ほんの少し余分に正義を**　Falk (1990), p. 137 で引用されている.
362　**囚人は……しばしば性的虐待を受ける**　Mariner (2001); Gaes and Goldberg (2004).
362　**野蛮だと私たちは考える**　これは，フェアな比較ではない，なぜなら，刑務所内のレイプは，現状では予測できないことであるが，国家公認のレイプは確実なことだから，とあなたは反論するかもしれない．ごもっとも．ルーレットを使えば，この国家公認レイプ政策に偶然の要素を取り入れられる．これならどうだろうか？
363　**応報主義的色合いの濃い現在のアメリカの刑事司法制度**　Tonry (2004).
364　**罰本来の機能は疑似功利主義的**　ただし，私は「疑似功利主義的」といっている．私たちの正義感が，かならずしも私たちをより幸福にするように設計されてはいないからだ．罰から利益を得る《私たち》が，すべての人を含むとはかぎらない．そして私たちの正義感が全員の幸福を等しく重みづけするとはかぎらない．それでも，全体として見れば，功利主義的基準や，あらゆる合理的な基準に照らして，罰の存在はよいことである.
365　**わかりきった功利主義的な答え**　Carlsmith, Darley, et al. (2002).
365　**どう感じるかだけに基づいて罰する**　Baron and Ritov (1993); Carlsmith, Darley, et al. (2002); Kahneman, Schkade, et al. (1998).
365　**検挙率が低い犯罪**　Carlsmith, Darley, et al. (2002).
366　**被験者たちは，「決定されている」違反者を二倍近く厳しく罰した**　Small and Loewenstein (2005).
366　**「決定論的」宇宙の話を聞かせた**　Nichols and Knobe (2007).

367　**抽象的な判断はすっかり消えてしまう**　Sinnott-Armstrong (2008)も参照されたい.

368　**幸福の最大化は，はなはだしい不正につながりかねない**　Rawls (1971), pp. 158–161.

370　**一対一という割合が控えめな前提である**　歴史的に，より典型的な状況は，ひとりの奴隷所有者が，多くの奴隷を所有するというものだ．この状況は，奴隷制度が幸福を最大化することを一層困難にするだけである．とはいえ，五人が共同でひとりの奴隷を所有する「タイムシェア」方式のような逆の状況を想像することもできる．しかし，それによって，以下に説明する基本的な計算が変わるわけではない．たとえば，このシェア制度によって，奴隷所有者はそれぞれ年収が一万ドル相当増えるとする．あなたは，一万ドルの余分な収入を得るために，人生の五分の一を進んで奴隷として過ごすだろうか？

371　**「収入の増加は，その人の幸福をたいして増やさない」**　Easterlin (1974); Layard (2006); Stevenson and Wolfers (2008); Easterlin, McVey, et al. (2010). 先に触れたように(第6章の「稼ぎが少々減っても」への注を参照)，この議論は，すでに裕福な人々にとって収入の増加が，その人の幸福にまったく影響しないか，比較的小さな影響しか与えないかどうかをめぐるものだ.

372　**不確かな発見ではない**　ロールズがこれを示唆している(Rowls, 1971, pp. 158–161)．しかし彼がそう書いたのは，幸福に関する研究が開始される前のことだった.

373　**「功用のモンスター」**　Nozick (1974).

373　**人々から搾り取ることはできない**　まだご納得いただけないだろうか？　それでは効用を最大化する抑圧の現実的な例をもう少ししっかり考えてみよう．おなじみの臓器移植ケース(Thomson, 1985)はどうだろうか？　ひとりの健康な身体が，二〇人の命を救う臓器を提供できるとしたら，どうだろう？　功利主義者は，幸福を最大化するのであれば，臓器を手に入れるために，無作為に人を誘拐して殺すことを容認するだろうか？　そんなことはない．なぜなら，あきらかに，もっとましな選択肢があるからだ．世間にパニックと悲嘆を引き起こす誘拐に頼る前に，合法的な臓器マーケットを設けることもできるだろう．あなたは，これがよい考えだと思うかもしれないし，思わないかもしれない．しかし，これは，奴隷制度のようにはなはだしい不正ではない．理性ある人々は，しっかり整備された臓器マーケットが存在するべきかどうかについて異なる意見をもつことができる.

ひとりを抑圧することによって，何千もの人に利益がもたらされるという抑圧はどうだろう？　ライオンが不運な剣闘士の内臓を食いちぎるのを見て歓声をあげる群衆はどうだろう？　もしくは，児童ポルノを楽しむ人々は？　大喜びしている観客がいるのであれば，こうした苦しみは正当化できるのだろうか？　人が他者の搾取と苦しみから喜びを得るとき，最終的に利益が勝るとあなたが考える場合にかぎり，正当化できる．罪のない人びとの苦しみから喜びを得ることに何の不利益もない架空の世界を想像することはできる．しかしそれは現実の世界で

はない．

375　**功利主義を「富裕主義」と取り違えるのは簡単**　Greene and Baron (2001).

376　**幸福ではなくお金を数えている**　人間が財から得られる効用の限界収益逓減を示し，そのため功利主義的政策は平等主義的な結果にとって有利に働く傾向があるという主張をロールズはよく知っている(Rawls, 1971, pp. 158–161, 167–168)．しかし，ロールズは，不適切な道徳的保証を与えるとして，この主張を退けている．これにあたり，彼は二つの前提を立てている．その一，功利主義は，一般に平等主義的であるとしても，社会的不平等を支持する場合がある．その二，功利主義が支持する平等主義は，奴隷制度のように，道徳的に到底容認できないものである場合がある．ロールズは最初の前提については正しい(前述参照)．しかし，最初の前提によって第二の前提も認められるとすることには，少なくとも現実世界では，かなり無理があると思われる．ロールズは第二の前提も妥当であると考えているが，それはロールズが，効用と富を混同するという，ほかのすべての人々と同じ間違いを犯しているからだと私は言おう．

379　**こうした評価のパターンは……ロールズの著作に基づいて予測した行動とみごとに一致している**　ロールズの誤りは，人間は効用に関してリスク回避的だろうと主張(Rawls, 1999, p. 144)した時点で決定的になった．それだと，ある効用には別の効用より価値がある(すなわちより多くの効用がある)ことになる．

380　**この反対論の「原理的な」バージョン**　一部の人を抑圧することによって，実際に幸福の最大化が可能であると想像しよう．それでも抑圧は間違いだろうか？　そして，それは，功利主義が核心において腐敗した部分があることの証明ではないだろうか？　その典型的な例が，ノージック(Nozick, 1974)の功用のモンスターだ．先に触れたように，ノージックのモンスターは，人間を喰らうことによって，莫大な幸福を得る．しかし，功用のモンスターに罪のない人間を食べさせることは，たとえその行為が仮定によって幸福を最大化させるとしても，間違いであるように思われる．もうひとつの有名な例は，デレク・パーフィット(Parfit, 1984)が提出したものである．パーフィットは，「非常に多くの人が非常に幸福な世界」と「それを上回る膨大な数の人が「ほとんど生きる価値のない」人生を送る世界」という，二種類の世界の選択を考えた．功利主義から導かれる「吐き気のする結論」はこうだ．世界がどれほどよい場所であれ，これよりもよい世界が，すなわちはるかに多くの成員が最低限の生活を送る世界がかならず存在する．要点をより理解しやすくするために，動物の経験に何らかの価値を認めているのであれば，人を動物に置き換えることもできる．中程度の満足感を断続的に発生する刺激装置に脳をつながれたウサギが一兆匹収容された，巨大なウサギ小屋を想像してみよう．一匹のウサギが得るものはそれほど大きくはないが，そこにはとてつもなくたくさんのウサギがいる．それによって，功利主義の革命家たちは，巨大なウサギ満足工場を建設するという自分たちの夢を実現するために，私たちの世界を破壊することを原理的には正当化できるだろう．この見通しは，ほとんどの人には不公正に思える．（もちろん，わざわざウサギに聞く人はいない！）

私には，この「原理的な」反対論に対する二つの答えがある．まず，先にも述べたように，私は，功利主義が道徳的真理であるとは主張していない．功利主義がすべての人間にとっての価値を完璧にとらえ，それらの釣り合いをとることができるとも言っていない．私はただ，功利主義は，現実世界の道徳的不一致を解決するすぐれた共通通貨をもたらすと言っているだけだ．もし功用のモンスターやウサギが現われて，功利主義が与えてくれるはずの取り分を要求するのであれば，私たちは自分たちの原理を修正しなくてはならないかもしれない．もしくは，私たちには理解が難しいことではあるが，彼らにも一理あるのかもしれない．

ここから，これらの「原理的な」反対論に対する第二の答えが導かれる．私たちは，直観的理解を許さない物事について，自分たちの直観を信じることに，きわめて慎重であるべきだ．功用のモンスターやウサギは，どちらも私たちの直観的思考を，限界を超えた領域に押しやる．もっと具体的にいうと，それらは質と量という直交する次元に沿って押しやる．効用のモンスターは，理解の及ばないほど高い生活の質を備えた一個体である(量は少ない)．あなたが自分の全人生から得るより多くのものを，一回の食事から得る．反対に，ウサギは，生活の質はかなり低いが，ウサギの量は，直観的理解を寄せつけない．もちろん，こうした物事を理解できる分別を私たちは備えている．なにしろ，私はこうした話をあなたに説明し，あなたは私の説明を理解しているのだから．しかし，理解をしているのは，あなたのマニュアルモードだ．あなたは，ひとりの幸せな人間の一生を上回る幸福を生み出す食事を食べる，とはいったいどのようなものなのか，直観的には理解できない．同じように，百万匹のウサギと一兆匹のウサギを直観的に区別することもできない．私たちは，こうしたことを抽象的には考えられる．しかし，このような物事に関して直感をもつように人間に要求することは，鳥に，長さが1マイルのミミズを想像するように要求するようなものだ．

380　**ロールズの「原初状態」を用いた主張**　あなたがロールズをよくご存知なら，私が実際のところ，功利主義に対する彼の公式のものとされる議論に取り組んでいなかったことに気づかれただろう．ロールズは，もっとも公正な社会の組織原理は，人々が「無知のヴェール」をかぶった状態で，すなわち自分が社会でどの立場を占めることになるのかを知らない状態で選ぶ原理だと主張する．そして，この「原初状態」に置かれた人々は功利主義的な社会を選ばないだろう，なぜなら功利主義的社会における生活の考えうるマイナス面があまりに大きいからだと主張する．言い換えると，ロールズの公式の議論は，先に説明したのと同じ間違い，すなわち，功利主義的社会が，人間が今ある通りの本性をそなえた現実世界で，抑圧的になりうるという間違った前提によっている．ロールズの議論には，他にも，リスク回避や，原初状態の構造に関する，深刻なごまかしがある．これについて詳しくは第11章の「『正義論』におけるロールズの……」への注を参照されたい．

第五部　道徳の解決

第 11 章　深遠な実用主義

385　**一〇パーセントのアメリカ人が……七〇パーセントを支配している**　Davies, Shorrocks, et al. (2007). Norton and Ariely (2011)も参照.

385　**アレックス・コジンスキー**　Alex Kozinski and Sean Gallagher, "For an Honest Death Penalty." *New York Times,* March 8, 1995.

389　**第二の羅針盤**　「ふたつの羅針盤」という比喩を提案してくれたスコット・モイヤーズ(Scott Moyers)に感謝する.

393　**脳がこの苦境をどう脱するか**　Botvinick, Braver, et al. (2001). この理論には多少の異論が出されているのだが，ここでその内容を気にかける必要はない．私たちの関心は，認知上の戦略にあるのであって，脳が実際にそれを利用しているかどうかとは関係ない．それはそうとして，私は，先に述べた遡及問題に対して，これに代わる解決方法を知らない.

394　**ACC と DLPFC を作動させる**　Greene, Nystrom, et al. (2004); Greene and Paxton (2009); Cushman, Murray, et al. (2011).

396　**「自分の無知を知れば，もっと賢くなれる」**　Plato (1987).

396　**「説明の深さの錯覚」**　Rozenblit and Keil (2002); Keil (2003).

396　**この知見を政治に応用した**　Fernbach, Rogers, et al. (印刷中).

396　**強硬な姿勢に変化はなかった**　理由を言わせることで，一部の人の見解はたしかに穏やかになったが，そういう人は，求められたときに理由をまったく言えなかった人であることが多かった.

397　**逆効果だった可能性さえある**　Tesser, Martin, et al. (1995).

397　**これまでとは違った公開討論のあり方**　Sloman and Fernbach (2012); Fernbach (May 27, 2012).

397　**二つの橋で……渡っている男性**　Dutton and Aron (1974).

398　**「もっともらしいストーリーをつくりあげて，それで満足する」**　この種の解釈の影響を実証した古典的論文として Schachter and Singer (1962)を参照されたい.

398　**例外的な現象ではない**　Bargh and Williams (2006); Wilson (2002).

398　**数足のパンティストッキングから一足を選ばせ**　Nisbett and Wilson (1977).

399　**「作業着に着替える」**　Stuss, Alexander, et al. (1978).

399　**「分離脳」患者**　Gazzaniga and Le Doux (1978).

399　**もっともらしい物語**　Bem (1967); Wilson (2002).

400　**完璧な道徳合理化者**　Haidt (2001, 2012).

400　**「自慰について」**　カントの「自慰について」は，1797 年に出版された『人倫の形而上学』の一節である．Kant (1994)参照.

401　**人を手段として利用する**　同上.

401　**「カントのジョーク」**　Nietzsche (1882/1974).

402　**「生まれながらの奴隷」** Bernasconi (2002).

402　**合理化は道徳的進歩の大敵であり，だとすれば，深遠な実用主義の大敵でもある**　この節で行なわれている議論は，この章の他の部分同様，最初に Greene (2007)でなされた．

404　**五人の権利が……「上回る」** Thomson (1985, 1990). トムソンは考えを変え，現在はトロッコの進路を切り替えるのは間違いだと考えていることに留意しよう(Thomson, 2008). これは本質的に，権利理論家の説明責任を行為／不作為の区別に押しつけるということだ．トロッコの進路をひとりのいる方から五人のいる方へ積極的に切り替える義務があると考えるのではないかぎり．

404　**彼らを救う義務はない**　Jamieson (1999).

404　**権利と義務は情動の後についてくる**　カヘイネら(Kahane and Shackel, 2010; Kahane, Wiech, et al., 2012)は，自動的な情動反応と，義務論特有の道徳判断の間にとくべつな関係は存在しない，そして，こうした関係に思われるものは，偏った刺激の選択の結果だと主張している．これに反対する証拠として，第6章の「マニュアルモード思考と功利主義的思考の間にはつながりがあるようだ」への注にある「罪のない嘘」のケースと，Paxton, Bruni, and Greene (査読中)を参照されたい．

405　**性的魅力は見る側の心の内にある**　これは，性的魅力の知覚が恣意的だという意味ではない．進化心理学者が指摘しているように(Miller and Todd, 1998)，私たちが性的魅力を感じるものは，高い生殖能の典型的徴候だ．しかし，性的魅力が，恣意的なものでなく，生物学的機能があるという事実は，それが客観的に正しいことを意味しない．誰がセクシーかについて，私たちが客観的に(絶対に，非相対的に)正しく，ヒヒが客観的に正しくない――もしくはその逆――ことに意味はない．

406　**具体的な物体や出来事について……認知装置**　Lakoff and Johnson (1980).

406　**交渉不可能な事実**　もちろん，どの権利，どの義務が法律によって認められているかに関する事実は存在するが，道徳的議論の渦中では，こうした法律的事実が問題を解決することはまずない．世間の道徳的議論は，法律がどうあるべきかについてであって，法律が現在どうあるかについてではない．

408　**議論ではなく，武器**　メルシエとスペルベルは，挑発的な論文で，論理的思考は，自分が欲することを他者が行なうように説得するための大がかりな武器に過ぎないと主張している(Mercier and Sperber, 2011). この主張は，私にはまったく説得力のないものに思われる．その主張を成り立たせるために彼らは，「論理的思考」のカテゴリーから，退屈な，日常的事柄をすべて除外している．私たちは，用事を片付けるのに一番よい順番を見つける(「食料品の買物は最後にしよう，そうしないと，アイスクリームが車の中で溶けちゃう」)といった日常的な事柄のためにマニュアルモードを使っている．論理的思考をめぐる，この挑戦的な理論は，進化学的にもほとんど意味をなしていない．論理的思考は人類であらたに生まれたものではないからだ．実際，私たちが論理的思考のために利用している神経構造は，霊長類の近縁が自分たちの(かなり)複雑な問題を解決するために

使っているのと同じものだ．しかし，あきらかに，チンパンジーやマカクザルは弁舌をふるって相手を説得するなどということをしない．

408　**ダーショウィッツがあるとき数名の学生にこんな話をしてくれた**　これは，1994年，「教授を囲む会(ミート・ザ・プロフェッサー)」のランチの際に，私と数名の学部生に対して語られたもの．詳細は私の記憶による．

409　**たちの悪い変人に時間と注意を割く代価**　この点をもう少しはっきりと説明しておこう．ダーショウィッツの返事が賢明だったのは，利益と代価を区別しているからだ．要するに，彼は次のように言っているのだ．私は，あなたとの討論におじけづいているから拒否しているのではない．私が拒否しているのは，真面目にあなたのような変人の相手をすることには代価が伴うからだ．しかし，あなたが，あなたが求めている信憑性を与えない形で私と討論しようというなら(代価)，私も喜んで意見交換を行なおう(利益)．

410　**いくつかの考えを即座にはねつけるのはよい**　「よいナンセンス」についての Dennett (1995)も参照．

413　**どちらの側にも真に道徳的な意見**　ここで「真に道徳的」という言葉で私が意味しているのは，たんなる部族主義的な道徳ではないということである．

413　**ピーター・シンガーの考え**　Singer (1979), chap. 6 と Singer (1994).

414　**マニュアルモードの精査**　ここで述べられていることに類した主張については，Singer (1979), chap. 6 と Singer (1994)参照．

414　**後期では容認されない**　あなたが，妊娠後期の中絶を問題ないと考えるのなら，嬰児殺しはどうだろう？　以下の大半の議論が，同様によくあてはまる．

414　**初期の中絶も後期の中絶も，ひとりの人間がこの世に生を享けるのを阻止する**　生存確率は異なるかもしれない．しかし無事に生まれてくる確率の違いが(たとえば，60パーセント対95パーセントなど)，生きる権利をもつか否かの違いであるはずがない．そして，もし妊娠後期の胎児が，何らかの理由で，典型的な妊娠初期の胎児と生存確率が同じであるとしたら？　それなら中絶してかまわないのだろうか？

415　**生存可能性は……医療技術にも左右される**　重要なのは，特別な科学技術に頼らない生存能力だというかもしれない．それが正しいのなら，特殊な疾患のために，現在利用可能な技術に一時的に頼らなくては，子宮の外で生きられない臨月の胎児はどうなるのだろう？　科学技術に頼らずには生きられないという理由だけで，妊娠後期の胎児を中絶してもかまわないのだろうか？

415　**妊娠二二週で誕生した赤ちゃんも生きられる**　Stoll, Hansen, et al. (2010).

415　**あらたな医療技術のおかげで，妊娠初期の中絶は不道徳になったと言うのだろうか？**　あなたは「その通りだ」と言いそうになったかもしれない．結局のところ，発達のその段階から生き続けられる可能性が道徳的に重要なのだと考えるかもしれない．しかし，胎児がその段階から生存することを科学技術が可能にしているのではない．胎児がその段階から子宮の外で生存することを科学技術が可能にしているのだ．胎児はすでにその段階から，ごたいそうな科学技術に頼らなくても生存できる．子宮の中に留まっていなくてはならないだけだ．私たちはす

でに，初期の胎児を生かし続けるための「技術」をもっているのである．

416　**道徳的菜食主義者である以上のこと**　少なくとも，それはある種の肉をあきらめることを要求する．関連する特性をもたない動物からとれる，別の種類の肉については容認の余地が残るかもしれない．

416　**中絶容認派……はここまでしたいとは思わない**　そして，その場合でさえ，議論が成り立つかどうかはあきらかではない．動物権利擁護活動家は，通常，動物が，食用として育てられる際に経験する苦しみに焦点を置く．それが，肉を食べることが間違いである理由なら，中絶の過程が苦痛，もしくは多大な苦痛を伴わないのなら，妊娠後期の中絶に同じ論拠はあてはまらないだろう．

417　**ディアナ・トロイ……人間でない**　わかってる．完全には人間でないと言うべきだ．彼女は半分しかベタゾイドでない．しかしここで指摘したことは，彼女の母方の親戚にあてはまる．やれやれ．

418　**体を動かせる**　Dongen and Goudie (1980).

420　**どの人間が誕生するかが(誰かが誕生するならば)**　もちろん，たったひとつの精子が出番を待っている状態では，受精が達成される確率は低い．しかしそれが何だというのだ？　中絶反対派は，どのような理由であれ，生存の確率が低いというだけで受精卵を中絶することを認めないだろう．

420　**何の罪もない人間から生命を奪ったのだろうか？**　さらに，受胎がアイデンティティを決定するという考えは，何が決定され，何が決定されていないかに関する事実よりも，私たちのかぎられた知識に関係しているように思える．カップルが，昔ながらの方法で子づくりに取り掛かるとき，二人にはどの精子とどの卵子が結合するのかはわかっていないだろう．そして私たちに知るすべはまったくないかもしれない．しかし，どの子が，ある特定の性交から生じるにせよ，それは，その結果として生じる子供だ．そして，カップルが，これを最後までやり遂げないと決めるのであれば，その子は，二人が取りやめる結果として存在しなくなるその子供だ．こうなったとき，誰が「その子」なのか，いまも，そしてこの先も誰も知らないわけだが，それが何だというのだ？　カップルが性交することが，ある特定の子供の存在につながるのならば，性交を慎むことは，その特定の子の非存在につながることになる．（ここでは，決定論の問題に踏み込むのは控える．）

420　**生物学の正式な講義**　Gilbert (2010), pp. 6, 14, 123–158, 301.

423　**「私は，レイプというおそろしい状況からはじまったものであれ」**　Madison (2012).

423　**選挙活動は幕引きとなった**　Haberkorn (2012).

424　**「悪の問題」**　Tooley (2008).

426　**音のないドラマ**　Heider and Simmel (1944).

426　**属性の読み取りは，きわめて自動的に起きる**　Heberlein and Adolphs (2004).

426　**動物も動くし，目がついている**　多くの人は，自分たちが食べる動物を殺すのにつらい思いをするだろう．しかしこのことは私たちが動物を殺すことに慣れ

ていないというだけの理由だろう．私たちの祖先は数百万年間これを行なってきたのだから．

428 **ほとんどの部族は魂を信じている** Bloom (2004).

438 **生死に関して何が正しくて何が間違っているのか** Beauchamp, Walters, et al. (1989); Baron (2006); Kuhse and Singer (2006).

438–439 **洗練された道徳理論がうまくいく見込みについて……楽観的になれない** Greene (査読中)も参照されたい．

439 **「熟考された判断」** 直感的反応は「熟考された判断」と同じではないが，これを決定するにあたり支配的な役割を果たしている．

439 **「反省的均衡」** Daniels (2008).

442 **アリストテレスは常識の偉大な擁護者** Aristotle (1941).

443 **アリストテレスは本質的に部族の哲学者** MacIntyre (1981).

443 **アリストテレスの徳の理論が見直されている** アリストテレス見直しの一環として，本来の徳倫理学(Crisp and Slote, 1997; Hursthouse, 2000)だけでなく，「感性」理論(Wiggins, 1987)，個別主義(Dancy, 2001)なども私は含める．これらはいずれも，何をすべきかを私たちに教えてくれる明示的な道徳原理を発見したり構築したりすることに見切りをつけた，規範倫理学へのアプローチだ．アリストテレスの復活は，アラスデア・マッキンタイア(MacIntyre, 1981)によるところが大きい．マッキンタイアは，現代の道徳問題について同様の見立てをしているが，啓蒙主義的道徳理論の失敗を受けて，徳の理論に継ぎ当てをした形が，私たちにできる最善のことだと考えている．

445 **普遍化できない** Kant (1785/2002).

446 **カントの議論は不可能性を必要とする** カントの普遍化の議論は，おなじみの「もしみんながそれをしたら？」という議論のたんなる1バージョンではない．カントは，たんに，みんなが嘘をついたら，あるいは約束を破ったら，まずいことになる，などと言っているのではない．それだと，嘘をつくことに反対する功利主義的主張である(規則功利主義ととるか行為功利主義ととるかは解釈次第)．カントにとってこれでは十分ではない．カントが求めているのは嘘に対する絶対的な禁止であって，現実世界でたまたまどういう結果が出るか(みんなが嘘をついたら，まずいことになる場合が多い，とか)に影響されないものだからだ．カントは，道徳が数学のように，必然的に真理であり，確信をもって知りうるものであることを望んでいる．Korsgaard (1996), chap. 3 参照．

446 **議論の欠陥を重々承知し……それに対する答えもある** たとえば Korsgaard (1996)を参照．

447 **『正義論』におけるロールズの中心的な議論は……本質的には合理化だ** ロールズの業績，その人となりについては称賛すべき点が多々あるが，私は，彼の中心的な議論は，本質的には合理化であると信じている．その議論は，彼が直観的に気に入り，功利主義と対立すると誤解している，一種の実践道徳上の結論を第一原理から導こうとする試みなのだ(第10章の「「富裕主義」の誤謬」の節を参照)．ロールズのおもだった主張は，『正義論』(1971)の第1章，第2章，第3

章に展開されている．

先に述べたように，功利主義は二つの非常に一般的な道徳思想を出発点としている．その一，「幸福が，最終的に重要なものであり，最大化する価値のあるものである．」その二，「道徳は公平でなくてはならない．」本質的に，ロールズは，公平性の前提を残し，幸福が最終的に重要なものであるという前提を捨て，幸福には内在的価値があるという前提を，選択には内在的価値があるという前提と置き換えている．従って，ロールズにとって，社会を組織する最良の原理は，市民が公平に選ぶ場合に選ぶであろう原理である．これは，カントとジョン・ロックの哲学に起源をもつ偉大な思想である．（ロールズは，ロックと同じく「社会契約論者」である．）

それでは，市民が公平に選ぶ場合に何を選ぶかをあきらかにするには，どうすればいいだろう？　この疑問に答えるために，ロールズは思考実験を考案した．ロールズは，直接的に自己を利する方法で選択することの不可能な「原初状態」と呼ばれる状況を考えた上で，人々に何を選ぶかを尋ねる．原初状態で，直接利己的な方法で選ぶことが不可能なのは，無知のヴェールをかぶった状態で選択するからだ．すなわち，原初状態に置かれている人々は，自分の人種，性別，民族的背景，社会的地位，経済状態を知らず，自分にどんな才能が，どの程度授けられているのかわからない状態で，社会がどう組織されるかについての取り決めを交渉しなくてはならない．要するに，交渉に当たる人たちには，自分に有利になるようなバイアスを取り決めに盛り込むために利用できる情報がまったく与えられていない．意思決定者たちは合理的かつ利己的に選択することが予測される．しかし，無知のヴェールをかぶった状態で選択するため，彼らが選ぶ社会の構造は，ロールズによれば，必然的に公明正大なものとなる．無知のヴェールをかぶった状態で社会の構造について取り決めをすることは，ケーキを切り分けるとき，「私が切って，あなたが選ぶ」方式を利用するのとよく似ている．公正さは，意思決定者の善意ではなく，決定手続きから生じる．

この核となる考え（バイアスのない利己的選択を社会的選択のモデルとする）は，これより少し早い時期に，ハンガリー出身の経済学者でのちにゲーム理論における功績によりノーベル経済学賞を受賞するジョン・ハーサニによって独立に展開されていた（Harsanyi, 1953, 1955）．ハーサニは，ロールズと違い，原初状態についての自説を，功利主義の合理的根拠を提供するものと考えていた．ハーサニは，人々が社会の組織原理を選択するにあたって，自分が社会の中でどの立場を占めることになるのか（金持ちか貧乏かなど）は知らないが，どの立場を占めるのも等しい確率であることを知っていると想像した．この前提の場合，人々が効用最大化を旨とする（各自が自分の幸福の最大化を追求している）ならば，意思決定者は，効用を最大化するように組織された社会，すなわち全体として可能なかぎり幸福である社会を選ぶだろう．（人口を一定とすれば，これによって幸福の量の合計も平均も最大化される．）

ところがロールズは，原初状態に置かれた利己的な人々が選択するであろう社会について，まったく違う結論を述べている．ロールズによると，原初状態に置

かれた人々は，功利主義の原理ではなく，「マキシミン」原理によって組織された社会を選ぶ．マキシミン原理は，社会の中でもっとも不遇な人の状態だけに基づいて社会をランクづけする．この原理によれば，どういう社会的取り決めを好ましいとして選ぶかは，それぞれの取り決めにおける「最悪の場合のシナリオ」のみに基づく．一般的にはこれがすぐれた決定ルールではないことをロールズは認めている．それは次の例によって説明される．

車を買うとしよう．ただし，次のような，普通とは違う方法で買うものとする．あなたはくじを買わなくてはならない．くじを買うと1000台もの車の中から無作為に選ばれた1台の車があなたのものになる．A券の場合，その1000台はよくも悪くもない，10段階評価でいうと4点の車だ．A券を買うと，その中の1台が手に入る．B券の場合，やはり1000台の車がある．この場合，999台はあなたの基準からすれば完璧な10点，ただし1台だけ3点の車がある．すなわち，B券を買えば99.9パーセントで夢の車が手に入るが，0.1パーセントの確率で，悪くはないが，A券でかならず手に入った車より少しだけ悪い車を手に入れることになる．さてどちらの券を選ぶだろう．きっとB券を選ぶだろう．ところが「マキシミン」原理に従えば，A券を選ぶことになる．A券を買った場合の最悪の場合のシナリオが，B券を買った場合の最悪の場合のシナリオよりましだからだ．あまり賢い選択ではない．

マキシミン・ルールの問題は，それが最大限にリスク回避的である点にある．ロールズは，こうしたリスク回避が，一般には適さない(くじで車を購入する場合のように)ことは承知しているが，社会の中で自分がどの立場を占めることになるのか知らずに，社会の組織原理を選択する人々にとっては確かに適していると主張する．ロールズは，功利主義的な社会での暮らしは「耐えがたい」ものかもしれないと考える(Rawls, 1971, pp. 156, 175)．功利主義的な社会に無作為に放り込まれたら，あなたは奴隷として人生を終えるかもしれない，とロールズは警告する．そんな結末は酷すぎるので，こうしたリスクを冒す選択をする人はいないだろう．無知のヴェールをかぶって選択をする人々は，マキシミン・ルールを使って，一番ましな「最悪の場合のシナリオ」をもつ社会を選ぶだろう．ロールズはこの議論を，彼が「基本的自由」と呼ぶものに関して行なっている．原初状態に置かれた人々は，自由の分配を功利主義的計算に委ねることはせず，「基本的自由」を直接守る原理を選ぶだろう，と言う．ロールズは，教育機会や経済的機会について，そして経済的成果について，同様の議論を行なっている．この場合も，ロールズによると，功利主義的な社会の最悪の場合のシナリオは酷すぎるため，そんなリスクを冒す価値はない，となる．

まず，ロールズの正式な主張が，第10章で説明した富と効用を混同するという間違いに拠っていることに注目しよう．さらにはっきりいうと，ロールズは，原初状態に置かれた人々が，自分と同じ間違いを犯すことを前提としている．くり返すが，マキシミン・ルールを支持する根拠は，功利主義的な社会では最悪の場合のシナリオが，「耐えがたい」ものになりかねないという点にあった．富裕主義の社会の最悪の場合のシナリオが耐えがたいものになるであろうことは，想

像に難くない．GDP を最大化させるには，多少の抑圧が必要かもしれないが，以前にも説明したように，現実の世界で，世界を可能なかぎり幸福にするのに抑圧が必要だというのは，まったくありそうにない．たとえば，ひとりが奴隷となることで生じる苦しみが，奴隷をひとり所有することで得られる利益を下回るためには，人間心理が完全に配線し直される必要があるだろう．（先にも言ったが，あなたは，後半生で奴隷を所有するために，前半生で奴隷となることを受け入れるだろうか？　これが難しい判断であるような現実世界の状況を想像できるだろうか？）

これがロールズの最初の間違いだ．（私は，これが合理化であるとは考えない．たんなる間違いだと思う．）しかし，いま，ロールズが正しく，幸福最大化社会が，一部の人たちにとって，「耐えがたい」社会になりうるとしてみよう．こうしたありそうもない前提を置いても，やはりロールズの議論はうまくいかない．ロールズのマキシミン・ルールは，社会の取り決めを，最悪の場合のシナリオだけに基づいて，すなわち，その社会でもっとも不遇な人の生活の質だけに基づいて評価する．別の言葉でいうと，ロールズは，様々なケースの中に耐えがたい結果があるかぎり，人々は最大限にリスク回避的になると仮定している．しかし，ハーサニ(Harsanyi, 1953, 1955)や他の者が指摘するように，これはまったく妥当な前提ではない．あなたは車に乗るたびに，自動車事故で重傷を負うリスクを増やしている．これは，ほとんどの人が，ロールズのいう意味で「耐えがたい」と認める結果だ．それでも，深夜に食べたくなったアイスクリームのような，取るに足りないもののために，こうしたリスクを受け入れている．（自宅にいることによって重傷を負う可能性も指摘できるだろう．たとえば，屋根が落ちてくるかもしれない．であるなら，最悪の場合のシナリオは，実際にはアイスクリームを買いにひとっ走りするかしないかにかかわらず同じだ．その通りだが，だったら，同じ論理をロールズの主張にあてはめなくてはならない．人生は，マキシミン・ルールによって支配される社会でも，「耐えがたい」ものとなりうる．屋根が落ちてくるかもしれない．）

リスク回避のポンプに呼び水を差すべく，ロールズは，自説の原初状態に不必要なひねりを加えている．ハーサニの説では，意思決定者は，自分が社会の中でどの立場を占めるのも等しい確率であると知った上で選択を行なうのだった．ところがロールズは，違うことを行なっている．彼は，原初状態に置かれた人々が，起こりうる結果の範囲とそれらの結果に付随する確率についてまったく情報をもたない状態を，すなわち保険数理にまったく無知な状態を想定している．この最大限に無知な状態では，原初状態に置かれた人々は，きわめてリスク回避型になるであろう，そして，なるべきであるとロールズは主張する．（「どんなことでも起こりうる！」）専門用語を使うと，ロールズは原初状態を，たんに不確実な状態ではなく，曖昧な状態にしている．

なぜロールズは原初状態における決定を，最大限曖昧にするのか？　なぜ，ハーサニが想定しているように単純に，原初状態に置かれた人間が，どんな社会的立場がありうるかの範囲を知っていて，その中のいずれに属する確率も等しいと

知っているとは想定しないのだろう？　ロールズはこの問題に取り組んでいる．そして，私が見るかぎり，彼の議論は完全に堂々巡りに陥っている．彼は，原初状態を，人が，付随する確率について何も情報をもたない状態と定義している．そして，その前提に立てば，彼らが確率推定値をあてにするはずがないと主張する．その理由というのが，なんと，彼らには確率がどうなっているかを知る方法がまったくないから，というのだ(Rawls, 1972, pp. 155, 168-169)．ハーサニ(Harsanyi, 1975)が指摘するように，こうした完全な無知の前提の下でも，すべての結果に対する確率が等しいという前提は，最悪の結果が100パーセントの有効確率をもつという前提(マキシミン・ルールに組み込まれている前提だ)よりも，はるかに合理的に擁護できるだろう．しかし，そのことは脇に置いておく．そもそも，なぜロールズは，原初状態を，結果の確率がわからない状態と定義しなければならないのか？　原初状態の主眼は，選択に制約を課して，意思決定者が事実上公平になるようにすることだ．公平であるとは，全員の利害に同じ重みづけを与えることだ．従って，原初状態を，どの選択者も，自分が社会の中でどの立場を占めることになるかの確率は等しいと知っている状態として定義するのは理にかなっている．それによって，人々の選択にバイアスがかかることは絶対にないだろう．それどころか，これ以上ないくらいはっきりと公平性の理想を具体化している．

私が見るかぎり，ロールズが，原初状態の確率の構造を最大限曖昧にしているのは，正義，公正，公平性とはまったく関係ない理由のためだ．これはただのごまかし，自分が直観的に正しいと思う答えを，よりもっともらしくしようとする場当たり的な企てなのだ．政治哲学の世界に入るに際して，ロールズには極端なリスク回避理論を採用する特別な理由はない．しかし，ひとたび，正義論――それは非常にすばらしい考えだ――を完成させるための仕掛けとして原初状態にのめり込んだ結果，とつぜん，自分が厄介な立場にいることに気づく．彼は，第一原理として，最悪の結果に陥った人たちに優先権が与えられる社会を望んでいる．しかし，この欲望は，自らの思考実験の論理を通した結果，ロールズの仮想上の利己的意思決定者が利己的な選択を行なうとき，最悪の結果に過度に心を奪われていることを必要とする．すなわち，意思決定者たちは，過度にリスク回避的でなくてはならない．そこで，自分の望んでいる結果を得るために，ロールズは，自分の思考実験に根拠のない曖昧さを付け加えて，極端なリスク回避が，よりもっともらしく見えるようにしている．

カントの場合のように，この手の小細工は，ロールズが本当は何をしようとしているのかをあきらかにする．ロールズは，第一原理からはじめて，それに従って進み，論理的結論に到達しているのではない．この議論がどこに向かってほしいかを自分でわかっていて，そこに到達するために，できるかぎりのことを行なっているのだ．

従って，ロールズの善意による合理化は，ふたつの点をあきらかにしている．まず，非常に賢い人々が，論理的思考を使って自分たちの道徳的情動を擁護しようと決意したとき何が起きるかの，もうひとつの好例である．次に，ハーサニが

正しいかもしれないことが示唆されている．原初状態の思考実験を適切に行なって，(a)富と効用を混同せず，(b)人々が過度にリスク回避的であることを前提とせず，(c)仮想上の決定を根拠なく曖昧にしなければ，最終的に功利主義的結論に達するかもしれない．別の言葉でいうと，幸福の前提を，選択を好む前提に取り替えても，最終的にはやはり功利主義に行き着くかもしれない．なぜなら，公平な人々は，何らかのイデオロギーに肩入れしているのでなければ，自分たちの幸福の見込みを最大化する社会を当然選ぶだろうから．

448　**ずっとリベラルだったわけではない**　若かった頃，私はリバタリアン保守派に傾いていた．リバタリアンとして自慢できるのは，高校生の最後の年に，アイン・ランド・エッセイコンテストで第3位に入賞したことだ．ただし，賞が発表された頃には，すでに考えを変えはじめていた．お祝いの電話をかけてくれた女性に自分の疑念を打ち明けたが，うまく伝わらなかった．

449　**ジョナサン・ハイト**　Haidt (2001, 2007, 2012).

450　**「情動的な犬と合理的な尻尾」**　Haidt (2001).

451　**自分の考えがこのように特徴づけられる**　ハイトによれば，道徳に関わる論理的思考は，ハイトの道徳心理学の画期的理論である社会的直観モデル(SIM)の中で重要な役割を果たしている(Haidt, 2001)．これが真実であるかどうかは，何が道徳に関わる「論理的思考」と見なされているかによる(Paxton and Greene, 2010)．

SIM によれば，道徳的判断は次のように働く．道徳的判断は，一般に，道徳的直観によって引き起こされる．そして，私たちが道徳に関わる論理的思考を行なうとき，論理的思考は，通常，私たちがすでに直観を基礎にして下している道徳的判断を正当化するためにあとづけで利用される(この章の前の方にある，道徳的合理化に関する議論を参照されたい)．ハイトに言わせると，たしかに人は，他人と関わりのない道徳上の論理的思考を行なう場合もあるが，こういうことは「まれで，もっぱら直観が弱く，処理能力が高い場合に生じる」(Haidt, 2001, p. 819)ものである．このようなわけで私は，ハイトが，道徳に関わる論理的思考は，道徳生活においてささやかな役割しか果たさないと言っていると述べたのだ．

とはいえ，これ以外にも，考慮すべき二つの心理的プロセスが存在する．それらは，SIM が「社会的」という言葉を冠する所以だ．まず，SIM によれば，A 氏が公然と道徳的判断を行なう行為は，B 氏の道徳的直観に影響を与え，続いて，B 氏の道徳的判断に影響を与える．ハイトはこれを「社会的説得」と呼んでいる．これが，道徳上の論理的思考でないことはあきらかだ．議論が存在しないし，観察している他者の判断や行為に対する直感的応答に過ぎない．次に(ここが重要なところだ)，人は「理由を付した説得」を行なうとハイトは言う．A 氏が，自分の判断を言葉で正当化する．B 氏は，この正当化の弁を聞く．これが，B 氏の道徳的直観を修正し，次に B 氏の道徳的判断に影響を与える．ハイトはこれを「理由を付した説得」と呼んでいる．しかしこの名前は誤解されやすいと私は思う．この場合，A 氏は，B 氏の明示的な論理的思考の能力(マニュアルモード)と一戦交えるのではなく，B 氏の感情(オートモード)を修正することによって，B

氏の判断に影響を与えている．A氏が生み出す「論理」は，B氏を首尾よく感動させる歌のように働くわけだ．

ハイトは，このプロセスは広範囲にわたり，強い影響力をもつと信じている(そうかもしれない)．そういう理由で，ハイトは，道徳に関わる論理的思考が，道徳生活で重要な役割を果たしていると言う．しかし，先にも述べたように，私は，これが「道徳に関わる論理的思考」と呼べるとは思わない．そういうわけで私は，ハイトの異議を押し切って，彼の見解が，道徳に関わる論理的思考が重要な役割を果たしているといえるものではないと言っている．SIMによれば，先に相手の感情を変えられなければ，道徳問題(同性愛者の結婚，中絶，肉食など)について，相手の考えを変えることはできない．相手の論理的思考能力に直接訴えることができないため，相手に自身の感情を覆させることになる．私は，こうした道徳心理学のとらえ方は間違っていると思う．この点は，人を，直観に反する道徳的結論を受け入れるよう(少なくとも一時的に)説得するために，かなり抽象的な議論を利用して行なった私たちの実験によって例証されている(Paxton, Ungar, and Greene, 2011)．

451　**リベラルの中には……社会保守派の中には……**　二例を挙げる．http://www.libchrist.com/other/abortion/choice.html; http://k2globalcommunicationsllc.wordpress.com/2012/08/28/abortion-nihilist-argument-eliminate-poverty-kill-the-poor. John Paul II (1995)も参照されたい．

452　**リベラルは，道徳的な感受性が乏しい**　Haidt and Graham (2007); Graham, Haidt, et al. (2009); Haidt (2012).

452–453　**六つに分類された道徳基盤理論を私は疑問視しているが……しっかりと裏づけられた重要な側面もある**　ハイトが自分の理論(五つの基盤を提示した最初のバージョン)を裏づけるために利用した調査データ(Graham et al., 2009, 2011)は，「気づかい，公正」と，「忠誠，権威，神聖」という二つのかたまりに大きく分かれている．対照的に，一つめのかたまりの中の二区分や二つめのかたまりの中の三区分に対する証拠は比較的少ない．その証拠も，これらのデータを集めるために利用された調査が，五つのかたまりを念頭に置いて設計されているという事実によって説明できる．道徳の五要因(もしくは六要因でもn要因でも)理論に対する，有力な証拠を提供するには，「ボトムアップ」の手法を用いなければならないだろう．何らかの特定の理論を念頭において設計されたのではない検証材料を使って理論を検証するのだ．ハイトは，第一近似としては，道徳の世界には五つ(もしくは六つ)の「大陸」があると言っている．ハイトのデータに，二つの大陸の証拠があることは私も認める．それぞれの大陸には，二つ，もしくは三つの興味深い隆起があるかもしれないし，ないかもしれない．

453　**こうした類の質問**　Graham, Haidt, et al. (2009)は，これらの質問を異なる形(「……にはいくらお金がかかりますか？」)で問いかけた．

453　**ベンサムとカント**　私は，ハイトによる，カントの心理学的肖像(Haidt, 2012, p. 120)は的外れだと思う．カントには少々自閉症的な傾向があったかもしれない．「組織化魔」だったのはたしかだ．しかし，非常に権威主義的で，道徳

的嫌悪をまったく知らなかったわけではない．また，非常に信仰心が篤かったことも偶然ではない．

453　**WEIRD**　Henrich, Heine, et al. (2010)参照．

453　**リベラル派が……何と答えるかを予測するのが，リベラル派が保守派の答えを予測するより**　Graham, Nosek, et al. (2012).

455　**科学から得られた知識も……退ける**　Mooney (2012).

455　**「真の」アメリカ人**　Devos and Banaji (2005).

456　**共和党支持者の四五パーセントが……回答した**　Condon (April 21, 2011).

456　**国連の権威についても……ほとんど敬意を払っていない**　Wike (September 21, 2009).

456　**イスラム教徒のアメリカ人は信用すべきでない**　Arab American Institute (August 23, 2012).

456　**イラン人が……抗議したい**　Swami (June 15, 2009).

457　**国民の少数しか神を信じていると回答しない**　European Commission (2005).

457　**犯罪率は低く……幸福度は世界最高水準**　Economic Intelligence Unit (2005); United Nations Office of Drugs and Crime (2011); United Nations (2011); Ingelhart, Foa, et al. (2008). 殺人率，学業到達度，テストの得点は，World Values Survey on happiness(幸福度に関する世界価値観調査)による．

457　**「陽」……「陰」**　Haidt (2012), p. 294.

457　**選出公職に就いている共和党員はひとりもいない**　私自身のインターネット検索に基づく．マサチューセッツ州ケンブリッジの共和党市委員長ヘンリー・アービングに確認してもらった(2013 年 3 月 24 日私信).

457　**地方債券が最上級のトリプルAと評価されている**　http://www.cambridgema.gov/citynewsandpublications/news/2012/02/cambridgemaintainsraredistinctionofearningthreetriplearatings.aspx.

457　**社会保守派は，互いを幸せにすることに非常に長けている**　Putnam (2000); Putnam and Campbell (2010).

460　**「私の労働倫理を拡散せよ」**　(2012), p. 137.

460　**不買行為は……善より害を**　Nicholas D. Kristof, "Where Sweatshops Are a Dream." *New York Times,* January, 14, 2009.

461　**「福祉の女王」**　1976 年，大統領選挙の際にロナルド・レーガンがつくった言葉．"'Welfare Queen' Becomes Issue in Reagan Campaign." *New York Times,* February 15, 1976.

461　**かつて奴隷制度があった州**　Lind (2012).

461　**「政府に，俺のメディケアにちょっかいを出させるな！」**　Krugman (July 28, 2009).

461　**億万長者のおさめる税率が，秘書の税率より低い**　Tienabeso (January 25, 2012); Buffett (August 14, 2011).

462　**確実な見返りのある**　たしかに，こうした寄付者はロムニーの行政政策から莫大な利益を得るかもしれない．しかし，誰であれ，たったひとりの献金が選挙

の結果を左右する確率はきわめて低い.

463　**功利主義を支持している**　ハイトは，政策立案上は，デュルケーム流の功利主義と呼ぶものを支持している(Haidt, 2012, p. 272). これは，宗教のような保守的な社会制度の価値を説明する功利主義で，実際，賢明に適用された正当な功利主義である．とはいえ，はっきりさせておく価値があるのは，自称功利主義者たちがかならずしも保守的な社会制度の価値を認めるとはかぎらないという点である．ただし，ミル(Mill, 1874/1998)は，先に説明したように，たとえば「宗教の効用」という小論の中で保守的な社会制度のよさをたしかに認めていた.

463　**「個人の私生活にとって……」**　Haidt (2012), p. 272.

464　**「九〇パーセントはチンパンジーで，一〇パーセントはミツバチ」**　同上，p. xv.

464　**道徳に関わる論理的思考は……効率が悪い**　Paxton, Ungar, and Greene (2011)参照.

465　**説得力のある議論には物事の形を変える力がある**　別の比喩をもうひとつ．説得力のある議論というのは科学技術のようなものだ．あらたな技術を発明するのはひと握りの人でしかない．そして，ある特定の日に，あらたな技術を採用することもありそうにない．それにもかかわらず，私たちが住んでいる世界は，科学技術の変化によって特徴づけられている．同様に，私は，私たちが住んでいる世界は，すぐれた道徳的議論の産物だと信じている．理路整然とした道徳的説得を行なっている人を見かけるのは難しいし，すぐれた議論の誕生を目撃するのはそれ以上に難しい．しかし，私たちに道徳に関わる論理的思考力がなかったなら，世界はまったく違う場所になっていたと思う．Pinker (2011), chaps. 9–10; Pizarro and Bloom (2003); Finnemore and Sikkink (1998)も参照.

465　**「私は……悩んできたが……」**　Bentham (1978).

465　**「しかし……間違いだろう……」**　Mill (1869/1895), pp. 1–2.

第12章　オートフォーカスの道徳を超えて

470　**チェーホフ**　エピグラフの「人はもっとよくなる」への注を参照.

471　**自分の道徳的本能に助言を求めるとしても，それを信頼してはならない**　このルールは「自分が考えることを全部信じるな」というバンパーステッカーになっている．www.northernsun.com で入手可能.

471　**マニュアルモードは，《私たち》より《私》を**　Valdesolo and DeSteno (2007).

474　**他者の人生を救うより……重要**　同様に，豚肉は豆腐よりおいしいから，もしくは，菜食主義のチーズバーガー(広く流通していないが，需要がないというだけの話だ)のために一ドル余計に払う気がしないから，動物はひどい苦痛を味わうべきだと正直に言える人はほとんどいない.

書　誌

（［　］内は日本語版で追加した情報）

Abagnale, F. W., and S. Redding (2000). *Catch me if you can.* New York: Broadway.

ABC News (2011, December 5). Ron Paul: Why Elizabeth Warren is wrong. Retrieved February 3, 2013, from http://www.youtube.com/watch?v=glvkLEUC6Q&list=UUoIpecKvJiBIAOhaFXw-bAg&index=34.

Abrams, D., and M. A. Hogg (2012). *Social identifications: A social psychology of intergroup relations and group processes.* London: Routledge.［M. A. ホッグ, D. アブラムス『社会的アイデンティティ理論——新しい社会心理学体系化のための一般理論』吉森護・野村泰代 訳, 北大路書房, 1995 年］

Adolphs, R. (2003). Cognitive neuroscience of human social behaviour. *Nature Reviews Neuroscience* 4(3): 165–178.

Allen, R. E., and N. Platon (1970). *Plato's "Euthyphro" and the earlier theory of forms.* New York: Humanities Press.

American Medical Association (1991). Decisions near the end of life. http://www.ama-assn.org/resources/doc/code-medical-ethics/221a.pdf.

Amit, E., and J. D. Greene (2012). You see, the ends don't justify the means: Visual imagery and moral judgment. *Psychological Science* 23(8): 861–868.

Anscombe, G. E. M. (1958). Modern moral philosophy. *Philosophy* 33(124): 1–19.

Arab American Institute (2012, August 23). The American divide: How we view Arabs and Muslims. http://b.3cdn.net/aai/4502fc68043380af12_oum6b1i7z.pdf.

Aristotle (1941). Nichomachean ethics. In R. McKeon (ed.), *The basic works of Aristotle,* pp. 927–1112. New York: Random House.［『ニコマコス倫理学』(アリストテレス全集 15), 神崎繁 訳, 岩波書店, 2014 年］

Axelrod, R., and W. Hamilton (1981). The evolution of cooperation. *Science* 211 (4489): 1390–1396.

Babcock, L., and G. Loewenstein (1997). Explaining bargaining impasse: The role of self-serving biases. *The Journal of Economic Perspectives* 11(1): 109–126.

Babcock, L., G. Loewenstein, et al. (1995). Biased judgments of fairness in bargaining. *The American Economic Review* 85(5): 1337–1343.

Babcock, L., X. Wang, et al. (1996). Choosing the wrong pond: Social comparisons in negotiations that reflect a self-serving bias. *The Quarterly Journal of Economics* 111(1): 1–19.

Baldus, D. C., G. Woodworth, et al. (1998). Racial discrimination and the death penalty in the post-Furman era: An empirical and legal overview, with recent findings from Philadelphia. *Cornell Law Review* 83: 1638–1821.

Bargh, J. A., and T. L. Chartrand (1999). The unbearable automaticity of being.

American Psychologist 54(7): 462.

Bargh, J. A., and E. L. Williams (2006). The automaticity of social life. *Current Directions in Psychological Science* 15(1): 1–4.

Baron, A. S., and M. R. Banaji (2006). The development of implicit attitudes: Evidence of race evaluations from ages 6 and 10 and adulthood. *Psychological Science* 17(1): 53–58.

Baron, J. (1994). Nonconsequentialist decisions. *Behavioral and Brain Sciences* 17: 1–42.

Baron, J. (2006). *Against bioethics.* Cambridge, MA: MIT Press.

Baron, J., and J. Greene (1996). Determinants of insensitivity to quantity in valuation of public goods: Contribution, warm glow, budget constraints, availability, and prominence. *Journal of Experimental Psychology: Applied* 2(2): 107.

Baron, J., and I. Ritov (1993). Intuitions about penalties and compensation in the context of tort law. *Journal of Risk and Uncertainty* 7: 17–33.

Bartal, I. B. A., J. Decety, et al. (2011). Empathy and pro-social behavior in rats. *Science* 334(6061): 1427–1430.

Bartels, D. M. (2008). Principled moral sentiment and the flexibility of moral judgment and decision making. *Cognition* 108: 381–417.

Bartels, D. M., and D. A. Pizarro (2011). The mismeasure of morals: Antisocial personality traits predict utilitarian responses to moral dilemmas. *Cognition* 121(1): 154–161.

Bateson, M., D. Nettle, et al. (2006). Cues of being watched enhance cooperation in a real-world setting. *Biology Letters* 2(3): 412–414.

Batson, C. D. (1991). *The altruism question: Toward a social-psychological answer.* Hillsdale, NJ: Lawrence Erlbaum Associates, Inc.

Batson, C. D., and T. Moran (1999). Empathy-induced altruism in a prisoner's dilemma. *European Journal of Social Psychology* 29(7): 909–924.

Batson, C. D., B. D. Duncan, et al. (1981). Is empathic emotion a source of altruistic motivation? *Journal of Personality and Social Psychology* 40(2): 290.

Baumgartner, T., U. Fischbacher, et al. (2009). The neural circuitry of a broken promise. *Neuron* 64(5): 756–770.

Bazerman, M. H., and J. D. Greene (2010). In favor of clear thinking: Incorporating moral rules into a wise cost–benefit analysis—Commentary on Bennis, Medin, & Bartels (2010). *Perspectives on Psychological Science* 5(2): 209–212.

Bazerman, M. H., and D. A. Moore (2006). *Judgment in managerial decision making.* Hoboken, NJ: Wiley.［M. H. ベイザーマン，D. A. ムーア『行動意思決定論——バイアスの罠』長瀬勝彦 訳，白桃書房，2011 年］

BBC News (2006, September 9). Cartoons row hits Danish exports. Retrieved February 3, 2013, from http://news.bbc.co.uk/2/hi/europe/5329642.stm.

BBC News (2012, November 27). Eurozone crisis explained. Retrieved on February

3, 2013, from http://www.bbc.co.uk/news/business-13798000.
Beauchamp, T. L., and L. R. Walters (1989). *Contemporary issues in bioethics.* Belmont, CA: Wadsworth Pub. Co.
Bechara, A., A. R. Damasio, et al. (1994). Insensitivity to future consequences following damage to human prefrontal cortex. *Cognition* 50(1): 7–15.
Bechara, A., H. Damasio, et al. (1997). Deciding advantageously before knowing the advantageous strategy. *Science* 275(5304): 1293–1295.
Bem, D. J. (1967). Self-perception: An alternative interpretation of cognitive dissonance phenomena. *Psychological Review* 74(3): 183.
Bentham, J. (1781/1996). *An introduction to the principles of morals and legislation (Collected works of Jeremy Bentham).* Oxford, UK: Clarendon Press. [J. ベンサム『道徳の原理——法と功利主義的道徳に就いて』堀秀彦 訳, 銀座出版社, 1948 年]
Bentham, J. (1830). *The rationale of punishment.* London: Robert Heward.
Bentham, J. (1978). Offences against one's self. *Journal of Homosexuality* 3(4): 389–406.
Berker, S. (2009). The normative insignificance of neuroscience. *Philosophy and Public Affairs* 37(4): 293–329.
Bernasconi, R. (2002). Kant as an unfamiliar source of racism. In J. Ward and T. Lott (eds.), *Philosophers on race: Critical essays,* pp. 145–166. Oxford, UK: Blackwell.
Bernhard, H., U. Fischbacher, et al. (2006). Parochial altruism in humans. *Nature* 442(7105): 912–915.
Bertrand, M., and S. Mullainathan (2003). Are Emily and Greg more employable than Lakisha and Jamal? A field experiment on labor market discrimination. National Bureau of Economic Research.
Blackburn, S. (1993). *Essays in quasi-realism.* New York: Oxford University Press.
Blackburn, S. (2001). *Ethics: A very short introduction.* Oxford, UK: Oxford University Press.
Blair, R. J. R. (1995). A cognitive developmental approach to morality: Investigating the psychopath. *Cognition* 57(1): 1–29.
Blakemore, S. J., D. M. Wolpert, et al. (1998). Central cancellation of self-produced tickle sensation. *Nature Neuroscience* 1(7): 635–640.
Bloom, P. (2004). *Descartes' baby: How the science of child development explains what makes us human.* New York: Basic Books. [ポール・ブルーム『赤ちゃんはどこまで人間なのか——心の理解の起源』春日井晶子 訳, ランダムハウス講談社, 2006 年]
Bloom, P. (印刷中). *Just babies: The origins of good and evil.* New York: Crown. [Published 2013. ポール・ブルーム『ジャスト・ベイビー——赤ちゃんが教えてくれる善悪の起源』竹田円 訳, NTT 出版, 2015 年]
Boehm, C. (2001). *Hierarchy in the forest: The evolution of egalitarian behavior.*

Cambridge, MA: Harvard University Press.

Botvinick, M. M., T. S. Braver, et al. (2001). Conflict monitoring and cognitive control. *Psychological Review* 108(3): 624–652.

Bowles, S. (2009). Did warfare among ancestral hunter–gatherers affect the evolution of human social behaviors? *Science* 324(5932): 1293–1298.

Boyd, R., and P. J. Richerson (1992). Punishment allows the evolution of cooperation (or anything else) in sizable groups. *Ethology and Sociobiology* 13(3): 171–195.

Boyd, R., H. Gintis, et al. (2003). The evolution of altruistic punishment. *Proceedings of the National Academy of Sciences* 100(6): 3531–3535.

Bratman, M. (1987). *Intention, plans, and practical reason.* Cambridge, MA: Harvard University Press. [マイケル・E. ブラットマン『意図と行為――合理性，計画，実践的推論』門脇俊介・高橋久一郎 訳，産業図書，1994 年]

Brawley, L. (1984). Unintentional egocentric biases in attributions. *Journal of Sport and Exercise Psychology* 6(3): 264–278.

Brink, D. O. (2011). *Principles and intuition in ethics.*(未公刊原稿)

Brown, D. E. (1991). *Human universals.* Philadelphia: Temple University Press.

Buckley, C. (2007, January 3). Man is rescued by stranger on subway tracks. *New York Times.*

Buckner, R. L., J. R. Andrews-Hanna, et al. (2008). The brain's default network. *Annals of the New York Academy of Sciences* 1124(1): 1–38.

Buffett, W. E. (2011, August 14). Stop coddling the super-rich. *New York Times.*

Carlsmith, K. M., J. M. Darley, et al. (2002). Why do we punish? Deterrence and just deserts as motives for punishment. *Journal of Personality and Social Psychology* 83(2): 284–299.

Caruso, E., N. Epley, et al. (2006). The costs and benefits of undoing egocentric responsibility assessments in groups. *Journal of Personality and Social Psychology* 91(5): 857.

Casebeer, W. D. (2003). *Natural ethical facts: Evolution, connectionism, and moral cognition.* Cambridge, MA: MIT Press.

Chaiken, S., and Y. Trope (1999). *Dual-process theories in social psychology.* New York: Guilford Press.

Chapman, H. A., D. A. Kim, et al. (2009). In bad taste: Evidence for the oral origins of moral disgust. *Science* 323(5918): 1222–1226.

Chekhov, A. (1977). *Portable Chekhov.* New York: Penguin.

Chib, V. S., A. Rangel, et al. (2009). Evidence for a common representation of decision values for dissimilar goods in human ventromedial prefrontal cortex. *Journal of Neuroscience* 29(39): 12315–12320.

Choi, J. K., and S. Bowles (2007). The coevolution of parochial altruism and war. *Science* 318(5850): 636–640.

Cialdini, R. B. (2003). Crafting normative messages to protect the environment. *Current Directions in Psychological Science* 12(4): 105–109.

Cialdini, R. B., M. Schaller, et al. (1987). Empathy-based helping: Is it selflessly or selfishly motivated? *Journal of Personality and Social Psychology* 52(4): 749.

Ciaramelli, E., M. Muccioli, et al. (2007). Selective deficit in personal moral judgment following damage to ventromedial prefrontal cortex. *Social Cognitive and Affective Neuroscience* 2(2): 84–92.

Clark, A., Y. Georgellis, et al. (2003). Scarring: The psychological impact of past unemployment. *Economica* 68(270): 221–241.

Clark, A. E., and A. J. Oswald (1994). Unhappiness and unemployment. *The Economic Journal* 104 (May): 648–659.

Cohen, D., and R. E. Nisbett (1994). Self-protection and the culture of honor: Explaining southern violence. *Personality and Social Psychology Bulletin* 20(5): 551–567.

Cohen, G. L. (2003). Party over policy: The dominating impact of group influence on political beliefs. *Journal of Personality and Social Psychology* 85(5): 808.

Cohen, J. D. (2005). The vulcanization of the human brain: A neural perspective on interactions between cognition and emotion. *The Journal of Economic Perspectives* 19(4): 3–24.

Condon, S. (2011, April 21). Poll: One in four Americans think Obama was not born in U. S. CBS News.

Conway, P., and B. Gawronski (2012). Deontological and utilitarian inclinations in moral decision making: A process dissociation approach. *Journal of Personality and Social Psychology*. doi:10.1037/a0031021. [Published 2013, *Journal of Personality and Social Psychology* 104(2): 216–235]

Copenhagen Consensus Center (2012). Copenhagen census 2012 report. Retrieved February 3, 2013, from http://www.copenhagenconsensus.com/Admin/Public/DWSDownload.aspx?File=%2fFiles%2fFiler%2fCC12+papers%2fOutcomeDocumentUpdated1105.pdf.

Craig, W. L., and W. Sinnott-Armstrong (2004). *God? A debate between a Christian and an atheist.* Oxford, UK: Oxford University Press.

Crisp, R., and M. A. Slote (1997). *Virtue ethics.* Oxford, UK: Oxford University Press.

Crockett, M. J., L. Clark, et al. (2010). Serotonin selectively influences moral judgment and behavior through effects on harm aversion. *Proceedings of the National Academy of Sciences* 107(40): 17433–17438.

Cunningham, W. A., M. K. Johnson, et al. (2004). Separable neural components in the processing of black and white faces. *Psychological Science* 15(12): 806–813.

Cushman, F. (印刷中). Action, outcome and value: A dual-system framework for morality. *Personality and Social Psychology Review.* [Published 2013, *Personality*

and Social Psychology Review 17(3):273–292]

Cushman, F., and J. D. Greene (2011). The philosopher in the theater. In M. Mikulincer and P. R. Shaver (eds.), *The Social Psychology of Morality*. Washington, DC: APA Press.

Cushman, F., and J. D. Greene (2012). Finding faults: How moral dilemmas illuminate cognitive structure. *Social Neuroscience* 7(3): 269–279.

Cushman, F., K. Gray, et al. (2012). Simulating murder: The aversion to harmful action. *Emotion* 12(1): 2.

Cushman, F., D. Murray, et al. (2011). Judgment before principle: engagement of the frontoparietal control network in condemning harms of omission. *Social Cognitive and Affective Neuroscience*. doi:10.1093/scan/nsr072. [Published 2012, *Social Cognitive and Affective Neuroscience* 7(8): 888–895]

Cushman, F., L. Young, et al. (2006). The role of conscious reasoning and intuition in moral judgment testing three principles of harm. *Psychological Science* 17(12): 1082–1089.

Daly, M., and M. Wilson (1988). *Homicide*. New Brunswick, NJ: Aldine.

Damasio, A. R. (1994). *Descartes' error: Emotion, reason, and the human brain*. New York: G. P. Putnam. [アントニオ・R. ダマシオ『デカルトの誤り――情動，理性，人間の脳』田中三彦 訳，筑摩書房，2010 年]

Dancy, J. (2009). Moral Particularism. In Edward N. Zalta (ed.), *The Stanford encyclopedia of philosophy*. http://plato.stanford.edu/archives/spr2009/entries/moral-particularism/.

Daniels, N. (2003/²2011). Reflective equilibrium. In Edward N. Zalta (ed.), *The Stanford encyclopedia of Philosophy*. http://plato.stanford.edu/archives/spr2011/entries/reflective-equilibrium/.

Darwin, C. (1871/1981). *The descent of man, and selection in relation to sex*. Princeton, NJ: Princeton Univesity Press. [チャールズ・ダーウィン『人間の進化と性淘汰』全 2 冊，長谷川眞理子 訳，文一総合出版，1999・2000 年]

Darwin, C. (1872/2002). *The expression of the emotions in man and animals*. New York: Oxford University Press USA. [ダーウヰン『人及び動物の表情について』浜中浜太郎 訳，岩波書店，1931 年]

Davidson, A. B., and R. B. Ekelund (1997). The medieval church and rents from marriage market regulations. *Journal of Economic Behavior & Organization* 32(2): 215–245.

Davies, J. B., A. Shorrocks, et al. (2007). The world distribution of household wealth. UC Santa Cruz: Center for Global, International and Regional Studies. Retrieved February 3, 2013, from http://escholarship.org/uc/item/3jv048hx.

Dawes, R. M., J. McTavish, et al. (1977). Behavior, communication, and assumptions about other people's behavior in a commons dilemma situation. *Journal of Personality and Social Psychology* 35(1): 1.

Dawkins, R. (1986). *The blind watchmaker: Why the evidence of evolution reveals a universe without design.* New York: WW Norton & Company. [リチャード・ドーキンス『盲目の時計職人——自然淘汰は偶然か？』日高敏隆 監修，中島康裕・遠藤彰・遠藤知二・疋田努 訳，早川書房，2004 年]

De Brigard, F. (2010). If you like it, does it matter if it's real? *Philosophical Psychology* 23(1): 43–57.

De Dreu, C. K. W., L. L. Greer, et al. (2010). The neuropeptide oxytocin regulates parochial altruism in intergroup conflict among humans. *Science* 328(5984): 1408–1411.

De Dreu, C. K. W., L. L. Greer, et al. (2011). Oxytocin promotes human ethnocentrism. *Proceedings of the National Academy of Sciences* 108(4): 1262–1266.

de Waal, F. (1989). Food sharing and reciprocal obligations among chimpanzees. *Journal of Human Evolution* 18(5): 433–459.

de Waal, F. (1997). *Good natured: The origins of right and wrong in humans and other animals.* Cambridge, MA: Harvard University Press. [フランス・ドゥ・ヴァール『利己的なサル，他人を思いやるサル——モラルはなぜ生まれたのか』西田利貞・藤井留美 訳，草思社，1998 年]

de Waal, F. (2009). *Primates and philosophers: How morality evolved.* Princeton, NJ: Princeton University Press.

de Waal, F. (2010). *The age of empathy: Nature's lessons for a kinder society.* New York: Three Rivers Press. [フランス・ドゥ・ヴァール『共感の時代へ——動物行動学が教えてくれること』柴田裕之 訳，紀伊國屋書店，2010 年]

de Waal, F., and L. M. Luttrell (1988). Mechanisms of social reciprocity in three primate species: Symmetrical relationship characteristics or cognition? *Ethology and Sociobiology* 9(2): 101–118.

de Waal, F., and A. Roosmalen (1979). Reconciliation and consolation among chimpanzees. *Behavioral Ecology and Sociobiology* 5(1): 55–66.

Decety, J. (2011). Dissecting the neural mechanisms mediating empathy. *Emotion Review* 3(1): 92–108.

Decety, J., and P. L. Jackson (2004). The functional architecture of human empathy. *Behavioral and Cognitive Neuroscience Reviews* 3(2): 71–100.

Degomme, O., and D. Guha-Sapir (2010). Patterns of mortality rates in Darfur conflict. *The Lancet* 375(9711): 294–300.

Denmark TV2 (2004, October 9). Overfaldet efter Koran-læsning. Retrieved February 3, 2013, from http://nyhederne.tv2.dk/article.php/id-1424089:overfaldet-efter-koranl%C3%A6sning.html.

Dennett, D. C. (1987). *The intentional stance.* Cambridge, MA: MIT Press. [ダニエル・C. デネット『「志向姿勢」の哲学——人は人の行動を読めるのか？』若島正・河田学 訳，白揚社，1996 年]

Dennett, D. C. (1995). *Darwin's dangerous idea: Evolution and the meanings of life.*

New York: Simon & Schuster.［ダニエル・C. デネット『ダーウィンの危険な思想——生命の意味と進化』山口泰司 監訳，青土社，2000 年］

DeScioli, P., and R. Kurzban (2009). Mysteries of morality. *Cognition* 112(2): 281–299.

Devos, T., and M. R. Banaji (2005). American=white? *Journal of Personality and Social Psychology* 88(3): 447.

Diener, E. (2000). Subjective well-being: The science of happiness and a proposal for a national index. *American Psychologist* 55(1): 34.

Diener, E., E. M. Suh, et al. (1999). Subjective well-being: Three decades of progress. *Psychological Bulletin* 125(2): 276.

Dongen, L. G. R., and E. G. Goudie (1980). Fetal movement patterns in the first trimester of pregnancy. *BJOG: An International Journal of Obstetrics & Gynaecology* 87(3): 191–193.

Doris, J., and A. Plakias (2007). How to argue about disagreement: Evaluative diversity and moral realism. In W. Sinnott-Armstrong, ed., *Moral psychology, vol. 2: The cognitive science of morality.* Cambridge, MA: MIT Press.

Dreber, A., D. G. Rand, et al. (2008). Winners don't punish. *Nature* 452(7185): 348–351.

Driver, J. (2009). The history of utilitarianism. In Edward N. Zalta (ed.), *The Stanford encyclopedia of philosophy.* http://plato.stanford.edu/archives/sum2009/entries/utilitarianism-history/.

Dunbar, R. I. M. (2004). Gossip in evolutionary perspective. *Review of General Psychology* 8(2): 100.

Dunbar, R. I. M., A. Marriott, et al. (1997). Human conversational behavior. *Human Nature* 8(3): 231–246.

Dunlap, R. (2008, May 29). Climate-change views: Republican-Democratic gaps expand. Retrieved February 3, 2013, from http://www.gallup.com/poll/107569/ClimateChange-Views-RepublicanDemocratic-Gaps-Expand.aspx.

Dutton, D. G., and A. P. Aron (1974). Some evidence for heightened sexual attraction under conditions of high anxiety. *Journal of Personality and Social Psychology* 30(4): 510.

Dworkin, R. (1978). *Taking rights seriously.* Cambridge, MA: Harvard University Press.［ロナルド・ドゥウォーキン『権利論』(増補版)，木下毅・小林公・野坂泰司 訳，木鐸社，2003 年］

Dworkin, R. (1984). Rights as trumps. In J. Waldron ed., *Theories of rights,* 153–167. Oxford: Oxford University Press.

Easterlin, R. A. (1974). Does economic growth improve the human lot? In P. David and M. Reder (eds.), *Nations and households in economic growth: Essays in honour of Moses Abramovitz.* New York: Academic Press.

Easterlin, R. A., L. A. McVey, et al. (2010). The happiness-income paradox revisited. *Proceedings of the National Academy of Sciences* 107(52): 22463–22468.

Eberhardt, J. L., P. G. Davies, et al. (2006). Looking deathworthy: Perceived stereotypicality of black defendants predicts capital-sentencing outcomes. *Psychological Science* 17(5): 383–386.

The Economist (2005). The economist intelligence unit's quality-of-life index. http://www.economist.com/media/pdf/QUALITY_OF_LIFE.pdf.

Eens, M., & Pinxten, R. (2000). Sex-role reversal in vertebrates: Behavioural and endocrinological accounts. *Behavioural Processes* 51(1): 135–147.

Ellingsen, T., B. Herrmann, et al. (2012). Civic capital in two cultures: The nature of cooperation in Romania and USA. Available at SSRN.

Espresso Education (公表年の記載なし). Earthquake legends. Retrieved February 3, 2013, from http://content.espressoeducation.com/espresso/modules/t2_special_reports/natural_disasters/eqlegnd.html.

European Commission (2005). Special Eurobarometer 225: Social values, science and technology. Brussels: Directorate General Press.

FactCheck.org (2009, August 14). Palin vs. Obama: Death panels. Retrieved February 3, 2013, from http://www.factcheck.org/2009/08/palin-vs-obama-death-panels.

FactCheck.org (2009, August 18). Keep your insurance? Not everyone. Retrieved February 3, 2013, from http://www.factcheck.org/2009/08/keep-your-insurance-not-everyone.

Falk, G. (1990). *Murder, an analysis of its forms, conditions, and causes.* Jefferson, NC: McFarland & Company Incorporated Pub.

Fehr, E., and S. Gächter (1999). Cooperation and punishment in public goods experiments. Institute for Empirical Research in Economics Working Paper (10).

Fehr, E., and S. Gächter (2002). Altruistic punishment in humans. *Nature* 415 (6868): 137–140.

Feiman, R., Cushman, F., Carey, S. (準備中): Infants fail to represent a negative goal, but not a negative event.

Feinberg, M., R. Willer, et al. (2012a). Flustered and faithful: Embarrassment as a signal of prosociality. *Journal of Personality and Social Psychology* 102(1): 81.

Feinberg, M., R. Willer, et al. (2012b). The virtues of gossip: Reputational information sharing as prosocial behavior. *Journal of Personality and Social Psychology* 102(5): 1015.

Fellows, L. K., and M. J. Farah (2007). The role of ventromedial prefrontal cortex in decision making: Judgment under uncertainty or judgment per se? *Cerebral Cortex* 17(11): 2669–2674.

Fernbach, P. (2012, May 27) Weak evidence. WAMC Northeast Public Radio.

Fernbach, P. M., T. Rogers, C. R. Fox, and S. A. Sloman (印刷中). Political extremism is supported by an illusion of understanding. *Psychological Science.* [Published 2013, *Psychological Science* 24(6): 939–946.]

Financial Crisis Inquiry Commission (2011). Financial crisis inquiry report. Retrieved February 3, 2013, from http://fcic-static.law.stanford.edu/cdn_media/fcic-reports/fcic_final_report_full.pdf.

Finnemore, M., and K. Sikkink (1998). International norm dynamics and political change. *International Organization* 52(4): 887–917.

Fischer, D. H. (1991). *Albion's seed: Four British folkways in America.* New York: Oxford University Press USA.

Fischer, J. M., and M. Ravizza, eds. (1992). *Ethics: Problems and principles.* Fort Worth, TX: Harcourt Brace Jovanovich College Publishers.

Fisher, R. (1930). *The genetical theory of natural selection.* Oxford, UK: Clarendon Press.

Fisher, R. (1971). *Basic negotiation strategy: International conflict for beginners.* London: Allen Lane.

Fodor, J. A. (1983). *Modularity of mind: An essay on faculty psychology.* Cambridge, MA: MIT Press. ［ジェリー・A. フォーダー『精神のモジュール形式――人工知能と心の哲学』伊藤笏康・信原幸弘 訳，産業図書，1985 年］

Foot, P. (1967). The problem of abortion and the doctrine of double effect. *Oxford Review* 5: 5–15.

Forsyth, D. R., and B. R. Schlenker (1977). Attributional egocentrism following performance of a competitive task. *The Journal of Social Psychology* 102(2): 215–222.

Forsythe, R., J. L. Horowitz, et al. (1994). Fairness in simple bargaining experiments. *Games and Economic Behavior* 6(3): 347–369.

Frank, R. H. (1988). *Passions within reason: The strategic role of the emotions.* New York: WW Norton & Company. ［R. H. フランク『オデッセウスの鎖――適応プログラムとしての感情』山岸俊男 監訳，サイエンス社，1995 年］

Frederick, S. (2005). Cognitive reflection and decision making. *The Journal of Economic Perspectives* 19(4): 25–42.

Fredrickson, B. L. (2001). The role of positive emotions in positive psychology: The broaden-and-build theory of positive emotions. *American Psychologist* 56(3): 218.

Frijda, N. H. (1987). *The emotions.* Cambridge, UK: Cambridge University Press.

Fudenberg, D., D. Rand, et al. (2010). Slow to anger and fast to forgive: Cooperation in an uncertain world. *American Economic Review* 102(2): 720–749.

Gaes, G. G., and A. L. Goldberg (2004). Prison rape: A critical review of the literature. Washington, DC: National Institute of Justice.

Gardiner, S. M. (2011). *A perfect moral storm: The ethical tragedy of climate change.* New York: Oxford University Press USA.

Gauthier, D. (1987). *Morals by agreement.* Oxford, UK: Clarendon Press. ［デイヴィド・ゴティエ『合意による道徳』小林公 訳，木鐸社，1999 年］

Gazzaniga, M. S. (2006). *The ethical brain: The science of our moral dilemmas.* New York: Harper Perennial. ［マイケル・S. ガザニガ『脳のなかの倫理――脳倫理

学序説』梶山あゆみ 訳，紀伊國屋書店，2006 年]

Gazzaniga, M. S., and J. E. Le Doux (1978). *The integrated mind.* New York: Plenum. [M. S. ガザニガ，J. E. レドゥー『二つの脳と一つの心――左右の半球と認知』柏原恵龍 他訳，ミネルヴァ書房，1980 年]

Gervais, W. M., and A. Norenzayan (2012). Analytic thinking promotes religious disbelief. *Science* 336(6080): 493–496.

Gervais, W. M., A. F. Shariff, et al. (2011). Do you believe in atheists? Distrust is central to anti-atheist prejudice. *Journal of Personality and Social Psychology* 101(6): 1189.

Gewirth, A. (1980). *Reason and morality.* Chicago: University of Chicago Press.

Gilbert, D. (2006, July 2). If only gay sex caused global warming. *Los Angeles Times* 2.

Gilbert, D. (2006). *Stumbling on happiness.* New York: Knopf. [ダニエル・ギルバート『明日の幸せを科学する』熊谷淳子 訳，早川書房，2013 年]

Gilbert, S. (2010). *Developmental biology*, 9th ed. Sunderland, MA: Sunderland, Sinauer Associates. [スコット・F. ギルバート『ギルバート発生生物学』阿形清和・高橋淑子 監訳，メディカルサイエンスインターナショナル，2015 年]

Gilovich, T., D. Griffin, et al. (2002). *Heuristics and biases: The psychology of intuitive judgment.* Cambridge, UK: Cambridge University Press.

Gintis, H. (2000). Strong reciprocity and human sociality. *Journal of Theoretical Biology* 206(2): 169–179.

Gintis, H., S. Bowles, et al. (2005). *Moral sentiments and material interests: The foundations of cooperation in economic life.* MIT press.

Givewell.org (2012). Top charities. Retrieved February 3, 2013, from http://www.givewell.org/charities/top-charities.

Givewell.org (公表年の記載なし). Against Malaria Foundation. Retrieved February 3, 2013, from http://www.givewell.org/international/top-charities/AMF.

Glenn, A. L., A. Raine, et al. (2009). The neural correlates of moral decision-making in psychopathy. *Molecular Psychiatry* 14(1): 5–6.

Goldman, A. I. (1970). *A theory of human action.* Prentice-Hall Englewood Cliffs, NJ.

Graham, J., J. Haidt, et al. (2009). Liberals and conservatives rely on different sets of moral foundations. *Journal of Personality and Social Psychology* 96(5): 1029.

Graham, J., B. A. Nosek, et al. (2011). Mapping the moral domain. *Journal of Personality and Social Psychology* 101(2): 366.

Graham, J., B. A. Nosek, et al. (2012). The moral stereotypes of liberals and conservatives: Exaggeration of differences across the political spectrum. *PLOS ONE* 7(12): e50092.

Greenberg, D. (2012, February 27). Sick to his stomach. *Slate.* Retrieved February 3, 2013, from http://www.slate.com/articles/news_and_politics/history_lesson/

2012/02/how_santorum_misunderstands_kennedy_s_speech_on_religious_freedom_.html.

Greene, J. (1997). Moral psychology and moral progress. Undergraduate thesis, Department of Philosophy, Harvard University.

Greene, J. (2002). The terrible, horrible, no good, very bad truth about morality and what to do about it. Doctoral Thesis, Department of Philosophy, Princeton University.

Greene, J. (2007). The secret joke of Kant's soul. In W. Sinnott-Armstrong (ed.), *Moral psychology, vol. 3: The neuroscience of morality: Emotion, disease, and development.* Cambridge, MA: MIT Press.

Greene, J. D. (2009). Dual-process morality and the personal/impersonal distinction: A reply to McGuire, Langdon, Coltheart, and Mackenzie. *Journal of Experimental Social Psychology* 45(3): 581–584.

Greene, J. D. (2010). Notes on "The Normative Insignificance of Neuroscience" by Selim Berker. Retrieved from http://www.wjh.harvard.edu/~jgreene/GreeneWJH/Greene-Notes-on-Berker-Nov10.pdf.

Greene, J. D. (査読中). Beyond point-and-shoot morality: Why cognitive (neuro) science matters for ethics. [Published 2014, *Ethics* 124(4): 695–726]

Greene, J. D., and J. Baron (2001). Intuitions about declining marginal utility. *Journal of Behavioral Decision Making* 14: 243–255.

Greene, J. D., and J. Paxton (2009). Patterns of neural activity associated with honest and dishonest moral decisions. *Proceedings of the National Academy of Sciences* 106(30): 12506–12511.

Greene, J. D., F. A. Cushman, et al. (2009). Pushing moral buttons: The interaction between personal force and intention in moral judgment. *Cognition* 111(3): 364–371.

Greene, J. D., S. A. Morelli, et al. (2008). Cognitive load selectively interferes with utilitarian moral judgment. *Cognition* 107: 1144–1154.

Greene, J. D., L. E. Nystrom, et al. (2004). The neural bases of cognitive conflict and control in moral judgment. *Neuron* 44(2): 389–400.

Greene, J. D., R. B. Sommerville, et al. (2001). An fMRI investigation of emotional engagement in moral judgment. *Science* 293(5537): 2105–2108.

Greenwald, A. G., and M. R. Banaji (1995). Implicit social cognition: Attitudes, self-esteem, and stereotypes. *Psychological Review* 102(1): 4–27.

Greenwald, A. G., D. E. McGhee, et al. (1998). Measuring individual differences in implicit cognition: The implicit association test. *Journal of Personality and Social Psychology* 74(6): 1464.

Grice, H. P., and P. F. Strawson (1956). In defense of a dogma. *The Philosophical Review* 65(2): 141–158.

Griffiths, P. E. (1997). *What emotions really are: The problem of psychological cate-*

gories. Chicago: University of Chicago Press.

Grossman, D. (1995). *On killing: The psychological cost of learning to kill in war and society*. New York: Little, Brown. ［デーヴ・グロスマン『戦争における「人殺し」の心理学』安原和見 訳, 筑摩書房, 2004年］

Gusnard, D. A., M. E. Raichle, et al. (2001). Searching for a baseline: Functional imaging and the resting human brain. *Nature Reviews Neuroscience* 2(10): 685–694.

Güth, W., R. Schmittberger, et al. (1982). An experimental analysis of ultimatum bargaining. *Journal of Economic Behavior & Organization* 3(4): 367–388.

Haberkorn, J. (2012, November 6). Abortion, rape controversy shaped key races. *Politico*.

Haidt, J. (2001). The emotional dog and its rational tail: A social intuitionist approach to moral judgment. *Psychological Review* 108: 814–834.

Haidt, J. (2006). *The happiness hypothesis*. New York: Basic Books. ［ジョナサン・ハイト『しあわせ仮説——古代の知恵と現代科学の知恵』藤澤隆史・藤澤玲子 訳, 新曜社, 2011年］

Haidt, J. (2007). The new synthesis in moral psychology. *Science* 316: 998–1002.

Haidt, J. (2012). *The righteous mind: Why good people are divided by politics and religion*. New York: Pantheon. ［ジョナサン・ハイト『社会はなぜ左と右にわかれるのか——対立を超えるための道徳心理学』高橋洋 訳, 紀伊國屋書店, 2014年］

Haidt, J., and J. Graham (2007). When morality opposes justice: Conservatives have moral intuitions that liberals may not recognize. *Social Justice Research* 20(1): 98–116.

Haldane, J. (1932). *The causes of evolution*. London: Longmans, Green & Co.

Haley, K. J., and D. M. T. Fessler (2005). Nobody's watching? Subtle cues affect generosity in an anonymous economic game. *Evolution and Human Behavior* 26(3): 245–256.

Hamilton, W. (1964). The genetical evolution of social behavior. *Journal of Theoretical Biology* 7(1): 1–16.

Hamlin, J. K., K. Wynn, et al. (2007). Social evaluation by preverbal infants. *Nature* 450(7169): 557–559.

Hamlin, J. K., K. Wynn, et al. (2011). How infants and toddlers react to antisocial others. *Proceedings of the National Academy of Sciences* 108(50): 19931–19936.

Hardin, G. (1968). The tragedy of the commons. *Science* 162: 1243–1248.

Hardman, D. (2008). Moral dilemmas: Who makes utilitarian choices?（未公刊原稿）

Hare, R. M. (1952). *The language of morals*. Oxford, UK: Clarendon Press. ［R. M. ヘア『道徳の言語』小泉仰・大久保正健 訳, 勁草書房, 1982年］

Hare, R. M. (1981). *Moral thinking: Its levels, method, and point*. Oxford, UK: Oxford University Press. ［R. M. ヘア『道徳的に考えること——レベル・方法・

要点』内井惣七・山内友三郎 監訳，勁草書房，1994 年]

Hare, T. A., C. F. Camerer, et al. (2009). Self-control in decision-making involves modulation of the vmPFC valuation system. *Science* 324(5927): 646–648.

Harinck, F., C. K. W. De Dreu, et al. (2000). The impact of conflict issues on fixed-pie perceptions, problem solving, and integrative outcomes in negotiation. *Organizational Behavior and Human Decision Processes* 81(2): 329–358.

Harman, G. (1975). Moral relativism defended. *The Philosophical Review* 84(1): 3–22.

Harris, J. R., and C. D. Sutton (1995). Unravelling the ethical decision-making process: Clues from an empirical study comparing Fortune 1000 executives and MBA students. *Journal of Business Ethics* 14(10): 805–817.

Harris, M., N. K. Bose, et al. (1966). The cultural ecology of India's sacred cattle. *Current Anthropology* 7(1): 51–66.

Harris, S. (2010). *The moral landscape: How science can determine human values.* New York: Free Press.

Harris, S. (2011, January 29). A response to critics. Huffington Post. Retrieved February 3, 2013, from http://www.huffingtonpost.com/sam-harris/a-response-to-critics_b_815742.html.

Harsanyi, J. (1953). Cardinal utility in welfare economics and in the theory of risk-taking. *Journal of Political Economy* 61: 434–435.

Harsanyi, J. (1955). Cardinal welfare, individualistic ethics, and interpersonal comparisons of utility. *Journal of Political Economy* 63: 309–321.

Harsanyi, J. C. (1975). Can the maximin principle serve as a basis for morality? A critique of John Rawls's theory. *The American Political Science Review* 69(2): 594–606.

Hastorf, A. H., and H. Cantril (1954). They saw a game; a case study. *The Journal of Abnormal and Social Psychology* 49(1): 129.

Hauk, O., I. Johnsrude, et al. (2004). Somatotopic representation of action words in human motor and premotor cortex. *Neuron* 41(2): 301–307.

Hauser, M., F. Cushman, et al. (2007). A dissociation between moral judgments and justifications. *Mind and Language* 22(1): 1–21.

Heberlein, A. S., and R. Adolphs (2004). Impaired spontaneous anthropomorphizing despite intact perception and social knowledge. *Proceedings of the National Academy of Sciences* 101(19): 7487–7491.

Heider, F., and M. Simmel (1944). An experimental study of apparent behavior. *The American Journal of Psychology* 57(2): 243–259.

Henrich, J., and F. J. Gil-White (2001). The evolution of prestige: Freely conferred deference as a mechanism for enhancing the benefits of cultural transmission. *Evolution and Human Behavior* 22(3): 165–196.

Henrich, J., R. Boyd, et al. (2001). In search of homo economicus: Behavioral ex-

periments in 15 small-scale societies. *American Economic Review* 91(2): 73–78.

Henrich, J., J. Ensminger, et al. (2010). Markets, religion, community size, and the evolution of fairness and punishment. *Science* 327(5972): 1480–1484.

Henrich, J., S. J. Heine, et al. (2010). The weirdest people in the world. *Behavioral and Brain Sciences* 33(2–3): 61–83.

Henrich, J., R. McElreath, et al. (2006). Costly punishment across human societies. *Science* 312(5781): 1767–1770.

Herrmann, B., C. Thöni, et al. (2008). Antisocial punishment across societies. *Science* 319(5868): 1362–1367.

Hobbes (1651/1994). *Leviathan.* Indianapolis: Hackett. [ホッブズ『リヴァイアサン』全 4 冊，水田洋 訳，岩波書店，1982・1985・1992 年]

Hoffman, M. L. (2000). *Empathy and moral development: Implications for caring and justice.* New York: Cambridge University Press. [M. L. ホフマン『共感と道徳性の発達心理学——思いやりと正義とのかかわりで』菊池章夫・二宮克美 訳，川島書店，2001 年]

Horgan, T., and M. Timmons (1992). Troubles on moral twin earth: Moral queerness revived. *Synthese* 92(2): 221–260.

Howard-Snyder, F. (2002, May 14). Doing vs. allowing harm. *Stanford encyclopedia of philosophy.*

Hsee, C. K., G. F. Loewenstein, et al. (1999). Preference reversals between joint and separate evaluations of options: A review and theoretical analysis. *Psychological Bulletin* 125(5): 576.

Huettel, S. A., A. W. Song, et al. (2004). *Functional magnetic resonance imaging.* Sunderland, MA: Sinauer Associates, Inc.

Hume, D. (1739/1978). *A treatise of human nature,* ed. L. A. Selby-Bigge and P. H. Nidditch. Oxford, UK: Oxford University Press. [デイヴィッド・ヒューム『人間本性論』全 3 冊，木曾好能 他訳，法政大学出版局，2011・2012 年]

Hursthouse, R. (2000). *On virtue ethics.* New York: Oxford University Press, USA. [R. ハーストハウス『徳倫理学について』土橋茂樹 訳，知泉書館，2014 年]

Indian Express (2006, February 18). Rs 51-crore reward for Danish cartoonist's head, says UP Minister. Retrieved February 3, 2013, from http://www.indianexpress.com/storyOld.php?storyId=88158.

Inglehart, R., R. Foa, et al. (2008). Development, freedom, and rising happiness: A global perspective (1981–2007). *Perspectives on Psychological Science* 3(4): 264–285.

Intergovernmental Panel on Climate Change (2007). Synthesis report. Retrieved February 3, 2013, from http://www.ipcc.ch/pdf/assessment-report/ar4/syr/ar4_syr.pdf.

International Business Times (2012, September 21). "Innocence of Muslims" protests: Death toll rising in Pakistan. Retrieved February 3, 2013, from http://

www.ibtimes.com/%E2%80%98innocence-muslims%E2%80%99-protests-death-toll-rising-pakistan-794296.

International Labour Organization (2012). Summary of the ILO 2012 Global Estimate of Forced Labour. Retrieved February 3, 2013, from http://www.ilo.org/sapfl/Informationresources/ILOPublications/WCMS_181953/lang--en/index.htm.

Jamieson, D. (1999). *Singer and his critics.* Oxford, UK: Wiley-Blackwell.

Jensen, K., J. Call, et al. (2007). Chimpanzees are vengeful but not spiteful. *Proceedings of the National Academy of Sciences* 104(32): 13046–13050.

John Paul II (1995). The gospel of life. *Evangelium vitae* 73. [教皇ヨハネ・パウロ二世『回勅 いのちの福音』カトリック中央協議会, 2008 年]

Jones, J. (2010, March 11). Conservatives' doubts about global warming grow. Gallup. Retrieved October 29, 2011, from http://www.gallup.com/poll/126563/conservatives-doubts-global-warming-grow.aspx.

Joyce, R. (2001). *The myth of morality.* Cambridge, UK: Cambridge University Press.

Joyce, R. (2006). *The evolution of morality.* Cambridge, MA: MIT Press.

Joyce, R. (2011). The accidental error theorist. *Oxford Studies in Metaethics* 6: 153.

Kahan, D. M., D. A. Hoffman, et al. (2012). They saw a protest: Cognitive illiberalism and the speech-conduct distinction. *Stanford Law Review* 64: 851.

Kahan, D. M., H. Jenkins-Smith, et al. (2011). Cultural cognition of scientific consensus. *Journal of Risk Research* 14(2): 147–174.

Kahan, D. M., E. Peters, et al. (2012). The polarizing impact of science literacy and numeracy on perceived climate change risks. *Nature Climate Change* 2(10): 732–735.

Kahan, D. M., M. Wittlin, et al. (2011). The tragedy of the risk-perception commons: Culture conflict, rationality conflict, and climate change. Temple University Legal Studies Research Paper (2011–26).

Kahane, G., and N. Shackel (2010). Methodological issues in the neuroscience of moral judgment. *Mind and Language* 25(5): 561–582.

Kahane, G., K. Wiech, et al. (2012). The neural basis of intuitive and counterintuitive moral judgment. *Social Cognitive and Affective Neuroscience* 7(4): 393–402.

Kahneman, D. (2003). A perspective on judgment and choice: Mapping bounded rationality. *American Psychologist* 58(9): 697–720.

Kahneman, D. (2011). *Thinking, fast and slow.* New York: Farrar, Straus & Giroux. [ダニエル・カーネマン『ファスト & スロー——あなたの意思はどのように決まるか?』全 2 冊, 村井章子 訳, 早川書房, 2012 年]

Kahneman, D., and A. Tversky. (2000). *Choices, values, and frames.* New York: Cambridge University Press.

Kahneman, D., E. Diener, et al. (2003). *Well-being: The foundations of hedonic psychology.* New York: Russell Sage Foundation Publications.

Kahneman, D., D. Schkade, et al. (1998). Shared outrage and erratic rewards: The psychology of punitive damages. *Journal of Risk and Uncertainty* 16: 49–86.

Kamm, F. M. (1998). *Morality, mortality, vol. I: Death and whom to save from it.* New York: Oxford University Press USA.

Kamm, F. M. (2000). The doctrine of triple effect and why a rational agent need not intend the means to his end. *Proceedings of the Aristotelian Society* 74(Suppl. S.): 21–39.

Kamm, F. M. (2001). *Morality, mortality, vol. II: Rights, duties, and status.* New York: Oxford University Press USA.

Kamm, F. M. (2006). *Intricate ethics: Rights, responsibilities, and permissible harm.* New York: Oxford University Press USA.

Kamm, F. M. (2009). Neuroscience and moral reasoning: a note on recent research. *Philosophy and Public Affairs* 37(4): 330–345.

Kant, I. (1785/2002). *Groundwork for the metaphysics of morals.* New Haven, CT: Yale University Press. [『人倫の形而上学の基礎づけ』(カント全集 7), 平田俊博 訳, 岩波書店, 2000 年]

Kant, I. (1994). *The metaphysics of morals: Ethical philosophy.* Indianapolis: Hackett. [『人倫の形而上学』(カント全集 11), 樽井正義・池尾恭一 訳, 岩波書店, 2002 年]

Keil, F. C. (2003). Folkscience: Coarse interpretations of a complex reality. *Trends in Cognitive Sciences* 7(8): 368–373.

Keltner, D. (2009). *Born to be good: The science of a meaningful life.* New York: WW Norton & Company.

Keltner, D., and J. Haidt (2003). Approaching awe, a moral, spiritual, and aesthetic emotion. *Cognition & Emotion* 17(2): 297–314.

Kim, S. (2011, December 12). "Occupy a desk" job fair comes to Zuccotti Park. ABC News. Retrieved February 3, 2013, from http://abcnews.go.com/Business/york-anti-occupy-wall-street-campaign-hosts-job/story?id=15121278.

Kinsley, M. (2003, October 2). Just supposin': In defense of hypothetical questions. *Slate.* Retrieved from http://www.slate.com/articles/news_and_politics/readme/2003/10/just_supposin.html.

Kinzler, K. D., E. Dupoux, et al. (2007). The native language of social cognition. *Proceedings of the National Academy of Sciences* 104(30): 12577–12580.

Kitcher, P. (1994). Four ways of "biologicizing" ethics. *Conceptual Issues in Evolutionary Biology* 439–450.

Koechlin, E., C. Ody, et al. (2003). The architecture of cognitive control in the human prefrontal cortex. *Science* 302(5648): 1181–1185.

Koenigs, M., M. Kruepke, et al. (2012). Utilitarian moral judgment in psychopathy. *Social Cognitive and Affective Neuroscience* 7(6): 708–714.

Koenigs, M., L. Young, et al. (2007). Damage to the prefrontal cortex increases utili-

tarian moral judgements. *Nature* 446(7138): 908–911.

Kogut, T., and I. Ritov (2005). The singularity effect of identified victims in separate and joint evaluations. *Organizational Behavior and Human Decision Processes* 97 (2): 106–116.

Korsgaard, C. M. (1996). *Creating the kingdom of ends.* New York: Cambridge University Press.

Kosfeld, M., M. Heinrichs, et al. (2005). Oxytocin increases trust in humans. *Nature* 435(7042): 673–676.

Koven, N. S. (2011). Specificity of meta-emotion effects on moral decision-making. *Emotion* 11(5): 1255.

Krugman, P. (2009, July 28). Why Americans hate single-payer insurance. *New York Times.*

Krugman, P. (2011, November 24). We are the 99.9%. *New York Times.*

Kuhse. H, P. Singer (2006). *Bioethics. An anthology,* 2nd edition. Oxford: Blackwell Publishing.

Kurzban, R., P. DeScioli, et al. (2007). Audience effects on moralistic punishment. *Evolution and Human Behavior* 28(2): 75–84.

Kurzban, R., J. Tooby, et al. (2001). Can race be erased? Coalitional computation and social categorization. *Proceedings of the National Academy of Sciences* 98 (26): 15387–15392.

Ladyna-Kots, N. (1935). Infant chimpanzee and human child. Museum Darwinianum, Moscow.

Lakoff, G., and M. Johnson (1980). *Metaphors we live by.* Chicago: University of Chicago Press. [G. レイコフ，M. ジョンソン『レトリックと人生』渡部昇一・楠瀬淳三・下谷和幸 訳，大修館書店，1986 年]

Lakshminarayanan, V. R., and L. R. Santos (2008). Capuchin monkeys are sensitive to others' welfare. *Current Biology* 18(21): R999–R1000.

Layard, R. (2006). *Happiness: Lessons from a new science.* New York: Penguin Press.

Leitenberg, M. (2003). Deaths in wars and conflicts between 1945 and 2000. *Occasional Paper* (29).

Lerner, J. S., D. A. Small, et al. (2004). Heart strings and purse strings: Carryover effects of emotions on economic decisions. *Psychological Science* 15(5): 337–341.

Liberman, V., S. M. Samuels, et al. (2004). The name of the game: Predictive power of reputations versus situational labels in determining prisoner's dilemma game moves. *Personality and Social Psychology Bulletin* 30(9): 1175–1185.

Lieberman, M. D., R. Gaunt, et al. (2002). Reflection and reflexion: A social cognitive neuroscience approach to attributional inference. *Advances in Experimental Social Psychology* 34: 199–249.

Lind, M. (1999). Civil war by other means. *Foreign Affairs* 78: 123.

Lind, M. (2012, October 10). Slave states vs. free states, 2012. *Salon.* Retrieved February 3, 2013, from http://www.salon.com/2012/10/10/slave_states_vs_free_states_2012/.

List, J. A. (2007). On the interpretation of giving in dictator games. *Journal of Political Economy* 115(3): 482–493.

Loewenstein, G. (1996). Out of control: Visceral influences on behavior. *Organizational Behavior and Human Decision Processes* 65(3): 272–292.

Loewenstein, G., S. Issacharoff, et al. (1993). Self-serving assessments of fairness and pretrial bargaining. *The Journal of Legal Studies* 22(1): 135–159.

Lord, C. G., L. Ross, et al. (1979). Biased assimilation and attitude polarization: The effects of prior theories on subsequently considered evidence. *Journal of Personality and Social Psychology* 37(11): 2098.

MacDonald, A. W., J. D. Cohen, et al. (2000). Dissociating the role of the dorsolateral prefrontal and anterior cingulate cortex in cognitive control. *Science* 288 (5472): 1835–1838.

MacIntyre, A. (1981). *After virtue.* Notre Dame, IN: University of Notre Dame Press. [A. マッキンタイア『美徳なき時代』篠﨑榮 訳，みすず書房，1993 年]

Mackie, J. L. (1977). *Ethics: Inventing right and wrong.* Harmondsworth, UK, and New York: Penguin. [J. L. マッキー『倫理学――道徳を創造する』加藤尚武 監訳，哲書房，1990 年]

Macmillan, M. (2002). *An odd kind of fame: Stories of Phineas Gage.* Cambridge, MA: MIT Press.

Madison, L. (2012, October 24). Richard Mourdock: Even pregnancy from rape something "God intended." CBS News. Retrieved February 3, 2013, from http://www.cbsnews.com/8301-250_162-57538757/richard-mourdock-even-pregnancy-from-rape-something-god-intended/.

Mahajan, N., and K. Wynn (2012). Origins of "Us" versus "Them": Prelinguistic infants prefer similar others. *Cognition* 124(2): 227–233.

Mahajan, N., M. A. Martinez, et al. (2011). The evolution of intergroup bias: Perceptions and attitudes in rhesus macaques. *Journal of Personality and Social Psychology* 100(3): 387.

Margulis, L. (1970). *Origin of eukaryotic cells: Evidence and research implications for a theory of the origin and evolution of microbial, plant, and animal cells on the Precambrian earth.* New Haven, CT: Yale University Press.

Mariner, J. (2001). No escape: Male rape in US prisons. Human Rights Watch.

Marlowe, F. W., J. C. Berbesque, et al. (2008). More "altruistic" punishment in larger societies. *Proceedings of the Royal Society B: Biological Sciences* 275 (1634): 587–592.

Marsh, A. A., S. L. Crowe, et al. (2011). Serotonin transporter genotype (5-HTTLPR) predicts utilitarian moral judgments. *PLOS ONE* 6(10): e25148.

McClure, S. M., K. M. Ericson, et al. (2007). Time discounting for primary rewards. *Journal of Neuroscience* 27(21): 5796–5804.

McClure, S. M., D. I. Laibson, et al. (2004). Separate neural systems value immediate and delayed monetary rewards. *Science* 306(5695): 503–507.

McElreath, R., R. Boyd, et al. (2003). Shared norms and the evolution of ethnic markers. *Current Anthropology* 44(1): 122–130.

McGuire, J., R. Langdon, et al. (2009). A reanalysis of the personal/impersonal distinction in moral psychology research. *Journal of Experimental Social Psychology* 45(3): 577–580.

McMahan, J. (2009). *Killing in war*. New York: Oxford University Press.

Medak, P. (1986). Button, button, *The Twilight Zone*.

Mendez, M. F., E. Anderson, et al. (2005). An investigation of moral judgement in frontotemporal dementia. *Cognitive and Behavioral Neurology* 18(4): 193–197.

Mercier, H., and D. Sperber (2011). Why do humans reason? Arguments for an argumentative theory. *Behavioral and Brain Sciences* 34(2): 57.

Messick, D. M., and K. P. Sentis (1979). Fairness and preference. *Journal of Experimental Social Psychology* 15(4): 418–434.

Metcalfe, J., and W. Mischel (1999). A hot/cool-system analysis of delay of gratification: Dynamics of willpower. *Psychological Review* 106(1): 3–19.

Michor, F., Y. Iwasa, et al. (2004). Dynamics of cancer progression. *Nature Reviews Cancer* 4(3): 197–205.

Mikhail, J. (2000). Rawls' linguistic analogy: A study of the "Generative Grammar" model of moral theory described by John Rawls in *A theory of justice*. Cornell University, Dept. of Philosophy.

Mikhail, J. (2011). *Elements of moral cognition: Rawls' linguistic analogy and the cognitive science of moral and legal judgment*. New York: Cambridge University Press.

Milgram, S., L. Mann, et al. (1965). The lost letter technique: A tool for social research. *Public Opinion Quarterly* 29(3): 437–438.

Milinski, M., D. Semmann, et al. (2002). Reputation helps solve the "tragedy of the commons." *Nature* 415(6870): 424–426.

Mill, J. S. (1861/1987). Utilitarianism. In Mill, J. S., and J. Bentham, *Utilitarianism and other essays*. Harmondsworth, UK: Penguin. [J. S. ミル「功利主義論」伊原吉之助 訳(関嘉彦 編『世界の名著 38 ベンサム／J. S. ミル』中央公論社, 1967 年)]

Mill, J. S. (1865). *On liberty*. London: Longman, Green, Longman, Roberts and Green. [J. S. ミル『自由論』塩尻公明・木村健康 訳, 岩波書店, 1971 年]

Mill, J. S. (1869/1895). *The subjection of women*. National American Woman Suffrage Association. [J. S. ミル『女性の解放』大内兵衛・大内節子 訳, 岩波書店, 1957 年]

Mill, J. S. (1874/1998). Utility of Religion. In *Three essays on religion.* Amherst, NY: Prometheus Books. [J. S. ミル『宗教をめぐる三つのエッセイ』ヘレン・テイラー編，大久保正健 訳，勁草書房，2011 年]
Millbank, D., and C. Deane (2003, September 6). Hussein link to 9/11 lingers in many minds. *Washington Post.* Retrieved October 29, 2011, from http://www.washingtonpost.com/ac2/wp-dyn/A32862-2003Sep5?language=printer.
Miller, E. K., and J. D. Cohen (2001). An integrative theory of prefrontal cortex function. *Annual Review of Neuroscience* 24(1): 167–202.
Miller, G. F., and P. M. Todd (1998). Mate choice turns cognitive. *Trends in Cognitive Sciences* 2(5): 190–198.
Mills, C. M., and F. C. Keil (2005). The development of cynicism. *Psychological Science* 16(5): 385–390.
Mitani, J. C., D. P. Watts, et al. (2010). Lethal intergroup aggression leads to territorial expansion in wild chimpanzees. *Current Biology* 20(12): R507–R508.
Mooney, C. (2012). *The republican brain: The science of why they deny science—and reality.* Hoboken, NJ: Wiley.
Moore, A. B., B. A. Clark, et al. (2008). Who shalt not kill? Individual differences in working memory capacity, executive control, and moral judgment. *Psychological Science* 19(6): 549–557.
Moore, G. E. (1903/1993). *Principia ethica.* Cambridge, UK: Cambridge University Press. [G. E. ムア『倫理学原理』泉谷周三郎・寺中平治・星野勉 訳，三和書籍，2010 年]
Moretto, G., E. Ladavas, et al. (2010). A psychophysiological investigation of moral judgment after ventromedial prefrontal damage. *Journal of Cognitive Neuroscience* 22(8): 1888–1899.
Morrison, I., D. Lloyd, et al. (2004). Vicarious responses to pain in anterior cingulate cortex: Is empathy a multisensory issue? *Cognitive, Affective & Behavioral Neuroscience* 4(2): 270–278.
Musen, J. D. (2010). The moral psychology of obligations to help those in need. Undergraduate thesis, Department of Psychology, Harvard University.
Nagel, J., and M. R. Waldmann (2012). Deconfounding distance effects in judgments of moral obligation. *Journal of Experimental Psychology: Learning, Memory, and Cognition* 39(1).
Nagel, T. (1979). *The possibility of altruism.* Princeton, NJ: Princeton University Press.
Navarrete, C. D., M. M. McDonald, et al. (2012). Virtual morality: Emotion and action in a simulated three-dimensional “trolley problem.” *Emotion* 12(2): 364.
New York Times (1976, February 15). “Welfare queen” becomes issue in Reagan campaign.
Nichols, S. (2002). How psychopaths threaten moral rationalism: Is it irrational to

be amoral? *The Monist* 85(2): 285–303.

Nichols, S., and J. Knobe (2007). Moral responsibility and determinism: The cognitive science of folk intuitions. *Noûs* 41: 663–685.

Nichols, S., and R. Mallon (2006). Moral dilemmas and moral rules. *Cognition* 100 (3): 530–542.

Nietzsche, F. (1882/1974). *The gay science*. New York: Random House.［フリードリッヒ・ニーチェ『悦ばしき知識』信太正三 訳，筑摩書房，1993 年］

Nisbett, R. E., and D. Cohen (1996). *Culture of honor: The psychology of violence in the South*. Boulder, CO: Westview Press.［R. E. ニスベット，D. コーエン『名誉と暴力――アメリカ南部の文化と心理』石井敬子・結城雅樹 編訳，北大路書房，2009 年］

Nisbett, R. E., K. Peng, et al. (2001). Culture and systems of thought: Holistic versus analytic cognition. *Psychological Review* 108(2): 291.

Nisbett, R. E., and T. D. Wilson (1977). Telling more than we can know: Verbal reports on mental processes. *Psychological Review* 84(3): 231.

Norenzayan, A., and A. F. Shariff (2008). The origin and evolution of religious prosociality. *Science* 322(5898): 58–62.

Norton, M. I., and D. Ariely (2011). Building a better America—one wealth quintile at a time. *Perspectives on Psychological Science* 6(1): 9–12.

Nowak, M. A. (2006). Five rules for the evolution of cooperation. *Science* 314 (5805): 1560–1563.

Nowak, M. A., and K. Sigmund (1992). Tit for tat in heterogeneous populations. *Nature* 355(6357): 250–253.

Nowak, M., and K. Sigmund (1993). A strategy of win-stay, lose-shift that outperforms tit-for-tat in the Prisoner's Dilemma game. *Nature* 364(6432): 56–58.

Nowak, M. A., and K. Sigmund (1998). Evolution of indirect reciprocity by image scoring. *Nature* 393(6685): 573–577.

Nowak, M. A., and K. Sigmund (2005). Evolution of indirect reciprocity. *Nature* 437(7063): 1291–1298.

Nowak, M. A., C. E. Tarnita, et al. (2010). The evolution of eusociality. *Nature* 466 (7310): 1057–1062.

Nozick, R. (1974). *Anarchy, state, and utopia*. New York: Basic Books.［ロバート・ノージック『アナーキー・国家・ユートピア――国家の正当性とその限界』全 2 冊，嶋津格 訳，木鐸社，1985・1989 年］

Obama, B. (2006). Speech at the Call to Renewal's Building a Covenant for a New America conference. Retrieved February 3, 2013, from http://www.nytimes.com/2006/06/28/us/politics/2006obamaspeech.html?pagewanted=all.

Ochsner, K. N., S. A. Bunge, et al. (2002). Rethinking feelings: An fMRI study of the cognitive regulation of emotion. *Journal of Cognitive Neuroscience* 14(8): 1215–1229.

Olsson, A., and E. A. Phelps (2004). Learned fear of "unseen" faces after Pavlovian, observational, and instructed fear. *Psychological Science* 15(12): 822–828.

Olsson, A., and E. A. Phelps (2007). Social learning of fear. *Nature neuroscience* 10 (9): 1095–1102.

O'Neill, P., and L. Petrinovich (1998). A preliminary cross-cultural study of moral intuitions. *Evolution and Human Behavior* 19(6): 349–367.

Onishi, K. H., and R. Baillargeon (2005). Do 15-month-old infants understand false beliefs? *Science* 308(5719): 255–258.

Packer, C. (1977). Reciprocal altruism in Papio anubis. *Nature* 265: 441–443.

Padoa-Schioppa, C. (2011). Neurobiology of economic choice: A good-based model. *Annual Review of Neuroscience* 34: 333.

Paharia, N., K. S. Kassam, J. D. Greene, M. H. Bazerman (2009). Dirty work, clean hands: The moral psychology of indirect agency. *Organizational Behavior and Human Decision Processes* 109: 134–141.

Parfit, D. (1984). *Reasons and persons.* Oxford, UK: Clarendon Press. [デレク・パーフィット『理由と人格――非人格性の倫理へ』森村進 訳, 勁草書房, 1998年]

Paxton, J. M., and J. D. Greene (2010). Moral reasoning: Hints and allegations. *Topics in Cognitive Science* 2(3): 511–527.

Paxton, J. M., T. Bruni, and J. D. Greene (査読中). Are "counter-intuitive" deontological judgments really counter-intuitive? An empirical reply to Kahane et al. (2012). [Published 2014, *Social Cognitive and Affective Neuroscience* 9 (9): 1368–1371]

Paxton, J. M., L. Ungar, and J. D. Greene (2011). Reflection and reasoning in moral judgment. *Cognitive Science* 36(1) 163–177.

Pedersen, C. A., J. A. Ascher, et al. (1982). Oxytocin induces maternal behavior in virgin female rats. *Science* 216: 648–650.

Perkins, A. M., A. M. Leonard, et al. (2012). A dose of ruthlessness: Interpersonal moral judgment is hardened by the anti-anxiety drug lorazepam. *Journal of Experimental Psychology.* doi:10.1037/a0030256. [Published 2013, *Journal of Experimental Psychology* 142(3): 612–620]

Petrinovich, L., P. O'Neill, et al. (1993). An empirical study of moral intuitions: Toward an evolutionary ethics. *Journal of Personality and Social Psychology* 64(3): 467.

Pinillos, N. Á., N. Smith, et al. (2011). Philosophy's new challenge: Experiments and intentional action. *Mind and Language* 26(1): 115–139.

Pinker, S. (1997). *How the mind works.* New York: WW Norton & Company. [スティーブン・ピンカー『心の仕組み』全2冊, 椋田直子 訳, 筑摩書房, 2013年]

Pinker, S. (2002). *The blank slate: The modern denial of human nature.* New York:

Viking.［スティーブン・ピンカー『人間の本性を考える――心は「空白の石版」か』全 3 冊，山下篤子 訳，日本放送出版協会，2004 年］

Pinker, S. (2007). *The stuff of thought: Language as a window into human nature.* New York: Viking.［スティーブン・ピンカー『思考する言語――「ことばの意味」から人間性に迫る』全 3 冊，幾島幸子・桜内篤子 訳，日本放送出版協会，2009 年］

Pinker, S. (2008). Crazy love. *Time* 171(4): 82.

Pinker, S. (2011). *The better angels of our nature: Why violence has declined.* New York: Viking.［スティーブン・ピンカー『暴力の人類史』全 2 冊，幾島幸子・塩原通緒 訳，青土社，2015 年］

Pizarro, D. A., and P. Bloom (2003). The intelligence of the moral intuitions: Comment on Haidt (2001). *Psychological Review* 110(1): 193–196; discussion, 197–198.

Pizarro, D. A. and D. Tannenbaum (2011). Bringing character back: How the motivation to evaluate character influences judgments of moral blame. In M. Mikulincer & P. Shaver (eds.), *The social psychology of morality: Exploring the causes of good and evil.* APA Press.

Plato (1987). *The republic.* London: Penguin Classics.［プラトン『国家』全 2 冊，藤沢令夫 訳，岩波書店，1979 年］

Plutchik, R. (1980). *Emotion, a psychoevolutionary synthesis.* New York: Harper & Row.

Politisite (September 13, 2011). CNN Tea Party debate transcript part 3. Retrieved February 3, 2012, from http://www.politisite.com/2011/09/13/cnn-tea-party-debate-transcript-part-3-cnnteaparty/#.USAY2-jbb_I.

Posner, M. I., and C. R. R. Snyder (1975). Attention and cognitive control. In R. L. Solso (ed.), *Information processing and cognition,* pp. 55–85. Hillsdale, NJ: Erlbaum.

Poundstone, W. (1992). *Prisoner's dilemma: John von Neumann, game theory, and the puzzle of the bomb.* New York: Doubleday.［ウィリアム・パウンドストーン『囚人のジレンマ――フォン・ノイマンとゲームの理論』松浦俊輔 他訳，青土社，1995 年］

Powell, J. (2012, November 15). Why climate deniers have no scientific credibility—in one pie chart. *DeSmogBlog.* Retrieved February 3, 2013, from http://www.desmogblog.com/2012/11/15/why-climate-deniers-have-no-credibility-science-one-pie-chart.

Premack, D., and A. J. Premack (1994). Levels of causal understanding in chimpanzees and children. *Cognition* 50(1): 347–362.

Putnam, R. D. (2001). *Bowling alone: The collapse and revival of American community.* New York: Simon & Schuster.［ロバート・D. パットナム『孤独なボウリング――米国コミュニティの崩壊と再生』柴内康文 訳，柏書房，2006 年］

Putnam, R. D., D. E. Campbell (2010). *American grace: How religion divides and unites us.* New York: Simon & Schuster.

Quine, W. V. (1951). Main trends in recent philosophy: Two dogmas of empiricism. *The Philosophical Review* (60) 20–43.

Rand, D. G., S. Arbesman, et al. (2011). Dynamic social networks promote cooperation in experiments with humans. *Proceedings of the National Academy of Sciences* 108(48): 19193–19198.

Rand, D. G., A. Dreber, et al. (2009). Positive interactions promote public cooperation. *Science* 325(5945): 1272–1275.

Rand, D. G., J. D. Greene, et al. (2012). Spontaneous giving and calculated greed. *Nature* 489(7416): 427–430.

Rand, D. G., H. Ohtsuki, et al. (2009). Direct reciprocity with costly punishment: Generous tit-for-tat prevails. *Journal of Theoretical Biology* 256(1): 45.

Rangel, A., C. Camerer, et al. (2008). A framework for studying the neurobiology of value-based decision making. *Nature Reviews Neuroscience* 9(7): 545–556.

Ransohoff, K. (2011). Patients on the trolley track: The moral cognition of medical practitioners and public health professionals. Undergraduate thesis, Department of Psychology, Harvard University.

Rathmann, P. (1994). *Good Night, Gorilla.* New York: Putnam. [ペギー・ラスマン『おやすみゴリラくん』いとうひろし 訳，徳間書店，1996 年]

Rawls, J. (1971). *A theory of justice.* Cambridge, MA: Harvard University Press.

Rawls, J. (1999). *A theory of justice,* rev. ed. Cambridge, MA: Harvard University Press. [ジョン・ロールズ『正義論』(改訂版)，川本隆史・福間聡・神島裕子 訳，紀伊國屋書店，2010 年]

Reuters (2008, September 10). No consensus on who was behind Sept 11: Global poll. Retrieved October 29, 2011, from http://www.reuters.com/article/2008/09/10/us-sept11-qaeda-poll-idUSN1035876620080910.

Richeson, J. A., and J. N. Shelton (2003). When prejudice does not pay effects of interracial contact on executive function. *Psychological Science* 14(3): 287–290.

Rodrigues, S. M., L. R. Saslow, et al. (2009). Oxytocin receptor genetic variation relates to empathy and stress reactivity in humans. *Proceedings of the National Academy of Sciences* 106(50): 21437–21441.

Roes, F. L., and M. Raymond (2003). Belief in moralizing gods. *Evolution and Human Behavior* 24(2): 126–135.

Royzman, E. B., and J. Baron (2002). The preference for indirect harm. *Social Justice Research* 15(2): 165–184.

Rozenblit, L., and F. Keil (2002). The misunderstood limits of folk science: An illusion of explanatory depth. *Cognitive Science* 26(5): 521–562.

Rozin, P., L. Lowery, et al. (1999). The CAD triad hypothesis: A mapping between three moral emotions (contempt, anger, disgust) and three moral codes (com-

munity, autonomy, divinity). *Journal of Personality and Social Psychology* 76(4): 574.

Ruse, M. (1999). *The Darwinian revolution: Science red in tooth and claw.* Chicago: University of Chicago Press.

Ruse, M., and E. O. Wilson (1986). Moral philosophy as applied science. *Philosophy* 61(236): 173–192.

The Rush Limbaugh Show (2011, September 22). Retrieved February 3, 2013, from http://www.rushlimbaugh.com/daily/2011/09/22/quotes_the_big_voice_on_the_right.

Russell, S. J., and P. Norvig (2010). *Artificial intelligence: A modern approach.* Upper Saddle River, NJ: Prentice Hall. [『エージェントアプローチ 人工知能』(第2版), 古川康一 監訳, 共立出版, 2008年]

Sachs, J. (2006). *The end of poverty: Economic possibilities for our time.* New York: Penguin Group USA. [ジェフリー・サックス『貧困の終焉――2025年までに世界を変える』鈴木主税・野中邦子 訳, 早川書房, 2006年]

Sarlo, M., L. Lotto, et al. (2012). Temporal dynamics of cognitive-emotional interplay in moral decision-making. *Journal of Cognitive Neuroscience* 24(4): 1018–1029.

Saver, J. L., and A. R. Damasio (1991). Preserved access and processing of social knowledge in a patient with acquired sociopathy due to ventromedial frontal damage. *Neuropsychologia* 29(12): 1241–1249.

Schachter, S., and J. Singer (1962). Cognitive, social, and physiological determinants of emotional state. *Psychological Review* 69(5): 379.

Schaich Borg, J., C. Hynes, et al. (2006). Consequences, action, and intention as factors in moral judgments: An fMRI investigation. *Journal of Cognitive Neuroscience* 18(5): 803–817.

Schelling, T. C. (1968). The life you save may be your own. In S. B. Chase (ed.), *Problems in public expenditure analysis.* Washington, DC: Brookings Institute.

Schlesinger Jr, A. (1971). The necessary amorality of foreign affairs. *Harper's Magazine* 72: 72–77.

Seligman, M. (2002). *Authentic happiness: Using the new positive psychology to realize your potential for lasting fulfillment.* New York: Free Press. [マーティン・セリグマン『世界でひとつだけの幸せ――ポジティブ心理学が教えてくれる満ち足りた人生』小林裕子 訳, アスペクト, 2004年]

Semin, G. R., and A. Manstead (1982). The social implications of embarrassment displays and restitution behaviour. *European Journal of Social Psychology* 12(4): 367–377.

Seyfarth, R. M., and D. L. Cheney (1984). Grooming, alliances and reciprocal altruism in vervet monkeys. *Nature* 308(5959): 3.

Seyfarth, R. M., and D. L. Cheney (2012). The evolutionary origins of friendship.

Annual Review of Psychology 63: 153–177.

Shenhav, A., and J. D. Greene (2010). Moral judgments recruit domain-general valuation mechanisms to integrate representations of probability and magnitude. *Neuron* 67(4): 667–677.

Shenhav, A., and J. D. Greene (準備中). Utilitarian calculations, emotional assessments, and integrative moral judgments: Dissociating neural systems underlying moral judgment.

Shenhav, A., D. G. Rand, et al. (2012). Divine intuition: Cognitive style influences belief in God. *Journal of Experimental Psychology: General* 141(3): 423.

Shergill, S. S., P. M. Bays, et al. (2003). Two eyes for an eye: the neuroscience of force escalation. *Science* 301(5630): 187.

Shiffrin, R. M., and W. Schneider (1977). Controlled and automatic information processing: II. Perceptual learning, automatic attending, and a general theory. *Psychological Review* 84: 127–190.

Shiv, B., and A. Fedorikhin (1999). Heart and mind in conflict: The interplay of affect and cognition in consumer decision making. *Journal of Consumer Research* 26(3): 278–292.

Sidanius, J., F. Paratto (2001). *Social dominance.* New York: Cambridge University Press.

Sidgwick, H. (1907). *The methods of ethics.* Indianapolis, IN: Hackett Publishing Company Incorporated.

Singer, P. (1972). Famine, affluence and morality. *Philosophy and Public Affairs* 1: 229–243.

Singer, P. (1979). *Practical ethics.* Cambridge, UK: Cambridge University Press. [ピーター・シンガー『実践の倫理』(新版), 山内友三郎・塚崎智 監訳, 昭和堂, 1999年]

Singer, P. (1981). *The expanding circle: Ethics and sociobiology.* New York: Farrar Straus & Giroux.

Singer, P. (1994). *Rethinking life and death.* New York: St. Martin's Press.

Singer, P. (2004). *One world: The ethics of globalization.* New Haven, CT: Yale University Press. [ピーター・シンガー『グローバリゼーションの倫理学』山内友三郎・樫則章 監訳, 昭和堂, 2005年]

Singer, P. (2005). Ethics and intuitions. *The Journal of Ethics* 9(3): 331–352.

Singer, P. (2009). *The life you can save: Acting now to end world poverty.* New York: Random House. [ピーター・シンガー『あなたが救える命——世界の貧困を終わらせるために今すぐできること』児玉聡・石川涼子 訳, 勁草書房, 2014年]

Singer, P., and H. Kuhse (1999). *Bioethics: An anthology.* Malden, MA: Blackwell Publishers.

Singer, T., B. Seymour, et al. (2004). Empathy for pain involves the affective but

not sensory components of pain. *Science* 303(5661): 1157–1162.

Singer, T., R. Snozzi, et al. (2008). Effects of oxytocin and prosocial behavior on brain responses to direct and vicariously experienced pain. *Emotion* 8(6): 781.

Sinnott-Armstrong, W. (2006). Moral intuitionism meets empirical psychology. In T. Horgan and M. Timmons (eds.), *Metaethics after Moore*, pp. 339–365. New York: Oxford University Press.

Sinnott-Armstrong, W. (2008). Abstract + concrete = paradox. In J. Knobe and S. Nichols (eds.), *Experimental philosophy*, pp. 209–230. New York: Oxford University Press.

Sinnott-Armstrong, W. (2009). *Morality without God?* New York: Oxford University Press.

Sloane, S., R. Baillargeon, et al. (2012). Do infants have a sense of fairness? *Psychological Science* 23(2): 196–204.

Sloman, S. (1996). The empirical case for two systems of reasoning. *Psychological Bulletin* 119(1): 3–22.

Sloman, S., Fernbach, P. M. (2012). I'm right! (For some reason). *New York Times*. Retrieved November 8, 2012, from http://www.nytimes.com/2012/10/21/opinion/sunday/why-partisans-cant-explain-their-viewshtml?_r=0.

Slovic, P. (2007). If I look at the mass I will never act: Psychic numbing and genocide. *Judgment and Decision Making* 2: 79–95.

Small, D. A., and G. Loewenstein (2003). Helping a victim or helping the victim: Altruism and identifiability. *Journal of Risk and Uncertainty* 26(1): 5–16.

Small, D. M., and G. Loewenstein (2005). The devil you know: The effects of identifiability on punitiveness. *Journal of Behavioral Decision Making* 18(5): 311–318.

Smart, J. J. C., and B. Williams (1973). *Utilitarianism: For and against*. Cambridge, UK: Cambridge University Press.

Smith, A. (1759/1976). *The theory of moral sentiments*. Indianapolis: Liberty Classics. [アダム・スミス『道徳感情論』全 2 冊，水田洋 訳，岩波書店，2003 年]

Smith, J. M. (1964). Group selection and kin selection. *Nature* 201: 1145–1147.

Smith, M. (1994). *The moral problem*. Oxford, UK, and Cambridge, MA: Blackwell. [マイケル・スミス『道徳の中心問題』樫則章 監訳，ナカニシヤ出版，2006 年]

Snopes.com (2012, November 7). Letter to Dr. Laura. Retrieved February 3, 2013, from http://www.snopes.com/politics/religion/drlaura.asp.

Sober, E., and D. S. Wilson (1999). *Unto others: The evolution and psychology of unselfish behavior*. Cambridge, MA: Harvard University Press.

Stanovich, K. E., and R. F. West (2000). Individual differences in reasoning: Implications for the rationality debate? *Behavioral and Brain Sciences* 23(5): 645–665.

Stephens-Davidowitz, S. (2012). The effects of racial animus on a black presidential candidate: Using google search data to find what surveys miss. Available at

http://www.people.fas.harvard.edu/~sstephen/papers/RacialAnimusAndVotingSethStephensDavidowitz.pdf.

Stevenson, B., and J. Wolfers (2008). Economic growth and subjective well-being: Reassessing the Easterlin paradox. National Bureau of Economic Research.

Stevenson, R. L. (1891/2009). *In the south seas.* Rockville, MD: Arc Manor.

Stich, S. (2006). Is morality an elegant machine or a kludge? *Journal of Cognition and Culture* 6(1–2): 181–189.

Stoll, B. J., N. I. Hansen, et al. (2010). Neonatal outcomes of extremely preterm infants from the NICHD Neonatal Research Network. *Pediatrics* 126(3): 443–456.

Strohminger, N., R. L. Lewis, et al. (2011). Divergent effects of different positive emotions on moral judgment. *Cognition* 119(2): 295–300.

Stroop, J. R. (1935). Studies of interference in serial verbal reactions. *Journal of Experimental Psychology: General* 121(1): 15.

Stuss, D. T., M. P. Alexander, et al. (1978). An extraordinary form of confabulation. *Neurology* 28(11): 1166–1172.

Sunstein, C. R. (2005). Moral heuristics. *Behavioral and Brain Sciences* 28(4): 531–542; discussion, 542–573.

Susskind, J. M., D. H. Lee, et al. (2008). Expressing fear enhances sensory acquisition. *Nature Neuroscience* 11(7): 843–850.

Suter, R. S., and R. Hertwig (2011). Time and moral judgment. *Cognition* 119(3): 454–458.

Swami, P. (2009, June 15). GOP hits Obama for silence on Iran protests. CBS News.

Tajfel, H. (1970). Experiments in intergroup discrimination. *Scientific American* 223 (5): 96–102.

Tajfel, H. (1982). Social psychology of intergroup relations. *Annual Review of Psychology* 33(1): 1–39.

Tajfel, H., and J. C. Turner (1979). An integrative theory of intergroup conflict. *The Social Psychology of Intergroup Relations* 33: 47.

Talmy, L. (1988). Force dynamics in language and cognition. *Cognitive Science* 12 (1): 49–100.

Tennyson, A., and M. A. Edey (1938). *The poems and plays of Alfred Lord Tennyson.* New York: Modern Library.

Tesser, A., L. Martin, et al (1995). The impact of thought on attitude extremity and attitude-behavior consistency. In R. E. Petty and J. A. Krosnick (eds.), *Attitude strength: Antecedents and consequences,* pp. 73–92. Mahwah, NJ: Lawrence Erlbaum.

Thomas, B. C., K. E. Croft, et al. (2011). Harming kin to save strangers: Further evidence for abnormally utilitarian moral judgments after ventromedial prefrontal damage. *Journal of Cognitive Neuroscience* 23(9): 2186–2196.

Thompson, L., and G. Loewenstein (1992). Egocentric interpretations of fairness and interpersonal conflict. *Organizational Behavior and Human Decision Processes* 51(2): 176–197.

Thomson, J. J. (1976). Killing, letting die, and the trolley problem. *The Monist* 59 (2): 204–217.

Thomson, J. J. (1985). The trolley problem. *Yale Law Journal* 94(6): 1395–1415.

Thomson, J. J. (1990). *The realm of rights.* Cambridge, MA: Harvard University Press.

Thomson, J. J. (2008). Turning the trolley. *Philosophy and Public Affairs* 36(4): 359–374.

Tienabeso, S. (2012, January 25). Warren Buffett and his secretary talk taxes. ABC News.

Tonry, M. (2004). *Thinking about crime: Sense and sensibility in American penal culture.* New York: Oxford University Press.

Tooley, M. (2008). The problem of evil. *Stanford encyclopedia of philosophy.*

Trémolière, B., W. D. Neys, et al. (2012). Mortality salience and morality: Thinking about death makes people less utilitarian. *Cognition* 124: 379–384.

Trivers, R. (1971). The evolution of reciprocal altruism. *Quarterly Review of Biology* 46: 35–57.

Trivers, R. (1972). Parental investment and sexual selection. In B. Campbell (ed.), *Sexual selection and the descent of man,* 1871–1971, pp. 136–179. Chicago: Aldine.

Trivers, R. (1985). *Social evolution.* Menlo Park, CA: Benjamin/Cummins Publishing Co. [ロバート・トリヴァース『生物の社会進化』中嶋康裕・福井康雄・原田泰志 訳, 産業図書, 1991年]

Unger, P. K. (1996). *Living high and letting die: Our illusion of innocence.* New York: Oxford University Press.

Union of Concerned Scientists (2008). Each country's share of CO2 emissions. Retrieved November 7, 2011, from http://www.ucsusa.org/global_warming/science_and_impacts/science/each-countrys-share-of-co2.html.

United Nations (2011). Human development report 2011. http://hdr.undp.org/sites/default/files/reports/271/hdr_2011_en_complete.pdf.

United Nations Office of Drugs and Crime (2011). Global study on homicide. http://www.unodc.org/documents/congress/background-information/Crime_Statistics/Global_Study_on_Homicide_2011.pdf.

US Energy Information Administration (2009). Emissions of greenhouse gases in the United States in 2008. USDOE Office of Integrated Analysis and Forecasting.

US General Accounting Office (1990). Death penalty sentencing: Research indicates pattern of racial disparities.

US House of Representatives (2008). Final vote results for roll call 681. Retrieved February 3, 2013, from http://clerk.house.gov/evs/2008/roll681.xml.

US Senate (2008). US Senate roll call votes 110th Congress, 2nd session, on passage of the bill (HR 1424 as amended). Retrieved February 3, 2013, from http://www.senate.gov/legislative/LIS/roll_call_lists/roll_call_vote_cfm.cfm?congress=110&session=2&vote=00213.

Valdesolo, P., and D. DeSteno (2006). Manipulations of emotional context shape moral judgment. *Psychological Science* 17(6): 476–477.

Valdesolo, P., and D. DeSteno (2007). Moral hypocrisy: Social groups and the flexibility of virtue. *Psychological Science* 18(8): 689–690.

Valdesolo, P., and D. DeSteno (印刷中). Moral hypocrisy: The flexibility of virtue. *Psychological Science*.

Vallone, R. P., L. Ross, et al. (1985). The hostile media phenomenon: Biased perception and perceptions of media bias in coverage of the Beirut massacre. *Journal of Personality and Social Psychology* 49(3): 577.

van Yperen, N. W., K. van den Bos, et al. (2005). Performance-based pay is fair, particularly when I perform better: Differential fairness perceptions of allocators and recipients. *European Journal of Social Psychology* 35(6): 741–754.

Variety (1989). TV Reviews—Network: Everybody's baby. 3335(7): May 31.

Von Neumann, J., and O. Morgenstern (1944). *Theory of games and economic behavior*. Princeton, NJ: Princeton University Press. [J. フォン・ノイマン, O. モルゲンシュテルン『ゲームの理論と経済行動』全 3 冊, 銀林浩・橋本和美・宮本敏雄 監訳, 筑摩書房, 2009 年]

Wade-Benzoni, K. A., A. E. Tenbrunsel, and M. H. Bazerman (1996). Egocentric interpretations of fairness in asymmetric, environmental social dilemmas: Explaining harvesting behavior and the role of communication. *Organizational Behavior and Human Decision Processes* 67(2): 111–126.

Waldmann, M. R., and J. H. Dieterich (2007). Throwing a bomb on a person versus throwing a person on a bomb: Intervention myopia in moral intuitions. *Psychological Science* 18(3): 247–253.

Walster, E., E. Berscheid, et al. (1973). New directions in equity research. *Journal of Personality and Social Psychology* 25(2): 151.

Warneken, F., and M. Tomasello (2006). Altruistic helping in human infants and young chimpanzees. *Science* 311(5765): 1301–1303.

Warneken, F., and M. Tomasello (2009). Varieties of altruism in children and chimpanzees. *Trends in Cognitive Sciences* 13(9): 397.

Warneken, F., B. Hare, et al. (2007). Spontaneous altruism by chimpanzees and young children. *PLOS Biology* 5(7): e184.

Wert, S. R., and P. Salovey (2004). Introduction to the special issue on gossip. *Review of General Psychology* 8(2): 76.

West, T. G., and G. S. West (1984). *Four texts on Socrates.* Ithaca, NY: Cornell University Press.

Whalen, P. J., J. Kagan, et al. (2004). Human amygdala responsivity to masked fearful eye whites. *Science* 306(5704): 2061.

Wiggins, D. (1987). *Needs, values, and truth: Essays in the philosophy of value.* Oxford, UK: Blackwell.

Wike, R. (2009, September 21). Obama addresses more popular U.N. Pew Research Global Attitudes Project.

Wilson, D. S. (2003). *Darwin's cathedral: Evolution, religion, and the nature of society.* Chicago: University of Chicago Press.

Wilson, T. D. (2002). *Strangers to ourselves: Discovering the adaptive unconscious.* Cambridge, MA: Harvard University Press. [ティモシー・ウィルソン『自分を知り，自分を変える――適応的無意識の心理学』村田光二 監訳，新曜社，2005 年]

Winkelmann, L., and R. Winkelmann (2003). Why are the unemployed so unhappy? Evidence from panel data. *Economica* 65(257): 1–15.

Winner, C. (2004). *Everything bug: What kids really want to know about insects and spiders.* Minocqua, WI: Northword Press.

Wittgenstein, L. (1922/1995). *The tractatus logico-philosophicus,* trans. C. K. Ogden. London: Routledge and Kegan Paul. [ウィトゲンシュタイン『論理哲学論考』野矢茂樹 訳，岩波書店，2003 年]

Wolff, P. (2007). Representing causation. *Journal of Experimental Psychology: General* 136(1): 82.

Woodward, A. L., and J. A. Sommerville (2000). Twelve-month-old infants interpret action in context. *Psychological Science* 11(1): 73–77.

Woodward, J., and J. Allman (2007). Moral intuition: Its neural substrates and normative significance. *Journal of Physiology-Paris* 101: 179–202.

World Bank (2012, February 29). World Bank sees progress against extreme poverty, but flags vulnerabilities. Retrieved February 3, 2013, from http://www.worldbank.org/en/news/press-release/2012/02/29/world-bank-sees-progress-against-extreme-poverty-but-flags-vulnerabilities.

Wright, R. (1994). *The moral animal: Why we are, the way we are: The new science of evolutionary psychology.* New York: Vintage. [ロバート・ライト『モラル・アニマル』全 2 冊，竹内久美子 監訳，講談社，1995 年]

Wright, R. (2000). *NonZero: The logic of human destiny.* New York: Pantheon.